文化与经济前沿研究
2019

主编　魏建
副主编　郝云飞

山东大学出版社

图书在版编目(CIP)数据

文化与经济前沿研究. 2019 / 魏建主编. —济南：山东大学出版社，2019.7

ISBN 978-7-5607-6384-2

Ⅰ. ①文… Ⅱ. ①魏… Ⅲ. ①文化经济学—研究 Ⅳ. ①G05

中国版本图书馆 CIP 数据核字(2019)第 146357 号

责任编辑：陈佳意
封面设计：牛　钧

出版发行：山东大学出版社
社　址　山东省济南市山大南路 20 号
邮　编　250100
电　话　市场部(0531)88363008
经　销：新华书店
印　刷：济南新科印务有限公司
规　格：720 毫米×1000 毫米　1/16
14.5 印张　240 千字
版　次：2019 年 7 月第 1 版
印　次：2019 年 7 月第 1 次印刷
定　价：38.00 元

序 言

一、"文化与经济"繁荣发展

十九大对新时代发展中国特色社会主义文化进行了部署安排，指出"文化自信是一个国家、一个民族发展中更基本、更深沉、更持久的力量"，要"坚定文化自信，推动社会主义文化繁荣发展"。坚定文化自信，最根本的还是要推动社会主义文化繁荣发展，就是要"坚持为人民服务、为社会主义服务，坚持百花齐放、百家争鸣，坚持创造性转化、创新性发展，不断铸就中华文化新辉煌"，这为今后我国的文化发展和建设指明了道路。文化对经济发展有着重大且深远的作用，而文化的形成与演进也受到经济发展的显著影响。文化不但反映了人们的世界观和价值观，而且引导着人们在复杂的经济和社会环境中做出决策并实施行动。深入挖掘中国优秀传统文化蕴含的思想观念、人文精神、道德规范，结合经济事件要求进行继承和创新，是当前中国文化与经济融合发展的重要思路。

我国有着丰富的文化资源，人文资源、红色文化和自然文化资源都十分丰富，但文化资源的利用，尤其是与其他产业的融合发展，一直较为薄弱。因此，加强文化建设已成为当前供给侧结构性改革战略中的重要举措。2017 年年初，中办和国办印发了《关于实施中华优秀传统文化传承发展工程的意见》；年底，中办和国办又印发《关于加强和改进中外人文交流工作的若干意见》，指导文化的发展和文化产业的走向。随着我国文化产业和旅游产业不断融合、相互促进，文化旅游所占据的比重越来越大。在文旅结合的新价值时代下，促进文化和旅游的深度融合是文化和旅游部门应该共同承担的责任。在此背景下，2018 年 3 月，十三届全国人大一次会议表决通过了关于国务院机构改革方案的决定，将文化部、国家旅游局的职责整合，设立中华人民共和国文化和旅游部。

文化产业发展进入新的阶段，呈现出新的特点，主要表现为以融合创新助推高质量发展。2018 年以来，数字文化产业迎来了发展高峰。直播、短视频等应用迅速崛起，成为许多年轻人的时尚消费，数字文化产业新业态的迅速发展已经成为最大的亮点。我国文化消费人群众多，市场广阔，近年来，观众的文化素养和审美品位逐渐提高，对文化作品的要求也日益提高，因此，文化产品供给内容提质升级成为现阶段努力的方向。文化产业的成长伴随着经济、文化、科技、教育等各个领域的深度融合发展，随着我国文化产业规模的扩大，其深度融合性特征逐步显现，文化产业与旅游业、传统制造业、农业、体育产业等逐渐形成了跨界、渗透、提升、融合的多样路径。伴随着 IP 主体的消费渐成趋势，IP 也衍生出其他产品参与到文化消费市场中，文化 IP 热潮势头将持续强劲。

文化繁荣引发文化研究的浪潮，文化与经济的交叉研究更是成为了当前学术研究的热点。文化经济研究的目的在于探索文化经济运行的基本规律，揭示文化经济对于现代社会发展和进步的作用与意义，以及丰富关于文化和经济的理论系统与政策系统。对文化经济的研究大体分为两个方面：一是文化经济的宏观研究。主要包括文化发展与经济发展之间的关系，文化的进步如何促进经济发展以及其中的机制和途径是什么。二是文化经济的微观研究。主要包括如何有效配置资源以最大化文化的生产，运用经济分析方法研究文化的生产、传播、消费以及产业等各个方面的特殊性，发现并应用规律促进文化产业发展。

二、“文化与经济”研究热点

“文化与经济”已逐步成为学界的热点研究领域，该领域高水平研究成果不断涌现，《山东大学学报（哲学社会科学版）》开辟的“文化与经济”栏目成为汇集和展示该领域优秀成果的重要平台，已刊发一系列引起重要学术反响的文章，为国家文化繁荣与经济发展提供了有价值的理论支持和政策建议。本书选取该栏目 2018 年刊登的 14 篇高质量学术论文，内容涉及文化基础理论研究、文化创新前沿、文化资源开发与保护、文化对经济的影响机制研究、文化企业研究、文化市场与文化消费研究等领域。

(一)文化基础理论研究

文化经济学作为运用经济学理论与方法来解释文化现象与问题的新兴学科,已经拓展了研究的领域,包括艺术机构、创意产业、文化政策,甚至与国民经济发展相关的经济政策。露丝·陶斯的《文化经济学的历史与未来》回顾了文化经济学半个世纪的历史、其间所讨论的重要主题与所应用的主要方法,并系统勾勒出这些问题的历史脉络,从而真切地呈现出文化经济学学术史的全貌;并指出文化经济学要与时俱进地面向数字化时代的挑战,敏锐捕捉数字化给创意产业所带来的新契机,以进一步推动文化经济学发展。

从经济史的角度看,文化的一部分内涵曾以制度、人力资本、技术等形式出现在主流经济学中,但经济学却尚未重视文化因素对经济增长的作用;而从当下的社会现实来看,数字经济背景下文化创意已然成为一种新的经济生产要素,也即对经济增长而言文化创意是内生的。李凤亮、潘道远的《文化创意与经济增长:数字经济时代的新关系构建》指出,文化创意之所以成为内生因素,是因为文化创意日益成为商品的价值构成、“文本”内容成为了资本、“注意力”成为了稀缺品、生产者成为了创意者和传播者以及数字技术成为了新的增长引擎。在此理论下重新审视文化产业,它是文化创意内生于经济增长之后的一个产业具象。故文化产业的边界将会日趋模糊,越来越多的产业将会融合文化创意形成新文化产业,文化产业亦成为传统产业升级的趋势。

(二)文化创新前沿

关于“政府是否应当以及如何赞助艺术”,学界众说纷纭,“为艺术而艺术”和“外界干预艺术”的分歧始终未能弥合。李康化、周凤的《艺术彩票作为赞助:旧传统与新形态》认为,艺术赞助的传统方式未能有效解决艺术有益性与公民艺术消费权利不平衡不充分的矛盾,艺术彩票作为政府赞助艺术旧传统的延续,既规避了艺术赞助资金的财政依赖,又实现了公民艺术消费的权利,从而成为政府赞助艺术的新形态。艺术的文化属性决定了艺术彩票运行机制应与中国现有福利彩票、体育彩票运行模式有所区别,应以分权制约的方式确立艺术彩票运行机制,开创政府主导、社会监督、公民参与的艺术赞助新格局。

作为发源于西方后工业社会的创新浪潮,创客运动传至中国后呈现出与西方的异质性。其在中国骤然兴起与“大众创业,万众创新”的国家战略密切相关。黄玉蓉、王青、郝云慧的《创客运动的中国流变及未来趋势》指出,创客运动的中国流变所产生的社会影响,广泛而深刻地波及经济、教育和文化领域:在经济领域,通过创新经济制度促进生产资料大众化,改变生产关系,打造经济新引擎;在教育领域,通过促进深度学习和教育公平,培养创新型人才;在文化领域,创客运动丰富了文化内涵,完善了文化形态,创新了文化观念。未来几年,创客作为一种新兴的经济模式和商业形态将得到快速发展,中国创客运动将呈全民化、娱乐化趋势普及,创客运动和创客空间将从城市向乡村扩散。

(三)文化资源开发与保护

社区参与是历史街区保护工程的重要组成部分,波士顿贝肯山历史街区的居民参与和社区营造是美国也是西方发达国家建筑遗产保护的典型案例。顾方哲的《公众参与、社区组织与建筑遗产保护:波士顿贝肯山历史街区的社区营造》通过对此案例的深入剖析指出,公众参与社区营造是一个多方意见交换和各取所需的过程,除了组织的运营管理,社区参与机制的形成及良性运转离不开政府的支持与公众的配合。政府需要做到权力下放才能真正听取民意,支持社区组织的决定,而居民则需要保持充足的内在动力,一方面他们热爱社区,另一方面他们是利益相关者,这都是保证实践成功的关键因素。这些结论能为我国的建筑遗产、历史街区保护及营造提供启示与借鉴。

中国是诗词的国度,中华传统文化富有诗性文化的特征。在当代“千城一面”的城市化建设跃进的洪流中,诗词文化资源的价值开发具有城市文化建构的重要意义。傅才武、申念衢的《诗词文化资源在城市文化建构中的价值开发研究——以打造武汉“诗梦小道”为例》基于对我国城市诗词文化资源价值开发现状的梳理,对国内外四个知名案例的相关信息进行分析,同时以打造武汉“诗梦小道”为例,探讨如何利用传统诗词文化资源营造现代城市特色街区的路径。进而讨论中华文化的“诗性传统”与民众日常生活美学之间的关系,并通过武汉“诗梦小道”策划过程阐述诗词等中华传统文化资源融入当代城市文化建构的一般方法论,建立优秀传统文化资源“创造性转化和创新性发展”的范例,以期为我国其他城市同类资源的价值开发提供新的思路。

我国丰富的历史文化资源为文化产业发展提供了基础条件。然而,在供给侧结构性改革的背景下,文化产业同样面临着供给侧问题。李泽华的《论供给侧视域下历史文化资源的产业化发展——以济南市章丘区为例》以济南市章丘区为例,分析了其文化产业发展的主要优势,包括历史文化资源丰富、文化消费潜力巨大、政府支持文化产业力度大、特色文化产业项目带动作用明显;但同时存在产品缺乏创新、同质化现象较重以及高端文化人才匮乏等供给侧问题。在此基础上,深入分析了影响历史文化资源产业化发展的供给侧因素,主要包括政策法规、金融资本、科学技术、人力资本四个方面。最后提出提高市场中历史文化产品“供”与“需”的精准性、强化人才智库、创新发展模式及健全投融资体系等对策。

(四)文化对经济的影响机制研究

近十年来,非金融类上市公司参与证券投资的数量和规模日渐扩大,相比于对主营业务的关注,非金融类上市公司往往存在过度开展证券投资业务的倾向。王晓丹、孙涛的《女性高管是否导致上市公司更加“不务正业”?——兼论竞争性社会文化环境的影响》,通过测度非金融类上市公司“不务正业”对主营业务的盈利能力所造成的影响发现,各非金融公司证券投资业务的增加导致主营业务利润的增长率下降。从管理层角度分析发现,女性在公司高管中占比的增加会导致非金融类上市公司从事证券投资业务增加,这与已有研究得到的女性具有风险厌恶倾向从而会抑制风险性投资的结论相悖,其原因可能与高管任命制度以及竞争性社会文化环境相关。

经济活动中将资源投入研发过程并产生新的知识,其特有的扩散过程就形成了经济增长机制的核心,而知识资本与技术资本的积累取决于文化要素的投入。杨友才、王希、陈耀文的《文化资本与创新影响经济增长的时空差异性研究》发现,从长期来看,文化资本和创新对经济增长的直接效应显著为正,前者的作用大于后者;其间接效应都不显著,但前者表现为空间溢出性,而后者表现为空间竞争效应。从短期来看,二者的直接效应都显著地促进区域内经济增长,间接效应都表现为空间竞争性,但存在显著程度上的差异;文化资本对经济增长的直接效应相对于创新具有长期累积性特征。因此,在经济新常态下,国家应增加文化资本的有效供给,加强文化与创新的融合,增强以文化和创新为核心的国家竞争力。

(五)文化企业研究

在实施新旧动能转换的政策背景下，商业模式创新作为文化企业成长的重要路径和手段，其重要性日益显现。潘爱玲、刘文楷、邱金龙的《困境与突破:新旧动能转换背景下文化企业商业模式创新研究》指出，文化企业提供的产品和服务必须为顾客创造体验价值和精神享受，这是其价值创造的关键。在产业政策、互联网技术、市场竞争等多种因素的驱动下，我国文化企业商业模式逐渐由原来发展传统主业为主的单一商业模式向泛娱乐式、平台式、产业链式、生态圈式等复杂商业模式演变。但是，由于理念、战略、体制机制等各方面的原因，我国文化企业商业模式尚存在着跟风模仿严重、路径依赖明显、价值链条过短、盲目跨界失败等困境。突破这些困境，既需要企业层面树立开放思维、增强原创动力、延伸价值管理，也需要政策层面深化体制改革、加快混改步伐、打破隐性壁垒。

徐文明、权锡鉴的《我国文化企业人力资本成长的影响因素与提升策略》研究表明，文化企业员工教育水平以及培训水平与人力资本成长显著相关，而高管的工作年限对于人力资本成长的影响不是很显著，经理的薪酬激励与人力资本成长负相关。因此，促进我国文化企业人力资本成长的提升策略一是重视人力资本投资，提高文化企业人力资源的教育水平；二是通过职业培训的经常化、规范化和制度化促进文化企业人力资本成长；三是创新文化企业激励机制，加强文化企业人力资本成长的主动性；四是完善文化企业人力资本考核体系，提升人力资本成长的自律性。

(六)文化市场与文化消费研究

城市化进程中居民收入水平的提高，使我国城镇居民消费结构发生着变化，文化消费正逐渐成为城镇居民消费的新热点。车树林、顾江的《收入和城市化对城镇居民文化消费的影响——来自首批 26 个国家文化消费试点城市的证据》发现，居民收入、城市化水平的提高对城镇居民文化消费的提升产生了显著的正面效应。同时，随着城镇居民收入的提高，收入因素对城镇居民文化消费的影响效应呈现出先增加后降低的“倒 U”形曲线特征；而城市化水平的提升，对城镇居民文化消费的影响更加明显。考虑二者交互影响后，城市化不仅可以通过非收入因素对城镇居民文化消费产生影响，而且还可以通过促进居民收入增加，进而对城镇居民文化消费产生影响。

伴随着我国经济的崛起和高收入人群的增加，艺术品的消费和收藏以及投资等多维属性致使其需求越来越大，市场正以惊人的速度扩张。张志元、胡兴存、马永凡的《艺术品资产定价研究——基于组内固定效应的特征价格模型》表明，投资者（消费者）对艺术家禀赋的偏好会显著影响艺术资产价格，运用组内固定的方法可以将这种差异量化体现。基于艺术家组内固定的方法去处理和完善特征价格模型是可行的，模型的拟合优度会显著提升，辅之相似作品组的思想可以更为精准地分析艺术品个体异质性对艺术资产价格的影响。通过该方法构建的艺术品价格指数与市场现实状况拟合较好，对进一步研究艺术品投资等问题具有一定的参考价值。

作为文化创意产业的一个重要现象，超级明星的存在引起社会广泛关注，但针对中国超级明星市场效率的系统分析相对缺乏。杨永忠、杨镒民的《基于PCI分析框架的中国超级明星市场低效率现象研究》指出，市场低效率现象源于对博弈均衡的偏离，而导致偏离均衡的原因则是制度安排的不合理。从制度视角揭示出国内超级明星市场存在的低效率现象的主要原因是，政府对超级明星市场的规制不足和对普通艺术家的制度支持不足。因此，现阶段超级明星市场制度建设应以政府的规制为主导，政府对超级明星市场的规制要针对不同类型的文化产品，超级明星市场效率的改进需要内外制度协力。

三、“文化与经济”研究的特征和趋势

总结以上研究及本书系以往收录的学术成果，可以得出“文化与经济”领域研究的一些共同特征和趋势。

一是聚焦于文化发展中的重大现实问题。“十三五”规划、供给侧改革、雄安新区建设等都是当前经济现实中最核心的问题，文化产业、公共文化、城乡差距等都是文化与经济融合发展中面临的重大理论和现实问题。关注重大现实问题，跟踪研究并及时回应现实关切是“文化与经济”领域研究的一个显著特点。

二是科学继承与发扬经典理论。经历了经济体制改革和对外开放，我国文化与经济的融合发展，既有着文化发展的普遍性问题，又有许多中国特色的挑战性问题。因此，研究应更加注重经典理论的扬弃，既要保留普遍适用的规

律，又要大胆创新，探索新时代新条件下的科学理论。

三是研究方法上多学科并用，实证研究方兴未艾。文化与经济研究本身就是新型的交叉学科研究，同时波澜壮阔的中国经济转型发展大潮为文化与经济的融合研究提供了宏大的空间和想象力。因此，研究更加注重充分应用经济学、管理学、社会学等提供的理论工具和科学方法，多学科共同融合研究。随着文化领域可利用数据越来越多，科学规范的实证计量分析也越来越多，这些研究运用数据剖析相关领域的实践进展，发现规律和问题，使研究更为厚重和扎实。同时，传统的案例研究也在加强对实证材料的应用，加强理论分析的深度。

随着文化建设进入快车道，文化与经济的融合研究也将进一步繁荣发展，我们相信文化与经济领域的高水平成果也将不断呈现。“文化与经济前沿研究”书系尽管还不能说已经引领了文化与经济的研究，但已经为文化与经济领域的专家学者搭建了智慧碰撞的平台，为该领域的学术思想传播和交流提供了载体。今后我们将选择更多的精彩稿件，更加贴近实践前沿，吸引更多的作者、读者关注本书系，早日将“文化与经济前沿研究”打造成为精品书系。

编　者

2019 年 5 月

目　录

文化基础理论研究

文化创新前沿

文化资源开发与保护

文化对经济的影响机制研究

文化企业研究

文化市场与文化消费研究

文化基础理论研究

文化经济学的历史与未来[①]

露丝·陶斯

从威廉·鲍莫尔(William Baumol)提出“成本病”概念,创设文化经济学学科以来,这门新兴学科已经走过了半个世纪,其间文化经济学运用多种经济学理论与方法,解释文化经济的诸多现象与问题,并取得了令人瞩目的成就。在此期间,也有学者试图总结文化经济学的学术史,如大卫·索斯比(David Throsby)就曾总结20世纪70～80年代的历史[②],马克·布劳格(Mark Blaug)认为“文化经济学的发展程度介于教育经济学与卫生经济学之间”[③]。这些总结要么过于宏观,难见学术史之血肉,要么过于局促,难见学术史之全貌。在经济学分支学科中,文化经济学本质上是运用经济学理论与实证检验来解释文化经济中的各种现象,由于其学科的初创性质,它所采用的方法多本着适应

① 在文化经济学学科发展史中,露丝·陶斯可谓是为数不多的几位称得上是“活化石”的学者。她参与并领导文化经济学学术史的进程,亲任国际文化经济协会主席,并担任《文化经济学刊》编辑长达十年。她出版的《文化经济学手册》被誉为“文化经济学的百科全书”,其所著各类文化经济学教材也为教科书中的经典。为了让国内学术界了解文化经济学的发展脉络与前沿动态,编译者于2016年7月邀请露丝·陶斯来华讲学,她先后做了两场主题讲演,前者题为《文化经济学已经改变了什么? 文化经济学仍需改变什么?》,主要论述文化经济学的历史、成就及其需要改变的不足之处;后者题为《创意经济的未来》,则论及文化经济学可能拓展的重要领域及其未来前景。这里我们将两篇文章的核心观点整合起来,并适当引用其相关论述,取名《文化经济学的历史与未来》,以期勾勒文化经济学的历史与未来趋势,以飨学界同仁。另外,本文在编译过程中亦参考露丝·陶斯的其他学术著述以及周正兵所撰《露丝·陶斯的文化经济学思想》(《文化软实力》2017年第1期),本文的标题、摘要均为编译者所加。

② See David Throsby, “The Production and Consumption of the Arts: A View of Cultural Economics”, *Journal of Economic Literature*, 1994,32(1), pp. 1-29.

③ Mark Blaug, “Where are We Now on Cultural Economics”, *Journal of Economic Surveys*, 2001,15(2), pp. 123-143.

性原则,效用至上,本身并没有什么连贯性,如威廉·鲍莫尔在解释“成本病”时运用了微观经济学,而艾伦·皮考克(Allan Peacock)在解释遗产问题时则运用了福利经济学。这些方法及其所研究的问题,无疑是文化经济学学术史梳理的重要线索。以下我们将循此线索,回顾文化经济学的学术史,并立足于数字化时代大趋势,预测文化经济学的未来。

一、文化经济学的历史回顾

关于文化经济学,我在20多年前曾界定为:“文化经济学是将经济学分析方法应用于创意、表演艺术、遗产和文化产业,不管它是公共还是私人所有。它关注文化领域的经济组织以及生产者、消费者与政府的行为。它涵盖多种方法,主流的、激进的、新古典主义的、福利经济学、公共政策与制度经济学。”① 既然文化经济学的本质是运用经济学理论与方法来解释文化领域各种问题,那么,问题与方法无疑是文化经济学历史描述的不二途径。

就问题层面而言,文化经济学早期面临的最重要的问题就是政府艺术资助,在解决这个问题时,文化经济学通过应用与发展福利经济学,取得了不错的成效。这种成效首先就体现在福利经济学为文化组织外部性分析提供了理论框架,从而证明政府通过直接供给或补贴的方式,对于表演艺术、博物馆、建筑和非物质文化遗产的公共干预是正当的。相应地,文化经济学也研究观众、游客和其他形式参与者,以便了解是哪些社会群体从这些公共支出中获益。同时,文化经济学也研究公共支出的来源,它们是来自于地方性、区域性,还是中央级行政部门,进而关注这些公共支出是否能实现地域间的机会平等,或者这些资本收益是否以其他区域的损失为代价。然而,与经济学所有类似问题一样,经济学是服务于文化政策的。政府才是政策目标的制定者,而经济学家只是研究政府所采取的政策是否能够在实践中达到这些目标。

一般而言,经济学主要研究供求关系和价格,而文化经济学很早就运用这些微观经济学理论研究文化问题。1966年,鲍莫尔对表演领域的生产成本与价格的研究,被视为文化经济学作为一个独立学科的开山之作。自此以后,文化经济学运用微观经济学研究了文化领域的一系列问题,如文化需求与供给、

① Ruth Towse,“Editorial”, *Journal of Cultural Economics*, 1994(18), p. 1.

艺术市场、艺术经济史、艺术家劳动力市场、“成本病”等问题。相比较而言，文化经济学对需求的关注较少，很少研究消费者的需求弹性。其实，与消费者相关的支付意愿研究在文化经济学中颇为常见，这通常是针对那些免费使用的，或者具有外部性与公共性特征的产品。例如大英博物馆，虽然门票是免费的，但这并不意味着没有影子价格，而且人们也针对大英博物馆做过一个支付意愿的研究，以反映公共机构的影子价格。此外，人们也在热议文化旅游在全球很多地方所带来的拥堵问题，如威尼斯、马丘比丘、长城等文化遗址，在这些地方实施排他既不可取，也不切实际，故而收费是不现实的。这提醒我们，公共产品的性质是一个实际问题——包括拥挤引发的竞争性与排他所需要的巨额执法成本。

随着文化经济学的发展，人们开始关注生产端的劳动力问题，即艺术家劳动力市场，艺术家包括表演者、作者、视觉艺术家、手工艺者等。欧洲的艺术劳动组织(与其他地区)存在差异：在这些国家，艺术和文化遗产组织由国家拥有和经营，它们吸纳了大量享有诸如养老金的长期合同制雇员。相比之下，美国、英国、澳大利亚，按照“一臂之距”原则资助的独立的、非营利性艺术和遗产组织占主导地位，各类艺术家多是自我雇佣的自由职业者，这些艺术家通常承担一个系列的工作——有时会被雇佣，例如一些演员会在剧院进行表演——而在这两个工作之间就会处于失业状态。这些国家的研究表明，艺术家的收入低于全国平均水平，许多人不得不从事其他工作来养活自己(或依靠补助金和家庭资助)。这些劳动力市场的收入非常不平衡，分配也严重失衡，小部分“超级明星”收入非常高，而绝大多数的收入很少。在艺术领域，各种各样的劳动力供应过剩，而艺术和媒体的高等教育课程无疑起到推波助澜的作用，它们所提供的毕业生数量远远超过市场的吸纳能力。此外，许多人没有受过正式培训，例如流行音乐表演者和图书作者。激发他们从事这项工作的原因是其艺术热情和可能性并不大的成功机会，也就是说他们是被内在动机驱动而非金钱。

虽然文化经济学常常忽略版权问题，但是版权法无疑是文化经济学研究的一个重要内容，该法的目标是通过经济和道德权利来激励创造性。版权法通过授予专有权，让艺术家能够支配自己的作品，这通常是通过与中间商——出版商、广播公司、唱片公司等的合同来实现。录音制作者和广播者也对自己的作品拥有这些权利。虽然原则上艺术家可以支配自己的作品，但实际上她

(他)会把所有的权利转让给中间商来换取报酬，其主要收入来自中间商收入的提成。与其他艺术家的收入一样，只有极少数顶级“超级明星”能够赚取高额版税收入，而多数人收入都很少。版权管理组织(CMOS)的数据表明，一半成员在一年内所获得的版税均达不到足以支付的标准。

文化经济学对文化创意产业的分析也有一定的贡献，但比起非商业性艺术的研究而言，这方面的研究要少得多。关于企业研究的标准微观经济学也可以应用于这些行业的生产商。理查德·凯夫斯(Richard Caves)的《创意产业经济学：艺术的商业之道》(2000年)对此研究有突出贡献。该书将契约理论应用于从艺术画廊到更加复杂电影领域的创意产业组织结构。凯夫斯认为，中间商(出版商、唱片公司、电影公司等)在愿意投资内容产品(书籍、DVD等)的生产之前，需要从内容创作者、艺术家那里获得产权(大多是版权)。很多创意产业的最终产品包含多个创作者的灵感，并且每个阶段的投资都可能成为沉没成本。因此，我们无法预测这些经验商品在市场上能否成功，这些中间商就通过控制最终产品生产中所使用内容的权利来降低风险。但这通常是以牺牲原创者的利益为代价的，他们在版税合同中往往承担高风险，获得低收入。

有关创意经济之成功不可预测也是文化经济学研究的另一个主题，尤其是电影产业。“无人知晓”这句老生常谈的话似乎证实了这个主题。然而，总体而言，研究最多的行业还属唱片业。出现这种倾向的原因有以下几个：一是我们可以从各种渠道获得数据(排行榜、公告牌和类似的杂志，行业本身)；二是音乐消费颇广，有关流行歌手的报道更是铺天盖地；三是音乐唱片由于采用数字光盘成为第一个实现有效数字化的产业，却未曾料想这样也就很容易被非法下载。因此，有关盗版及其经济影响等问题的研究也较为广泛。

总之，我们依然可以用马克·布劳格的话，从宏观层面总结文化经济学的历史，“文化经济学的发展程度介于教育经济学与卫生经济学之间，较之教育经济学更有创新精神，但是较之卫生经济学则在研究成果方面略有逊色，这可能要归因于文化经济学有些孤立，不太愿意借鉴经济学其他领域发展成果，更不要说心理学、社会学和政策分析等领域的成果，尽管如此，文化经济学还是不断为热衷于文化的问题提供了各种新的经济学应用方法。总而言之，文化经济学在新的领域生气勃勃”①。

二、文化经济学的未来展望

在布劳格看来，文化经济学之所以能够“生气勃勃”，其中最重要的原因就在于能够开拓新的领域与方法。本人也认同这个观点，主张“将文化经济学的领域从传统的领地扩展至更广泛的领域，这个领域包括创意产业以及与之相关的版权法问题”②。早在2001年所著《创意、激励与奖励：信息时代版权与文化的经济分析》，就关注到信息时代版权在创意产业中的功用与效率。③ 如今随着数字化时代的到来，我们更应该瞻念数字化对创意产业的广泛影响。歌剧、舞蹈和戏剧公司的现场表演如今在全球同步直播；博物馆不仅具有数字化馆藏，而且在线销售其形象产品。其实，这些现象主要集中于两件事：它们在亲临现场的观众及其所贡献的收入之外，增加了大量的潜在观众以及另外的收入来源。当然，我们无法明确这些尝试的成本，(数字化)是增加了观众还是“蚕食”了原本的产量，换句话说，这些形式之间是互补还是替代的？这些对于补贴又意味着什么？此外，数字化对于博物馆和档案馆来说成本高昂，并且还容易出现版权争议。因此，政府应该鼓励数字化吗？如果政府鼓励，那么是否要对其进行补贴？而这样的发展是否会导致更加集中化的趋势，比如，演出公司、博物馆和遗产中的“超级明星”现象，或者推广那些不太出名的机构？这些新问题自然呼唤新方法，当然，对于文化经济学的未来而言，这就是新的历史机遇。近两年来，本人围绕这个话题召集了多次国际性的研讨会，谈论数字化给创意产业所带来的新挑战，如文化产品供给膨胀、文化产品分销控制权转移、平台定价、网络效应等，并深感如果文化经济学能够很好地应对这些挑战，

---

① Mark Blaug, “Where are We Now on Cultural Economics”, *Journal of Economic Surveys*, 2001, 15(2), pp. 123-143.

② Ruth Towse, *A Textbook of Cultural Economics*, UK; New York: Cambridge University Press, 2010, Preface.

③ See Ruth Towse, *Creativity, Incentive and Reward: An Economic Analysis of Copyright and Culture in the Information Age*, UK, Cheltenham: Edward Elgar, Cheltenham, 2001.

将会取得更加丰富的成果,从而推动文化经济学的发展迈向一个新的台阶。①

首先,毫无疑问的是,如今越来越多的创意产品和服务可供消费者选择,对经济学家来说,这本身就是福利的提高。然而,在供给侧,人们则比较担心文化产品原创的资金来源。这些文化产品的分销越来越多地落在对产品生产的投资有限,甚至对产品本身也毫无兴趣的实体手中。而以前在创意经济中承担主要角色的企业,如唱片公司,已经完败给那些使用新技术的服务提供商,如今这些承担主要角色的企业,他们在文化创新激励中的作用已经大不相同。与此同时,内容创作、复制与分销的经济关系也发生了变化:过去作为把关者的出版商(唱片公司、出版社等)掌握着相对稀缺的资源,当然他们也承担高昂的分销成本,如今这种稀缺资源已经为那些有天赋的内容创作者所有。虽然经济学家们都不愿意讨论质量或者“超级明星”理论,但是,有关创作者和表演者收入的证据表明,那些有天赋的人也有一个所谓的排名,而便宜又快捷的分销所导致的市场规模的扩大也相应地增加了报酬。

分销控制权转移到在线服务提供商手中所导致的两个特点引发了人们的关注:一是由于技术固有的网络和规模效应,在供应商市场的寡头垄断,甚至是垄断现象不断加强,这也同时反映出消费者的行为;二是打破创造、生产和分配之间的联系会影响创作者和中间人的收入。这些特征对版权既是激励机制,也是竞争机制。这些特征无论是对版权还是竞争规制部门而言都是一种激励机制。与之相关的一个话题是,游说活动的程度——寻租活动——在过去几十年里迅速增长,它们通常是那些不适应新技术或没有调整其商业模式的传统公司,要求通过著作权法给予更多的保护。如今,在线服务提供商通过开发新的商业模式提供创意内容,特别是那些大型服务商,如 Netflix 和 Spotify 被视为数字创意经济增长理所当然的产物。

数字创意经济的两个基本特征引发文化供给的增长:一方面创造、推广和分发创意商品和服务的成本大大降低,另一方面数字化和互联网为创作者提供自我出版和推广的机会。自然而然,创意者和表演者们的创作灵感被激励起来,但是不可避免也带来了两方面的问题——没有中介环节把关而导致的质量问题,以及这种模式是否可持续也有待考察。这就又涉及了版权问题。一些证据表明,那些在网上取得成功的人可能会转向传统的把关者角色,去他

① See Ruth Towse, “A Future for the Creative Economy: a report by Ruth Towse”, *CREATe Working Paper* 2016/14 (November 2016).

们那里寻求金融、生产和分销服务的支持。这就意味着，文化市场中“超级明星/胜者为王”的趋势甚至可能会得到加强。但是，创作者和表演者可以采用新的技术和商业模式来发展自己的职业、实现自己的目的，而不是为了那些商业中介的目标。此外，不同贡献者在产品开发期间分享专业知识是不考虑商业刺激的(另一种内在动机)。版权在这种供应方式中的作用或应该起到的作用是经济学家需要研究的。

平台对创意内容生产和消费的经济影响可以归结为：对成本和价格的影响，包括零价格；对网络技术特点、市场规模，以及生产经济组织的影响，也包括内容创作层次；对分销商扮演角色的影响，有些分销商如今扮演着原创作者的自助出版的角色，但是更为明显的是，商业机构已经越来越多地退出其过去所扮演的、起到重要作用的中介角色。对于创作者和中介机构以及监管机构(竞争管理机构和版权决策者)而言，平台定价和非价格竞争的经济学属性变得愈来愈复杂。

对经济学家而言，随着注册制取代了销售，商业模式发生了显著变化，这导致了双边甚至多边市场的发展。到目前为止，这方面还主要集中在“免费＋增值(freemium)”与订阅模式之间的竞争，后者的类型可以比喻为“点菜”和“尽情享用”。在这两种方式中，内容是捆绑的，在增加消费者选择的同时也抑制了创作者的动力，因为他们只能获得同一的(低)版税。在双边市场中，广告主在资金分配中发挥着重要的作用，其中“较贫穷”的消费者容忍“不好”的广告来获得他们希望的商品。双边市场由此变得更加脆弱，易受到削弱此类融资的产品，比如广告拦截者的影响。对于某些商品和服务，这可能意味着需要政府干预，以确保实现文化政策目标的供给。

由于在线质量评估现在由聚合器提供，加之互联网的生产和营销成本下降，使得自我出版已经变得可行，甚至有利可图，这些现象致使中介机构作为守门人和金融家的作用发生了变化。如果这种趋势能够持续，内容市场也变得或多或少被“超级巨星”主导或者“胜者为王”的效应所主导，这种情况恐怕不可避免。基于对创意产业市场和消费者转换成本的分析，文化经济学家也倾向于相信这种趋势会持续下去。这对文化多样性和保护民族文化的政策具有福利价值。另外，新进入者和多平台接入者可以抵制集中的影响。虽然人们也关心艺术家的报酬，但也希望扭转这种集中的趋势。

就经济学整体福利的标准来看，创意经济“前景无限美好(rosy)”。我对创意经济的未来持乐观评价：由于价格降低，创意内容的增加以及更多地创新与变革，消费者会享有更多的福利；由于计算机和宽带所提供的便捷的接入服务，让非专业化、非商业考虑的个体的创意也能让大众共享。生产者在市场力量的压力下，将以各种方式进行创新，无论是通过价格或非价格服务，还是质量评估——来推动市场经济增长。非营利文化机构也由于能够接触更广泛的受众而因此受益。

［原载于《山东大学学报（哲学社会科学版）》2018 年第 2 期］

文化创意与经济增长：数字经济时代的新关系构建

李凤亮　潘道远

一、引言

人类社会发展伴随着经济生产与文化形成的两个过程，二者有独立的演进规律又互为决定因素。从文化人类学的角度，人类的一切经济活动也都是文化活动，因此也使得文化和经济的演进呈现出同步性：农耕文化与自然经济相适应，工业文化是以蒸汽机革命为代表的大工业经济产物。① 尽管这种紧密的同构关系从人类诞生之初便出现，但从经济活动的角度研究文化现象却是近代才产生的。对文化生产与消费问题的思考最早发声于哲学与社会学领域，德国法兰克福学派提出“文化工业”的概念，用以批判资本主义社会下大众文化的商品化及标准化，以及用工业化模式生产文化产品导致的社会思想停滞。但工业社会并未按照哲学预言的轨迹前行，文化品、艺术品的批量生产和复制逐渐在资本主义社会成为一种经济常态，由其演化形成的“文化产业”或“创意产业”在全球众多发达国家的国民经济中占有重要地位。

直至 20 世纪中期，文化从未作为一种显著要素或观察对象被纳入经济学分析体系中。推其原因，广义文化不具备稀缺性——这是经济学最根本的假设——导致文化生成和传播的成本、产量和价格问题难以衡量，缺乏规范分析基础。而且文化的多元性与复杂性使其难以用固定的、可复制和精确化的范

① 参见胡惠林、李康化：《文化经济学》，山西人民出版社 2006 年版，第 5 页。

式表述,经济学的规范方法似乎对文化问题束手无策。鲍莫尔(Baumol)与鲍温(Bowen)在1966年出版的《表演艺术:经济困境》被视为文化经济学的开山之作,书中提出文化经济的"成本病"问题,并用以解释在表演艺术领域成本非均衡性增长的现象①,此后文化经济学逐渐发展成为经济学科的一个分支。

纵使如此,西方主流经济学仍未重视文化在经济系统中的作用:文化经济学仅被视为研究艺术品市场、文化产品消费与供给、文化产业的经济组织等问题的学科。但事实证明,文化的一部分内涵却又以制度、人力资本、技术等形式出现在主流经济学中。文化对经济发展的作用不容忽视,尤其是人类社会从工业经济时代步入信息经济时代,文化的作用不仅体现在产品竞争力上,还体现在其对经济发展方式的决定性影响力上。本文将阐述文化内生于经济增长的形成逻辑,以及文化内生于经济增长后对文化产业的理解。

二、文化与内生增长理论

雷蒙德·威廉斯(Raymond Williams)对文化的定义是最具影响力的定义之一。他认为文化的含义包含三个方面:一是指"智力、精神与美学发展的一般过程";二是指"一群人、一个时期、一个团体或整体人类的某种特定生活方式";三是指"智力,尤其是艺术活动所创造的作品和实践"。② 其中第二个定义要求我们研究人类的某些具体活动,诸如海滨度假、圣诞庆典、青年亚文化等;而第三个定义则将诗歌、小说、芭蕾舞、歌剧和美术等都作为"文本"的形式纳入考察。③ 由此可见文化概念有广义和狭义之分,从一般人类思想到具体指意实践均属文化研究的范畴。但即便从狭义的实践活动和文本角度考察,文化的意义和形式也是多样的,这意味着致力于研究和理解文化的潜在经济学领域可能过于宽泛,为此一些经济学者不得不重新定义文化。④ 较有权威性的,如索罗斯比(Throsby)认为文化生产是在"生产过程中包含某种形式的创意,

---

① 参见周正兵:《威廉·鲍莫尔文化经济学思想评述》,《北京联合大学学报(人文社会科学版)》2016年第2期。

② See Raymond Williams, *Keywords*, London: Fontana, 1983, p. 87.

③ 参见[英]约翰·斯道雷:《文化理论与大众文化导论》,常江译,北京大学出版社2010年版,第2页。

④ See Doyle G., "Why Culture Attracts and Resists Economic Analysis", *Journal of Cultural Economics*, 2010, 34(4), pp. 245-259.

生产中的符号意义（Symbolic Meanings）非常重要，且产出体现了知识产权”①。这一定义在文化经济学领域被广泛应用，虽然它跟威廉斯（Williams）的定义一样，并未说明文化的具体内容，但对于经济学研究有突破性的意义：一方面它规定了文化参与经济活动的具体形式，即包含创意的、符号意义的生产活动均属于文化的范畴，进一步，经济增长的原因不仅可从技术进步的角度分析，还提供了一种文化创新的分析视野；另一方面，规定产出体现知识产权将一般文化产品与其形式剥离，发现了文化生产的经济本质，因而将文化经济学从艺术表演、财政资助、产品定价等狭窄领域中解放出来，逐步构建出创意及其相关的劳动力与版权的研究体系。基于索罗斯比的定义，下文将“文化创意”作为代表“文化”的概念进行分析。

20 世纪 80 年代中期兴起的“新增长理论”至今仍占据着主流经济增长学说，新增长理论突破了新古典增长理论关于技术进步外生性的假设，强调技术进步是内生的，资本积累和创新都是促进技术进步和经济增长的重要力量，因而又被称为“内生增长理论”。其中“熊彼特增长理论”是较有影响力的一类，它“强调创新、研发和知识积累在推动技术进步和经济增长中的突出作用，因此也被称作研发为基础的增长理论、知识为基础的增长理论、创新为基础的增长理论和思想为基础的增长理论”②。不难发现，无论是知识、创新还是思想都与文化创意有着深远的关系，内生增长理论与文化创意具有内在的统一性。就威廉斯对文化的定义来说，内生增长理论强调知识创新的重要性，而文化所指的“文本”形式是知识的具体化。因此狭义的文化创意本身就是知识创新、技术创新，而广义的文化创意所包含的制度、观念等则是推动知识增长、技术进步的基础。就索罗斯比的定义来说，以生产符号意义的创意活动即是文化生产，则信息经济时代的一大批非技术性创新均需从文化创意角度重新解释，将文化创意纳入经济增长理论很有必要性。

三、文化创意内生化的形成逻辑

将文化创意纳入经济增长不应该局限于产业视角，文化经济或创意经济

---

① Throsby D., *Economics and Culture*, Cambridge: Cambridge University Press, 2001, p. 4.

② 严成樑、龚六堂：《熊彼特增长理论：一个文献综述》，《经济学（季刊）》2009 年第 3 期。

所指示的文化创意有两层含义:一是文化艺术产品、创意产品的供给及资源配置问题;二是包括文学艺术在内的“大文化创意”是如何促进经济发展的。在互联网时代背景下,文化创意内生于经济的逻辑应着眼于后者。实践中文化创意既可以作为一种新型要素参与生产,也可以作为一种工具体系融合产业,甚至还可以作为价值观念、文化认同等形式引导消费。因此文化创意内生于经济增长是一个复杂命题,总体来看其成因有以下几个方面。

(一)文化创意成为商品价值构成

文化创意活动扩大化和一般化是互联网时代经济生产的典型特征。首先,商品的价值实现逐渐由实用化趋于内涵化。一般商品的消费价值可划分为五个维度:功能价值、认知价值、情感价值、社会价值以及情境价值。[①] 功能价值是商品客观的具有一定使用功能的性质,由技术创造而成,是商品的物质基础;后四种价值是消费者主观体会和感受的无形附加物,由附加商品中的内在观念而生,是文化渗透的结果。随着经济的发展,构成商品消费价值的两部分比重会发生变化。在生产力水平低下、物质短缺的时代,人们重视的是商品的功能价值,因此商品的消费价值主要取决于功能价值;当生产力逐渐提高,社会物质生活水平得到改善后,商品的消费价值就越来越取决于认知价值、情感价值、社会价值和情境价值,因此文化创意在商品生产中的作用日趋重要。其次,竞争范围的扩大要求生产差异化。信息经济时代越来越多的商品需要借助网络平台生产、设计和销售,网络消减了地域对产销流程的限制,也削弱了行业之间的隔阂。这意味着商品生产者不得不面对更激烈的竞争,异质化竞争是时代背景下各行业生存和发展的必然选择。产品的差异化不仅可通过技术渠道实现,还可通过提升产品的文化创意内涵实现——通过品牌、产品内容、设计、款式、装潢、广告等形式将一定的文化形态、审美情趣或价值观念附加于消费品之上,使之成为凝结着文化素养、文化个性和审美意识的文化品,使融合文化创意成为生产商品的一般方式。

(二)“文本”内容成为资本

“文本”内容成为资本是文化创意作为新型要素进入生产环节的重要前

---

① See Sheth J. N., Newman B. I., Gross B. L., “Why We Buy What We Buy: A Theory of Consumption Values”, *Journal of Business Research*, 1991, 22(2), pp. 159-170.

提。文化资本的概念最早由布尔迪厄(Bourdieu)提出。他指出文化资本有三种形态:一是身体化形态,指通过家庭教育以及教育投资而积累和嵌入于个体身体中的习性、技能、修养等文化形式。二是客观化形态,即客观化为具体物质载体的文化资本,如文学、绘画、雕刻作品等。三是体制化形态,指由体制认可的关于某种文化能力的资格或证书,如学术资格或毕业文凭等。[①] 虽然布尔迪厄是从社会学架构分析文化资本,但其理论中身体形态和体制化形态的文化资本已经通过人力资本的形式被纳入经济增长理论中,客观化形态的文化资本对应着威廉斯文化定义中的"文本"内容,知识产权制度使其成为可操控的经济主体。"文本"内容成为资本对于文化创意内生化具有决定意义:一是具有共享性和符号性的文化内容,通过知识产权的界定,可关联相关利益主体,在现代生产活动中演变成经济主体能够运行的资本。"文本"内容作为资本解决了文化创意作为一种排他性财产来投入和产出时的外部性问题,构建了文化生产和消费的市场机制,并逐步形成了文化创意产业。由此,文化创意的一个重要维度即"文本"内容可物质化为资本,并通过经济统计的方式分析和计算。二是"架构了文化生产从文化资源垄断向'文化—知识'创造者、经营者等权利人转移的路径,使得物质资本的权利人与文化知识精英结合起来从事'文化—知识'生产"[②],人人都可成为生产者,扩大文化生产范围,提升了文化创造者参与经济生产的积极性。

(三)"注意力"成为稀缺品

"注意力"具有稀缺性是文化创意成为特殊商品被消费的重要前提,因为"注意力"的稀缺,赋予信息之中的文化内涵具有了可交易性,并由潜在价值转换为直接价值。"注意力贫乏"的概念由西蒙(Herbert A. Simon)提出,他认为"信息的充裕意味着其他某些事物的匮乏:被信息消耗掉的任何事物都处于稀缺之中。信息消耗掉哪些事物是相当明显的:它耗尽了信息接受者的注意力,因此信息的充裕造成了注意力的缺乏"[③]。之后众多学者在"注意力经济"问题

---

① 参见[法]布尔迪厄:《文化资本与社会炼金术》,包亚明译,上海人民出版社 1997 年版,第 190 页。

② 牛宏宝:《文化资本与文化(创意)产业》,《中国人民大学学报》2010 年第 1 期。

③ Simon H. A., "Designing Organizations for an Information-Rich World", *Martin Greenberger Computers Communication & the Public Interest the Johns*, 1971(70), pp. 37-72.

上进行了更深入的研究,却未形成完整的学说体系。虽然理论没有诠释,但从实际看,互联网时代"注意力"成为稀缺品是一个不可辩驳的经济现象:从生产者的角度,"注意力贫乏"的概念引导着互联网企业大量"烧钱"来获取用户的"注意力",并通过广告、增值业务等间接渠道将注意力转化为商业利润;从消费者角度,互联网时代信息的供给通常是过剩而不是不足,筛选信息的过程是人安排注意力的过程,即对任何一个平台、商品或信息,人的"注意力"都是处于稀缺状态。正因如此,将文化创意赋予"注意力商品"之中是信息经济时代企业的典型经营策略,也是文化创意内生化的重要途径。一方面,以获取"注意力"为目的,活文化本身通过信息传播成为商品。如近年出现的"网红经济""概念炒作"等现象,表明通过"注意力商品"的形式,某种概念、观念或思想形式的文化创意能不附着实物商品实现交换流通。另一方面,饱含文化创意内容的实物商品对消费者更具吸引力,"注意力商品"又像是包裹文化创意的抽象外衣,内在获取"注意力"的是一种创意活动或一种"文本"内容,终归回到文化的本义。

(四)生产者成为创意者和传播者

人作为创意者和传播者具有双重意义,人既是文化创意的来源又是将文化创意融合进生产的功能主体,人还是传播文化创意、形成文化社群的媒介元素。内生增长理论中强调人力资本的作用,其两个重要途径分别是通过学习或知识的溢出效应等方式积累知识和通过"干中学"的方式积累技能,总的来说无外乎是要素量的增加实现生产力的提高。不同于人力资本在经济增长中的作用,文化创意的作用虽然也需通过人体现出来,但更注重人的价值实现和人与人之间的价值认同。理解文化创意内生性,需要进一步认识人的作用:人不仅作为生产者和消费者出现,而且作为创意者、传播者和认同者出现。一般商品价值构成中的文化创意占比增加,因此生产活动的重点会由扩大生产规模逐渐转向挖掘人的创意天赋,以及实现创意天赋的传播。该过程中,"互联网+"模式允许人的作用转变:一是互联网提供了开放平台,连接专业制造者和普通用户,将用户转变为创意者,创意者群体规模扩大,产生新创意的可能性增大。二是网络构建出新的产业生态系统,允许细化分工和创意产品的重新组合,创意者除了"文本"的创作,获得的知识和技能还可通过交叉传播的途径赋予到别的商品之中,形成了混合式的创新。三是创意"文本"向注意力价值的转换要求更充分的文化认同，创意者结合新思维、新产品组成文化社群，如“花钱买顾客”的现象在互联网企业中普遍存在，是利用以文化认同为内涵的产品认同构成消费社群，实现创意成果的转化与传播。

（五）数字技术成为新增长引擎

数字技术成为经济增长的新引擎，而文化创意可提高数字技术的边际收益，进而成为技术的“扩大器”和“提速器”。内生增长理论将技术进步内生化的原因是资本的边际报酬递减规律导致资本积累不能维持长期经济增长。换言之，内生增长理论中，以科学技术为核心的技术创新是经济增长的引擎。文化创意可通过融合科技而内生于经济增长，主要作用机理是提高技术的边际收益。这至少有两条途径：一是通过融入文化创意强化技术应用的深度。在成果转化过程中同一体系的科学技术可结合多种文化内容创新，如文化内容的数字化，依托数字技术进行文化创作、生产、传播和服务，形成的产业链都基于数字技术，大大提高了数字技术的边际收益。二是通过融入文化创意拓展科技的应用广度。工业时代科学技术多服务于生产领域，而信息经济时代大量科技成果服务于生活领域，文化需求的个性化、多样化、定制化使科技可拓展的领域变宽，从而提高技术的总体边际收益。在工业时代，科技创新一直作为纯技术因素对待。随着数字技术的繁荣，文化创意的作用得以凸显。2016年，中国数字经济总体量大约为22.77万亿元，占全国GDP总量的30.61%①，数字技术成为经济增长的一种主要技术因素。而文化创意与数字技术早已成为不可切割的融合形态：数字技术是文化创意得以产业化和规模化的必要条件，如音乐、电子书、视频、游戏等大量文化创意产品都包含着各种数字技术的成分；同时文化产业也是数字技术的“试验场”，数字技术成果需要通过文化赋予实现产品化。因此，数字技术成为新引擎，扩大了文化创意在经济增长中的作用。

四、从文化经济到文化产业——内生化的具象

从广义的角度，文化内生性本质是一种社会意识，当创新深入人心并逐渐

① 参见腾讯研究院：《中国“互联网＋”数字经济指数（2017）》，杭州：2017中国“互联网＋”数字经济峰会，2017年4月。

形成一种共同文化,基于这种创新文化的经济增长力即是文化内生驱动力。从狭义的角度,文化经济往往与文化产业混用,有学者甚至认为文化产业是一种内生增长模式。[①] 而本文认为,研究文化创意的内生性是一个宏观视角而不是产业视角,文化创意与社会整体创新能力密切关系,文化创意内生于经济是基于所有经济部门而言的,文化产业则是文化创意内生化的一个具象。正因为文化创意内生于经济,文化产业才会规模逐渐扩大、边界日趋模糊,并融合其他产业成为产业升级的新趋势。

(一)文化产业的边界日趋模糊

自文化产业概念被提出至今,其内涵在不断变化。以中国的官方定义为例,2003 年文化部发布的《关于支持和促进文化产业发展的若干意见》,把文化产业定义为"从事文化产品生产和提供文化服务的经营性行业"。2004 年,国家统计局首次制定《文化及相关产业分类》,并提出文化及相关产业是指"为社会公众提供文化、娱乐产品和服务的活动,以及与这些活动有关联的活动的集合"。2012 年,国家统计局又进一步修订,规定文化及相关产业的范围包括:(1)以文化为核心内容,为直接满足人们的精神需要而进行的创作、制造、传播、展示等文化产品(包括货物和服务)的生产活动。(2)为实现文化产品生产所必需的辅助生产活动。(3)作为文化产品实物载体或制作(使用、传播、展示)工具的文化用品的生产活动(包括制造和销售)。(4)为实现文化产品生产所需专用设备的生产活动(包括制造和销售)。[②] 不难看出,每一次修订后文化产业所包含的范围都会扩大,体现出文化产业的边界扩张。如果最初的文化产业是指复制和制造文化艺术品的生产部门,那么如今文化产业的实际内容已经远超这个范围。虽然从统计上能一定程度划分,但现实中很难具体区分哪些企业属于文化产业,一些如文化科技、文化制造、文化金融等企业的崛起,致使文化产业的边界日趋模糊。

---

① 参见魏鹏举:《文化产业与经济增长——文化创意的内生价值研究》,经济管理出版社 2016 年版,第 100 页。

② 参见《文化及相关产业分类(2012)》,http://www.stats.gov.cn/tjsj/tjbz/201207/t20120731_8672.html,访问日期:2017 年 6 月 22 日。

(二)文化产业具有跨结构的融合力

文化产业是文化创意内生化的具象,因为文化产业不仅是直接从事文化艺术品生产的部门,而且可以通过人才、技术、知识、产品的溢出效应传播和扩散文化创意,发挥文化创意在其他各部门中的融合能力。借助文化产业,文化创意自觉主动地向经济社会各领域渗透,赋予其他部门活的文化内核、文化属性、文化精神、文化活力、文化形态和文化价值,为经济植入文化的基因。文化创意异于其他的生产要素对产业的贡献:原本产业与产业之间的连通存在一定的结构壁垒,如不同产业技术相互通用需要研发攻关,不同行业人才流动需要学习和经验积累,不同企业生产线的转换需要重组或改造,技术、人才、资本等形式的产业融合均属于硬性组合,而文化产业能跨越经济结构上的壁垒,实现柔性化的融合。文化产业像一块磁铁,文化创意是一种看不见摸不着的磁力,其不排斥产业门类、不抵制产业差异、不区分产业层级,将越来越多的产业融合进来重组升级。如近年来文化与科技、制造、金融、商业、旅游、体育、农业等产业的融合,均能形成一系列的新型业态,表明文化产业具有跨结构的融合力。

(三)文化产业是一种产业升级趋势

从经济发展的过程看,产业发展遵循第一产业、第二产业到第三产业的阶梯式演进,第三产业在整体中所占比重逐渐增大。社会进入信息经济时代,第三产业已经由简单的低端服务业向以高新技术为引导的高智力、细分工、深内涵和重体验的高端服务业迈进;人的消费需求也从最基本的物质需求拓展到更广阔的精神文化需求。新时代的服务业核心竞争力一方面取决于产品和服务的科技含量,另一方面取决于产品和服务的人文关怀程度,而这两个方面均是文化产业的核心元素。可见当下文化产业的意义不仅在于产业内容的经济统计,更在于建立一种生产模式和结构体系,支撑经济发展,引领和带动产业结构升级。这一点也可在文化产业统计数据中反映出来。2004 年,我国文化产业占第三产业的比重为 4.8%,到 2015 年增长至 7.9%,2016 年以“互联网

+”为主要形式的文化信息传输服务业营业收入增长30.3%。① 文化产业比重增加以及“互联网+”形式文化企业的异军突起体现了产业升级的一种新趋势，即第三产业日益与文化创意相关，文化创意作为要素、产品或服务的经济价值日益凸显。按照文化创意内生化的逻辑，产业发展“不仅注重文化的经济化，更注重产业的文化化”②，更多的行业会结合文化创意组织生产，虽然统计上其未必属文化产业范畴，但是实质是文化创意生产的潜在泛化。

五、启示

当前我国经济进入新常态，经济增速由高速增长转入中高速增长。面对改革制度激励减弱、人口红利消失、资本边际报酬递减、环境污染严重等一系列问题，增长模式应由速度粗放型向质量集约型转换，产业结构由中低端向中高端转换，动力由要素驱动向创新驱动转换，企业由环境污染型向绿色环保型转换，转换过程中文化创意有巨大的发挥作用空间。本文从经济学中的文化研究史入手，提出了将文化因素纳入经济增长理论的必要性和可行性，并分析了文化创意内生于经济增长的逻辑成因，继而得出文化产业是文化创意内生化的具象，是产业升级趋势的推断。不难发现，既然文化创意已成为经济增长的内生动因，那么促进经济增长的政策就应考虑纳入文化创意因素。这意味着以下几点：

1.在转变经济发展方式的过程中，文化创新与技术创新、产业创新同等重要。只有文化不断创新，经济生产才能获得源源不断的文化创意资源；只有创意不断累积，社会产品才能趋于多元化并满足日益增加、更加个性化的消费需求。

2.数字经济的背景下，创新文化与个人价值实现和认同具有密切关系，文化创新可以是从点到面再到全局的过程。因为“注意力”的稀缺，生产者生产创意并传播文化，消费社群由最初的商品认同逐渐形成文化认同。要使大众

---

① 根据中国统计局2004年、2015年文化产业统计公报和2016年全国规模以上文化及相关产业企业营业数据调查报告整理获得。

② 厉无畏、王慧敏：《创意产业促进经济增长方式转变——机理·模式·路径》，《中国工业经济》2006年第11期。

创新成为一种社会文化,须发掘创意者并形成文化创意圈,以局部的文化认同带动全社会的共同创新,当然这种局部文化应是积极的、符合主流价值观的。

3.数字技术必须结合文化创意以提升技术潜力,从而实现技术革新的持续加速。数字技术是带动全社会发展的新引擎,文化创意的融合能提高技术的边际收益,因此“数字技术”和“文化创意”两条腿走路是未来产业升级的途径。

本文的重点在于发现文化创意内生于经济的成因和逻辑,是解决“为什么”的问题,文化创意如何内生于经济还需进一步系统化和模型化的分析,这将是可深入研究的方向。

[原载于《山东大学学报(哲学社会科学版)》2018年第1期]

文化创新前沿

艺术彩票作为赞助:旧传统与新形态

李康化　周　凤

关于“政府是否应当以及如何赞助艺术”,学界众说纷纭,“为艺术而艺术”和“外界干预艺术”的分歧始终未能弥合。法国人从康德审美无功利哲学中提取出“为艺术而艺术”口号。随着时间的推移,尽管这一口号所追求的艺术内涵发生了转变,大致从注重艺术自律和艺术独立精神转变到为生活而艺术,再到形式主义审美观念,但其提倡艺术自由的主旋律未曾动摇。“外界干预艺术”作为“为艺术而艺术”的伴生物,其核心思想是艺术作为有益品需要外界力量的支持与引导,直接表现形式则是艺术赞助。艺术赞助的主体在历时性上经历了从皇家恩主到贵族阶级再到政府机构的演变,现阶段则主要是以政府机构和社会组织为代表的两大支持力量。而这两大支持力量也由于各国历史传统、政治经济的差异,在不同国家的艺术赞助中所扮演的角色也不尽相同。事实上,完全尊重艺术自身规律和审美情趣,可能会埋下艺术审美与主流价值背离的隐患,也可能加大艺术观众在艺术消费上的权益差距。而主张干预艺术发展的理念在实践中也突现了艺术机构或艺术家赞助不公平、艺术观众拓展乏力等问题。政府赞助艺术的实践,自美国塞拉诺事件①以来,备受质疑。就艺术市场现状而言,中国的艺术事业发展仍然需要政府赞助,而当前亟待解决的是如何提高政府赞助艺术的精准性与公平性。在这个意义上,转变艺术

---

① 塞拉诺事件:美国当代艺术东南中心(SECCA)授予塞拉诺创作的一副名为《向基督撒尿》(Piss Christ)的摄影作品“视觉艺术奖”并赞助其15000美金,然而这副摄影作品被公众指出有渎神之罪,进而引发了公众对政府滥用纳税人的钱赞助艺术作品的愤懑,政府赞助艺术的理据备受怀疑。

赞助的传统方式势在必行。

一、艺术赞助的传统方式及流弊

艺术发展需要政府赞助,这既是发挥艺术正外部效益的推手,也是解决艺术发展困境的诉求。艺术的正外部效益有三点表现:一是艺术对人们从事精神创造、追求美好生活大有裨益,“艺术实践为社会带来的最核心的贡献是发展了创造性思维,从而增进批判性评论的能力和审美标准的建立,而这终将为绝大部分个体带来正面影响”①。二是艺术如同教育、社会福利一样,能够连接政府与公众,有助于增加国家的声誉和公众的民族自豪感。三是艺术对经济有刺激作用,“艺术产生的外部经济效应有助于促进旅游和吸引商业来拓展地方就业机会,这被认为是始料未及的效果”②。然而,在艺术事业发展过程中,艺术不同门类间发展不充分不平衡、艺术供给与观众需求不匹配的问题也客观存在,这些问题无法完全通过市场机制得到彻底解决,由此阻碍了艺术积极外部效益的发挥。艺术在生产环节知识性要素投入大且成本难以衡量,在消费环节中受观众主观认知影响,收益具有更多的不确定性。“叫座不叫好”“叫好不叫座”现象的频现正是艺术发展内在矛盾的反映。此外,艺术兼具文化价值和经济价值的属性也决定了艺术发展不能交由“看不见的手”全权负责。这既为市场之外的主体“调节”艺术发展提供了契机,也为政府实施艺术赞助提供了理据。

艺术自诞生起就被刻上“赞助”的烙印,艺术赞助成为艺术在各个时期获得生存及发展的重要手段。早期的艺术家作为工匠,受权贵阶层直接雇佣而存在;中世纪以来,艺术家以向恩主提供艺术作品换取犒赏;到了19世纪,伴随资本主义市场经济兴起,民主政治也逐步建立,恩主制不复存在,艺术赞助处于没落的贵族阶级及新兴的资产阶级交叉赞助中;20世纪以来,作为弥补市场经济缺陷的“政府赞助艺术”日益成为主流。文化社会学家戴安娜·克兰通过对艺术在不同时期受赞助情况的分析,归纳出艺术赞助经历了恩主制、艺术市场、社会组织、政府机构四种赞助类型,再次证实了“艺术”与“赞助”之间的

① [瑞士]布鲁诺·S·弗雷:《艺术与经济学:分析与文化政策》,易晔、郝青青译,商务印书馆2017年版,第84页。

② [加]德里克·张:《艺术管理》,方华译,上海书店出版社2017年版,第53~54页。

耦合性(见表1)。①

表1　艺术赞助的类型总结

赞助类型	受众	艺术家自由的决定因素	艺术品属性
恩主制	上层阶级	恩主的性格	恩主趣味的反映
艺术市场	中层阶级	市场的规模与可变性	商品
社会组织	官僚	组织制定的规范	公共关系
政府机构	官僚与公众	政府制度的规范	政治工具

社会组织作为艺术赞助主体，通常包含企业、基金会、私人三类。政府机构作为艺术赞助主体，通常以国家名义成立国家艺术委员会，如英国、芬兰等。国家艺术委员会虽然由政府资助，但性质上属于非政府部门的独立机构。中国当前也有中国艺术节基金会、中国京剧艺术基金会等专项基金会，但尚无全域性艺术基金会。中国国家艺术基金因其职能和功能在某种程度上与西方国家艺术委员会具有一定的相似性，成为当下中国艺术赞助的主力军。当前中国国家艺术基金赞助对象覆盖艺术机构、艺术单位和个人三大类，赞助范畴则包括艺术的创作生产、传播交流推广、征集收藏、人才培养四方面。其中，在艺术的创作生产上，主要赞助舞台剧，表明了中国国家艺术基金对表演艺术的大力扶持。中国国家艺术基金的赞助方式包括项目赞助、优秀奖励和匹配赞助三类，并以项目赞助为主。自2013年底成立以来，中国国家艺术基金赞助的艺术项目数量呈现逐年递增的趋势，其中用于赞助“青年艺术创作人才”的项目数增幅最大且数量最多，体现了中国对艺术人才的重视程度和培养力度(见表2)。

表2　2014～2018年中国国家艺术基金赞助项目数量统计

年份	大型舞台剧和作品	小型舞台剧(节)目和作品	传播交流推广	艺术人才培养	青年艺术创作人才	总计
2014	81	100	79	41	93	394
2015	196	114	107	99	212	728
2016	146	159	151	99	223	996
2017	135	198	181	140	348	1002
2018	159	185	187	134	290	955

① 参见[美]戴安娜·克兰:《文化产生:媒体与都市艺术》,赵国新译,译林出版社2012年版,第147～148页。

注:资料来源于国家艺术基金门户网站(http://www.cnaf.cn/),访问日期:2018年4月16日。2014年尚未设立"青年艺术创作人才"项目,表中"93"为当年赞助"美术书法摄影创作"项目数量;2016年总计996个项目中有188个赞助项目来自"美术创作",表格中未列出。

政府赞助艺术的传统方式在一定程度上提高了艺术创作质量、拓展了艺术观众数量,但并没有根本上解决问题。

首先,从经费来源看,政府赞助艺术的资金主要来源于"财政支出",这种依托政府内源经费进行艺术赞助的方式,一方面加重了政府的财政负担,另一方面削弱了政府赞助行为的稳定性。当财政预算紧缩或者处于赤字的情况下,政府必将以减轻国家财政负担为由缩减甚至取消艺术赞助。雷蒙德·威廉斯(Williams R.)回顾其在英国艺术委员会的三年工作,指出传统艺术赞助实践的两点困境:一是来源于政府的赞助摆脱不了官僚化体制,二是政府的艺术赞助对于艺术的界定并不明晰以致相关政策落实缺乏持续性。[①] 中国当前的艺术赞助模式也是一种依托中国国家艺术基金分配经费的传统方式,在运作过程中同样陷入了威廉斯所揭示的困境。中国政府的艺术赞助政策深受马列主义文化艺术观(文艺为政治服务、文艺为人民大众服务)的影响。艺术为有益品的假设背后是国家知道什么是最好的东西[②],国家家长制作风虽然在一定时期内对于稳定社会主流价值观具有重要作用,但也存在明显的不足:政府包办的文化基金辐射面较窄,通常是一次性赞助,难以形成促进艺术发展的长久激励机制;以政府的评判标准确定赞助对象有失公平,即威廉斯所批判的那样,政府传统的赞助方式难以在艺术门类上做到效益与公平兼顾。

其次,从赞助方式看,当前的政府艺术赞助主要采取直接拨款的赞助方式,而直接艺术赞助行为通常具有单向的弊端,埋下政府艺术赞助善行与艺术创作规律相悖的隐患。对于政府直接赞助艺术的风险,布鲁诺引用心理学"拥挤理论"一针见血地指出:如果政府的支持被认为是对艺术家的控制,那么艺术家的内在动机和创造力就会被削减;固定的政府津贴——特别是自动的财政赤字补贴——导致了安于现状和对创新行为的抵制。[③] 此外,政府直接赞助

① See Williams R., "The Arts Council", *The Political Quarterly*, 1979, 50(2), pp. 157-171.

② 参见[加]德里克·张:《艺术管理》,方华译,上海书店出版社2017年版,第54页。

③ 参见[瑞士]布鲁诺·S·弗雷:《艺术与经济学:分析与文化政策》,易晔、郝青青译,商务印书馆2017年版,第120~125页。

是“以一个项目为基础，而不是以一个机构建设方向来进行慈善活动”的艺术赞助取径[①]，即针对阶段性的某个艺术项目进行拨款，而非立足整体性的艺术机构(艺术家)发展进行资金分配。项目导向制一方面忽视了艺术发展的基础性要素的培养，比如艺术家培养、员工发展、场馆基础设施，反而把着力点放在项目的传播与制作上；另一方面使得艺术赞助经费流向职业经理人(从事艺术工作的相关人)，而非真正的艺术家。总之，在传统的艺术赞助方式中，作为出资人的政府掺杂了“父爱主义”，不但未能为艺术创作提供自由环境，而且其内部复杂的权力结构增加了艺术赞助的审批流程，有违国家艺术基金设立的初衷——“提高民众的社会认同感和增强公民的文化艺术修养”[②]。有鉴于此，依托国家艺术基金会实施艺术赞助的传统方式需要重新审视。

尽管当前政府赞助艺术的方式存在一些弊端，但不可否认的是，任何一个国家都在文化和艺术上拥有重大的权益。艺术自身的有益性与政府职能转变、国家治理模式创新之间存在的耦合，为政府赞助艺术提供了双向理论依据，因此政府仍然是艺术赞助的第一候选人。凯恩斯在 1946 年创立大不列颠艺术委员会(Arts Council of Great Britain)，也是基于“只有政府赞助才能满足社会大众对于文化的需求”的逻辑。[③] “政府是否应当以及如何赞助艺术”是两个不同层面的问题，不能因为现阶段政府艺术赞助存在的系列诟病就否定其发挥的作用。学界对艺术赞助议题的争论说到底并非是简要回答“赞助与否”这一非黑即白的问题，分歧主要在于政府赞助艺术之赞助方式、拨款准则、分配对象等具体内容上。反对政府进行艺术赞助的理由，无非也是围绕赞助方式、赞助标准等具体问题展开，比如布鲁诺·S·弗雷就对政府直接赞助艺术的做法嗤之以鼻，主张在坚持“让艺术更市场化”的理念下鼓励“政府间接支持”，甚至进行“直接公众支持”。[④] 重新思考艺术赞助，关键在于创新艺术赞助方式。

---

① See Lowell S., Silverman L., Taliento L., “Not-for-Profit Management: The Gift That Keeps on Giving”, *Mckinsey Quarterly*, 2001, 21(July), pp. 381-384.

② See Knell J., Taylor, “Arts Funding, Austerity and the Big Society”, *RSA*, 2011, 2(4), pp. 8-32.

③ See Keynes J. M. (1936), *Art and the State*, originally published in The Listener, 26 August 1936; reprint in the collected writings of John Maynard Keynes. 28th ed., London: Macmillan, 1982, p. 342.

④ 参见[瑞士]布鲁诺·S·弗雷:《艺术与经济学:分析与文化政策》,易晔、郝青青译,商务印书馆 2017 年版,第 87～90 页。

二、艺术彩票的发行逻辑及意义

艺术彩票是一种承袭旧传统的艺术赞助新形态。

在政府作为艺术赞助第一主体的共识下，由于存在政治、经济、文化等方面的差异，各国政府在艺术赞助中发挥的作用不尽相同，其主体身份也各有侧重。按照卡明斯和卡茨(Cummings and Katz)的看法，政府作为艺术赞助主体有以下四种可能："首先是作为主顾的政府，它购买和偿付艺术家的服务与创作……其次是作为市场操作者的政府……试图使它与艺术更加协调，例如减少税收和提供数目相当的拨款，来改善艺术家和艺术组织的财政状况。第三个角色是作为调节者的政府，政府针对艺术做出特殊决定(例如历史遗迹保护法)。最后是作为主办人的政府……政府本身组织和演出艺术节目(例如美国的新政艺术节目和法国的法兰西戏剧节目)。"①

作为主顾和主办人的政府通常对艺术实施直接赞助，作为市场操作者和调节者的政府则通常对艺术实施间接赞助。直接赞助集中反映了政府及其下属权力机构的艺术审美偏好，容易导致社会审美偏差，不利于营造宽容、开放的艺术生产与消费环境。就保障艺术发展的充分性和自由性而言，政府的艺术赞助应以间接赞助为主。但是，在间接赞助的各类实践中，政府通常采用价格、税收、专项基金等经济手段进行调节，大多集中在宏观调控层面，即通过顶层设计，制定出有利于推动艺术发展的各项政策，而较少涉及执行层面，即政府作为间接赞助主体，如何具体实施艺术赞助。

创新政府艺术赞助的形式，既要求保留政府间接赞助艺术的优势，又要求发挥政府在执行层面的能动性——满足政府直接赞助艺术的诉求。发挥政府直接赞助艺术的主体性作用并不等同于政府作为主顾和主办人直接赞助艺术的传统方式，而是更多地强调政府在艺术赞助上的立法者、管理者及仲裁者三位一体的身份。②

---

① Cummings M. C., Katz R. S., *The Patron State: Government and the Arts in Europe, North America, and Japan*, New York: Oxford University Press, 1987, p. 8.

② 类比 Knell J. 和 Taylor 提出的政府作为社会管理者之立法、管理及仲裁三种角色，本文认为政府在艺术赞助事业中，同样存在这三种角色。参见 Knell J., Taylor, "Arts Funding, Austerity and the Big Society", *RSA*, 2011, 2(4), pp. 8-32.

转变政府艺术赞助方式的突破口在于政府实施艺术赞助的资金来源。如果资金完全来自财政拨款,就难以避免政府对艺术的直接干预。适度引入民间资本,不仅有助于赞助经费来源的多元化,而且能培育公民的艺术金融意识和资本运作能力。

艺术彩票作为一种艺术赞助的新方式,一方面传承了政府赞助艺术的旧传统,另一方面创造了政府赞助艺术的新形态。说它传承了旧传统,主要体现在两个方面:一是在于政府权力,中央政府作为艺术彩票的唯一发行主体,确立了政府在艺术赞助体系中的主导地位;二是在于政府职能,中央政府利用艺术彩票公益金支持艺术事业发展,既维护了国家在文化艺术上的重要权益,也塑造了有为政府的良好形象。说它创造了新形态,主要是因为有两大创新:一是艺术彩票通过全民参与的赞助机制,有助于削弱艺术赞助决策中政府的“父爱主义”,增强艺术彩民即社会公众的决策力量,从而实现艺术赞助的合理性与公平性;二是艺术彩票打通了艺术赞助的供给侧和需求侧,艺术观众的身份从单一性的消费者转向复合性的消费—投资者,进而提升了观众的艺术感知能力及消费欲望。

从艺术赞助的效益看,艺术彩票既有挖掘彩票行业经济效益的潜力,也有促进“公平与正义”这一社会效益的可能。

在经济效益方面,发行彩票日益成为各国支持基础性事业及公益性事业发展的重要资金来源。2017 年,中国彩票销售突破 4000 亿元大关,达到 4266.69 亿元,成为仅次于美国的全球第二大彩票市场规模体。其中,福利彩票和体育彩票筹集公益金总额高达 1143.26 亿元,成为国家扶持体育事业和福利事业发展的非财政预算的重要资金来源。2018 年 4 月 14 日,中共中央、国务院发布《关于支持海南全面深化改革开放的指导意见》,明确提出“支持在海南建设国家体育训练南方基地和省级体育中心……探索发展竞猜型体育彩票和大型国际赛事即开彩票”①。国家将体育事业与体育彩票紧密关联,为促进各类体育项目的发展,大力发展竞猜型和大型国际赛事两种彩票,再次印证了彩票对其所服务领域的激励和反哺作用(体育彩票促进体育事业发展,福利彩票助推社会福利事业发展)。从国家层面对彩票业的重视程度和彩票业本

① 中共中央、国务院:《关于支持海南全面深化改革开放的指导意见》,http://www.xinhuanet.com/politics/2018-04/14/c_1122682589.htm,访问日期:2018 年 4 月 14 日。

身的发展态势看,中国现有福利彩票、体育彩票的良性运作和高效发展,在一定程度上为发行艺术彩票奠定了行业基础。在彩票业市场尚未饱和的情况下,发行艺术彩票不仅是对中国彩票事业体系的进一步完善,也是激发公民接触艺术的绝佳契机。发行艺术彩票既有利于满足现有彩民与日俱增的"投资"需求,也有利于刺激并开拓具有艺术需求的新彩民。

在社会效益方面,彩票既是人们的一种娱乐方式,也是政府的一种集资手段。在中央政府作为发行艺术彩票的唯一合法机构的前提下,中央政府自身的信誉和制定的政策为彩票事业的发展营造了良好的社会氛围,兼具娱乐性与公益性的彩票本身也能吸引公民的广泛参与。具体而言,艺术彩票的社会效益体现在两个方面:第一,从购买门槛看,彩票符合人类追求公平与正义的最基本的社会原则——符合法定年龄的公众都有权购买,受社会地位、教育背景、职业收入等因素产生的购买门槛比其他机会游戏低(每注彩票的价格低廉),因此购买彩票这一"投资"行为本身具有非排他性,使得人人参与成为可能。第二,从购买动机看,尽管彩票的博彩性质使其自诞生起就备受争议,但其存在的价值基础仍然是公平。购买者中奖与否属于概率事件,每一次开奖都是独立事件,不牵涉彩票本身的公平性问题。彩票本质是一种机会利益,机会利益是彩票游戏规则设置的"漏斗",即有一部分钱漏出来给一个不可预期的幸运者,这个幸运者可能是任何一个投注者。[①] 彩民抱着中奖的目的购买彩票,而彩票中奖规则、开奖时间及奖金设置所具有的公开透明性,正好从公平正义的角度迎合了彩民的获益动机。总之,艺术彩票的政府发行保障了彩票源头的正义性,机会平等基础上的公平竞争确保了公民消费的正义性,公益金按需分配体现了利益分配的正义性。

从艺术彩票的功用看,它不仅弥补了现有艺术赞助方式的缺陷,而且提高了公众特别是下层民众的艺术涵养:第一,艺术彩票改善了国家的文化治理,政府不再直接赞助艺术,只是扮演监督者和评估者的角色。第二,艺术彩票拓宽了艺术基金的募集渠道,减轻了政府赞助艺术的财政压力。第三,艺术彩票普及了艺术教育,公众通过购买艺术彩票,潜移默化中接受了艺术的熏陶。

艺术具有有益性,艺术彩票一定程度上是为了普及艺术的有益性而诞生。艺术这一令人愉快的事物"是社会文明和文化总体水平的一项重要的指示器。

① 参见金世斌:《中国彩票业规制体系研究》,南京大学出版社 2013 年版,第 43 页。

它的存在意味着当地社会是进步的，富足的，自我关注的，并且是积极向上的”①。因此，艺术在当地社会的男男女女的幸福安康的生活方面做出了不可或缺的贡献。现实的矛盾是艺术资源的分布与人们对艺术的本能需求存在严重的不对等，表现为经济相对发达的地区往往艺术生活也相对丰腴，也就是说社会上少数上层阶级有能力进行艺术消费，多数中下层阶级无法按市场价格支付艺术活动。而具有福祉意义的艺术应该“不是一个少数人的特权，而是许多人的向往。艺术的地位不在社会的边缘，而在于社会的中心”②。艺术彩票的出现为缩小艺术消费的巨大鸿沟、实现艺术的正外部效益、维护普通人的艺术欣赏权利提供了一条可能的路径。

艺术具有区隔性，艺术彩票在一定程度上是为了消除艺术的区隔而存在。布迪厄(Bourdieu)在《区隔——趣味判断的社会学批判》一书中指出③，趣味是依据人的社会“位置”塑造的，而社会“位置”又与人们占有“文化资本”的多寡密切相关，不同阶层的人群在艺术上的趣味不尽相同。面对不同社会阶层占有的文化资本的差异，布迪厄认为家庭出身和教育水平是影响公众文化资本的两大因素，并提倡通过家庭教育和学校教育来增加公众的文化资本。教育作为一种后天的习得性资源，对弥补中下阶层先天性文化资本的缺失具有重要意义。除学校教育外，社会教育也是一种培养公众艺术趣味的有效方式。学校教育仅能解决有关艺术审美的极小部分问题(义务教育阶段的美术、书法等课程学习，高等教育阶段仅限艺术专业及其相关专业的系统学习)，艺术趣味的培养更多的还需要回归市场。发行艺术彩票是面向全社会(要求符合法定年龄)的一种艺术教育手段，既能扩大公民对艺术的感知能力，也能培养公众的艺术消费习惯。④

---

① [美]詹姆斯·海尔布伦、查尔斯·M·格雷:《艺术文化经济学》，詹正茂等译，中国人民大学出版社 2007 年版，第 363～364 页。

② Reid D., “An American Vision of Federal Arts Subsidies: Why and How the U. S. Government Should Support Artistic Expression”, *Yale Journal of Law & the Humanities*, 2009,21(2), pp. 361-418.

③ See Bourdieu P., Nice R., *Distinction: A Social Critique of the Judgement of Taste*, Cambridge: Harvard University Press, 2005, p. 1.

④ 可通过向彩民发放艺术消费折扣券等形式实现，详见本文第三部分的有关论述。

三、艺术彩票的运行机制及风险

英国是最早发行艺术彩票的国家，英国艺术彩票由英格兰艺术委员会管理。英格兰艺术委员会是一个依托政府成立但在实际运营中又独立于政府的机构，与政府之间存在着“一臂之距”。从具体的管理架构上看，英格兰艺术委员会下设非行政机构国家理事会①，采用分权模式专门负责管理艺术彩票金账户并提供有关艺术问题的专业指导，比如围绕“如何分配艺术彩票金”“哪些项目应该加以赞助”等议题制定政策。对于艺术彩票金账户内部的行政、财政、风险及运营等方面的管理工作则通过授权专业经济机构来进行管理。

根据《英国艺术委员会年报》，截至 2016 年 3 月 31 日，艺术彩票金账户 2015～2016 年度总收入为 266647000 英镑。其中从国家彩票分配基金所得收入为 260926000 英镑，相较 2011～2012 年度增幅高达 1.2 倍。② 从 2012～2013 年度以来，扶助基金支出(用于赞助艺术发展的公益金)比重占总支出的九成以上(见表 3)。英国艺术彩票的成功实践，表明国家发行艺术彩票，将彩票收入用于支持文化艺术事业发展具有可行性。

表 3　　英国艺术彩票金收支情况

收支项目＼年份	2016/2015(千英镑)	2015/2014(千英镑)	2014/2013(千英镑)	2013/2012(千英镑)	2012/2011(千英镑)
国家彩票分配基金所得收入	260926	214557	227461	169795	115069
艺术彩票金的投资收入	682	518	522	819	1340
税收	19	22	26	25	19
去年度剩余资金	5020	15075	15002	8555	15007
总收入	266647	230172	243011	179194	131435
总支出	261588	245917	227944	164192	122800

① 国家理事会担任慈善信托的角色，理事会成员多数为文化艺术经验丰富的联邦和地方艺术委员会主席，少数成员由英国国家文化、媒体和体育部任命。

② 参见《英国艺术委员会年报》(2011～2016 年)，https://www.artscouncil.org.uk，访问日期:2018 年 4 月 16 日。

续表

收支项目＼年份	2016/2015（千英镑）	2015/2014（千英镑）	2014/2013（千英镑）	2013/2012（千英镑）	2012/2011（千英镑）
扶助基金支出	242889	228518	208009	150856	105228
扶助基金支出占比	92.9%	92.9%	91.3%	91.9%	85.7%

资料来源：《英国艺术委员会年报》(2011～2016 年)，https://www.artscouncil.org.uk，访问日期：2018 年 4 月 16 日。

中国发行艺术彩票，需要将英国等发达国家艺术彩票的具体实践与中国现有彩票业的管理经验相结合。目前，中国彩票运营体制是一种集权模式，而非英国式的分权模式。国务院是中国彩票管理的最高机构，同时，彩票发行的特许权也集中在国务院。财政部负责全国彩票的监督管理工作，主要负责制定彩票监管制度和政策，监管彩票发行、销售活动等；民政部和国家体育总局分别负责福利彩票和体育彩票的管理工作，其职能涵盖制定彩票事业发展规划、彩票公益金使用管理办法等。此外，民政部下设的中国福利彩票发行管理中心、国家体育总局下设的国家体育总局体育彩票管理中心是国家特许负责彩票发行的专业机构。

由此，中国彩票运行机制基本上形成了民政部/国家体育总局、财政部、彩票发行机构三个管理体系。其中独立于政府的第三方评估机构不存在，反映公民或者说彩民意志的基层机构同样不存在。考虑到艺术事业本身的特殊性及当前艺术补贴的诸多弊端，这一机制显然不能完全适用于艺术彩票——集权模式将为艺术彩票公益金的分配和使用埋下巨大的隐患。在扬弃英国艺术彩票机制及中国现有彩票机制各自优缺点的基础上，以维护艺术生产自主性和艺术赞助公平性为前提，这里提出一种适用于中国艺术彩票的运行机制以及艺术彩票公益金分配机制（见图 1）。

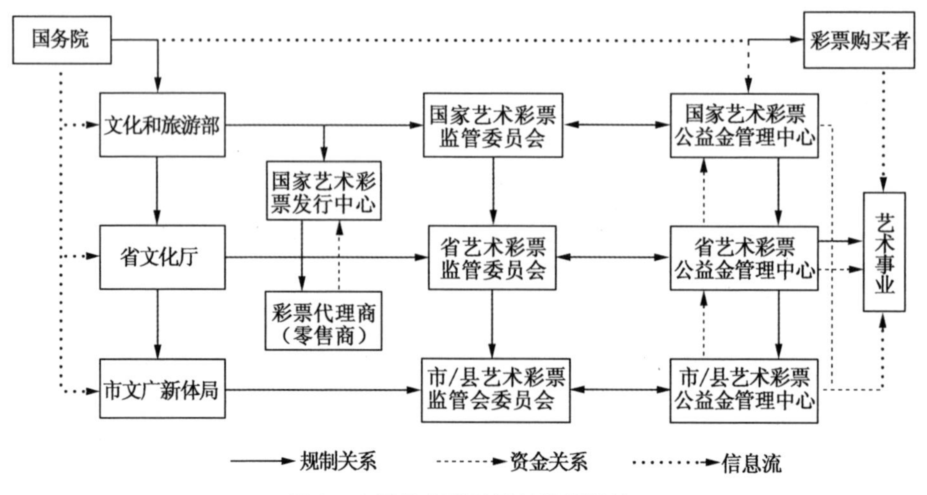

图 1　中国艺术彩票运行机制设计

(一)在艺术彩票发行及管理层面

坚持国务院作为艺术彩票管理的最高机构,在国务院的领导下由文化和旅游部管理艺术彩票事业。在文化和旅游部中设立国家艺术彩票发行中心,使其成为具备艺术彩票发行权的唯一机构。这既是为了维护国家利益,也是为了避免因企业、私人发行彩票而导致恶性竞争、徇私舞弊。成立专门负责管理艺术彩票日常性事务的机构——国家艺术彩票监管委员会,从中央到市(县)各级行政单位依次设立。国家艺术彩票监管委员会依托文化和旅游部支持成立,但其内部运作应与英国艺术委员会类似,与政府保持“一臂之距”,即委员会内部按照艺术彩票金账户管理模式进行设置,按照 5∶5 比例由艺术和经济、行政等领域专才政务人员组成。① 艺术、彩票领域的专业人才负责制定艺术彩票发展规划和管理制度、艺术彩票公益金使用办法及其他日常艺术彩票管理细则;经济、行政领域人才负责管理委员会内部资金、员工等常规项目。此外,在艺术彩票分销环节,引入具有独立法人资格的现代企业,由彩票代理商负责各地彩票销售业务。在公益金分配和使用上,由第三方评估机构——

① 考虑到艺术的特殊性,在艺术彩票中心的成员设置中将艺术领袖或艺术人才的比重提升至五成,与经济、行政领域专才拥有相同的投票权,从而确保艺术的主体性。

国家艺术彩票公益金管理中心负责①，形成监管委员会和公益金中心双向决策的彩票公益金分配方案(见图 2)。这一方面是出于防范艺术彩票演变为传统艺术赞助方式;另一方面则是为了遵循“取之于民，用之于民”的原则——艺术彩票公益金是广大彩民自愿无偿的捐赠，使用时应体现捐赠者的意愿，必须独立核算，专款专用。

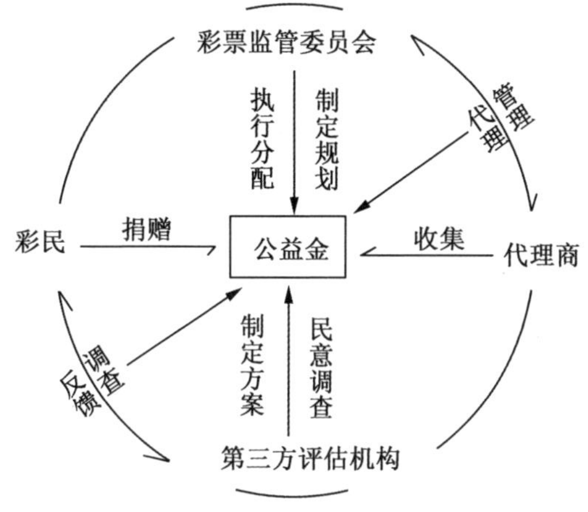

图 2　中国艺术彩票公益金分配关系

(二)在彩票公益金分配和使用层面

艺术赞助在艺术门类及艺术市场地区间历来存在不公平现象。美国纽约大学迪克·纳泽的研究发现，“在国会通过授权 NEA 拨款的听证会上，其中最大的症结在于赞助偏向于那些知名的既有机构和那些集中在纽约的艺术活动”②。大卫·索沃斯结合英国艺术赞助实践指出，在近 60 年英国艺术委员会的历史中，绝大多数的赞助落在伦敦地区，这个比例占全英格兰艺术赞助的 85%、整个英国的 70%。③ 为了避免这种不公平，中国艺术彩票需要成立第三方评估机构——国家艺术彩票公益金管理中心。该机构由专业的调查公司和

① 国家艺术彩票公益金管理中心机构设置参照下文对“彩票公益金分配和使用”内容的论述。

② Dick Netzer, *The Subsidized Muse*, Cambridge: Cambridge University Press, 1978; Laura H. Chapman, “A Century of Distancing Art from the Public”, *ARTS EDUC. POL'Y REV*, 2000, 101(3), pp. 27-28.

③ See Sawers D., “Should the Taxpayer Support the Arts”, *The Institute of Economic Affairs*, 1997, 9(7), pp. 1-44.

各艺术领域优秀人才组成，主要从事调研艺术市场和民众艺术需求，为艺术彩票公益金的分配提供决策咨询。按照詹姆斯和查尔斯的观点，作为公共品的物品，要想实现供需平衡，则需要政府进行民意测验，以了解市民们愿意为公共商品的选择水平支付的代价是多少，然后提供相应的数量，使公众再支付一单位商品的意愿正好等于该商品的边际成本。[①] 因此，从维护艺术市场供需平衡角度来讲，以第三方评估机构反馈的调查数据来界定受赞助艺术的范畴，较传统艺术赞助方式更加科学，且在一定程度上能够真实反映市场状况和公民需求。同时，成立独立于政府的第三方民意调查评估机构，能够减少政府机关人员滥用职权徇私舞弊，能够防止政务人员将自己的艺术偏好作为界定艺术赞助范畴准绳的做法。

尽管这种艺术彩票运行机制较之传统艺术赞助方式更具公平性，但也需关注艺术彩票在实践中可能产生的问题。

首先，艺术彩票管理机制涉及政府(文化和旅游部及其各级职能机构)、第三方评估机构(艺术彩票公益金管理中心)、彩民(彩票购买者)三大利益主体，如何恰当平衡各方利益(除去用于艺术赞助的公益金的剩余部分)还需进一步探讨。考虑到政府、第三方评估机构及彩民各自的属性及其在艺术彩票中扮演的角色，建议按照 3∶3∶4 的比例进行分配：即政府和第三方评估机构各分得 30%的资金用作其内部组织日常运营经费，剩余 40%的资金则专用于补贴彩民进行艺术消费，切实培养彩民的艺术趣味。

其次，必须防范艺术彩票的公平性滑向彩票业的逐利性。发行艺术彩票的目的在于放大艺术的公益性，赋予更多的彩民接触并欣赏艺术的权利，如果彩民只注重艺术彩票的经济效益，则背离了发行艺术彩票的初衷。艺术彩票的购买者若只关注彩票本身的经济效益(比如“一夜暴富”带来的好处)，其结果是这部分人群仍然处于艺术消费的边缘地带；而高收入人群并不像低收入者那般热衷于购买艺术彩票，其结果则促使高收入人群更加便利地消费被赞助的艺术。为防范艺术赞助的“本末倒置”，可以适当对购买艺术彩票的公民提供某种优惠政策。海伦布尔和格雷曾质疑艺术赞助的公平性并明确指出：“艺术补贴在任何国家都可能产生分配不当的结果，除非采取公平累进税制，

① 参见[美]詹姆斯·海尔布伦、查尔斯·M·格雷：《艺术文化经济学》，詹正茂等译，中国人民大学出版社 2007 年版，第 232～234 页。

或艺术补贴中包括大量明确针对低收入人群收益的方案。”[①]然而这种被海伦布尔和格雷嘲讽的艺术赞助方式恰恰是艺术彩票合理性的依据。艺术彩票实行优惠政策的资金正好来源于归属于彩民的40%剩余公益金，这一举措恰好将海伦布尔和格雷认为难以落实的“艺术补助的政策中含有专门为低收入人群设立的方案”变为了可能。

艺术彩票作为一种吸纳民间资本的艺术赞助新形态，在传承政府赞助艺术的旧传统之上，通过发挥彩票的娱乐功能和集资功能，有望掀起全民热爱艺术的新高潮。发行艺术彩票，一方面可以培养公众对艺术的认知，提升公众的艺术素养，从而促成公众自觉成为艺术赞助的主体；另一方面能够在“政府—第三方评估机构”分权模式引导下，实现全民共享艺术发展成果。艺术彩票作为艺术赞助的新方式，一个突出的表现是回归需求侧重新思考艺术赞助，即将公民的艺术需求纳入政府的艺术赞助中，并借助第三方评估机构实现权力的制约与平衡，减少政府对艺术事业的过度干预，最终实现艺术的自由发展。同时，为实现艺术彩票的可持续运行，需要各界在处理“政府—第三方评估机构—彩民”三方关系、引导彩民进行艺术消费而非彩票盈利等方面进行进一步思考。

［原载于《山东大学学报(哲学社会科学版)》2018年第5期］

① ［美］詹姆斯·海尔布伦、查尔斯·M·格雷：《艺术文化经济学》，詹正茂等译，中国人民大学出版社2007年版，第242页。

创客运动的中国流变及未来趋势

黄玉蓉　王　青　郝云慧

创客运动(The Maker Movement)发源于西方后工业社会背景,是一场以创客为主体在全球范围内推广开放创新理念、培育文化科技创意、推动大众创造实践的创新运动。其所涵括的探索创新精神、动手实践文化、开放共享理念以及对技术的极致钻研和对个性化呈现的不懈追求,为新一轮创新浪潮兴起提供了必要的前置条件。在西方创客文化的浸润、3D 打印等技术手段对创意实现的促进以及政府的政策红利等多重因素影响下,中国迅速成长的创客群体、创客空间和业已形成的优势产业基础,正形成合力推动创客运动发展,并呈现出既与国际接轨又具中国特色的发展态势。对创客运动中国流变的路径、原因、方式及特征给予要素分析,评估这一事态的继发性社会后果,在此基础上揭示创客运动发展规律、预见中国创客运动的未来趋势是本文的要旨所在。

创客运动在中国因其创新创意和产品实现能力等特质而与创新创业、产业化、商业化等相关事态密切关联。创客的出现及活跃,契合了中国建设创新型国家、增长动力由要素驱动向创新驱动转变的历史发展机遇。政府敏锐地抓住了这一契机,并寄希望于这种自下而上的创新精神、创业活动能带动产业转型、经济增长和社会发展。当下中国,“创客”这一概念成为引爆点,人才、资金、服务等资源附着其上,创客群体增加,创客空间涌现,闲置产能被激活。在中国经济新常态背景下,创客运动的深入发展将社会资源汇聚到了创新领域,其内在逻辑及呈现出的与西方创客运动的异质性耐人寻味,其由政策强力驱动的外部动力前景堪忧。

一、创客运动的中国流变

(一)物质层面的移植:由德国经美国至中国

创客运动的兴起以其物质载体——创客空间的形成为标志,它是创客从事独立创造或与他人合作的主要场所。创客空间起源于欧洲的黑客(hacker)文化及黑客空间,最早的真正意义上的创客空间首推德国程序员沃·荷兰(Wau Holland)于1981年9月12日在德国汉堡创立的混沌电脑俱乐部(Chaos Computer Club,简称“CCC”),现为欧洲最大的黑客协会,有5500名会员。① 从1999年起,CCC每4年举办一次混沌交流营(Chaos Communication Camp)户外活动,来自全球的黑客在野外营区搭帐篷对着电脑屏幕钻研黑客技能。2007年,一群美国黑客参加了混沌交流营后,开始谋划将这一新生事物引入美国。

受德国创客空间影响,美国东海岸创客于2007年在纽约创立“纽约电阻器”(NYC Resistor),在华盛顿创立“黑客华盛顿”(HacDC),西海岸创客于2008年在旧金山创立“噪音桥”(Noisebridge)。关于谁是中国最早的创客空间业界尚存争议。2009年,一群深圳技术发烧友创立了“深圳自造”(SZDIY)邮件组,这是一个自由软硬件社区,有线上讨论,也有线下聚会。2010年,从美国硅谷回国创业的台湾工程师李大维与刚从美国加州谷歌总部调至上海谷歌工作的工程师伍思力和谢旻琳在上海创立了中国第一家线下创客空间——新车间。② 他们心中关于创客空间的样板是位于谷歌总部山景城附近的创客空间“山景城道场”(Mountain Dojo)。2011年,北京创客空间成立,其前身是“火烈鸟电子设计自动化开放空间”(FlamingoEDA Open Space)。因此,可以认为,2009～2011年,深圳、上海和北京的创客空间相继成立,成为最早接受欧美创客文化和发起中国创客运动的群体。我们从创客空间维基站点查询到的中国

① 参见“混沌电脑俱乐部”词条,https://en.wikipedia.org/wiki/Chaos_Computer_Club,访问日期:2018年4月24日。

② See Lindtner S., “Hacking With Chinese Characteristics: The Promises of the Maker Movement against China's Manufacturing Culture”, *Science, Technology, & Human Values*, 2015, 40(5), pp. 854-879.

大陆地区的注册创客空间有 26 家,其中 21 家显示为"活跃"状态①,名单详见表 1。

表 1　　处于"活跃"状态的中国大陆地区创客空间一览表

城市	创客空间
深圳	X. factory, Chaihuo, SZDIY, Opensource Makerspace, Trouble Maker, TechSpace
北京	Tsinghua i. Center, FlamingoEDA Open Space, YFF, Qspace, Largo City Hackerspace
上海	Xinchejian, Coderbunker, 88 Spaces
成都	IChengdu, Tinymake, SWJTU Makerspace
武汉	Wukong Club
广州	HackerSpace@GZ
东莞	DongguanMaker
南京	Nanjing MakerSpace

创客空间维基站点比较松散,2018 年 5 月显示的最新网站更新时间是 2014 年 3 月 9 日,但还是能反映中国创客空间的早期发展状态。维基站点的同期数据显示,美国有 444 家处于"活跃"状态的创客空间,99 家处于筹备状态。中国的创客空间建设经常得到欧美先行者的指导,如噪音桥的创始人米奇·奥特曼(Mitch Altman)先生作为"全球创客运动大使"多次到访中国交流指导。

(二)理念层面的传播:通过节展赛事普及

形式酷炫、声势浩大的创客节展赛事在传播创客文化理念方面发挥了重要作用。美国欧莱莉媒体集团(O'Reilly Media)联合创始人戴尔·多尔蒂(Dale Dougherty)于 2005 年创办《爱上制作》(*Make*)杂志,并于次年创办首届(旧金山)湾区制汇节(Maker Faire)。制汇节的举办形式受到德国混沌交流营的启发,但同时又摒弃了德国交流营偏重技术的严谨和枯燥,融入了体现美国

① 参见创客空间维基站点,https://wiki.hackerspaces.org/China,访问日期:2018 年 5 月 7 日。此网站注册的创客空间不含孵化器、加速器。

农业社会传统的集市(fair)形式。"Maker Faire"其实就是"Maker Fair"①,就像农民在丰收之后展示收成,创客们通过制汇节平台比赛谁的作品更酷炫,展演的同时也是交流学习。戴尔·多尔蒂(Dale Dougherty)在美国本土成功地将德国的混沌交流营实现了"迪士尼化",经改良新生的美国制汇节以其开放性、娱乐化迅速成为广受全球创客欢迎的大聚会——"地球上最大的展示与讲述"(the greatest show-and-tell on earth)。② 其巨大的集聚能力和宣传效应促进全球创客群体呈几何级数增长。2017 年,全球共有 44 个国家的不同城市举办了 221 场制汇节,参加者达 158 万人。③

在中国,创客思想、理念和文化也通过丰富多彩的节展赛事得到普及。国际层面的活动有制汇节、中美青年创客大赛等活动落户中国。柴火创客空间于 2012 年获得美国《爱上制作》杂志官方授权,将制汇节引入中国,首站选择了深圳。深圳制汇节(Maker Faire Shenzhen)至今已连续举办了 6 届,从迷你(mini)级别一路升级到特色(featured)级别。同时北京、成都、西安、杭州制汇节也次第举办。国家层面的活动有"全国大众创业万众创新活动周",迄今已连续举办了 4 届。2015 年 10 月,首届双创周在北京、成都、合肥等 8 个城市举办,仅成都一个分会场的直接参与人数就超过 10 万人次。2016 年双创周期间举办的"创响中国"巡回接力活动,共开展了 400 多场活动,有 700 多家企业、近 100 万人次参与。④ 2017 年,首次同步举办海外双创周,数 10 家机构在美国硅谷、德国柏林、澳大利亚悉尼等地开展双创活动。还有市级、社区层面的创客活动,如 K12 少年马拉松、天津大学生创客马拉松、广州创客马拉松等。各级各类创客节展赛事(见表 2)的举办,为创客交流与合作提供了机会,传播了创客运动理念,活跃了创新文化氛围,是中国创客运动迅速发展的重要驱动因素。

---

① 信息来源于本文作者黄玉蓉于 2016 年 3 月 4 日对 Maker Faire 创始人戴尔·多尔蒂先生的访谈。据多尔蒂先生介绍,Faire 带"e",是为了和 Maker 进行字母数量上的平衡,而创客运动正处于 E 时代——电子时代,于是就在 Fair 后面加了个"e"。

② See Dougherty D., "The Maker Movement", *Innovations Technology Governance Globalizution*, 2012,7(2), pp. 11-14.

③ 参见 Maker Faire 相关统计结果,https://makerfaire.com/media-center/#fast-facts,访问日期:2018 年 4 月 24 日。

④ 参见《2016 年全国大众创业、万众创新活动周取得圆满成功》,http://business.sohu.com/20161020/n470784567.shtml,访问日期:2017 年 4 月 15 日。

表 2　　中国主要创客节展赛事一览表

名称	主办方	活动形式	功能及影响
制汇节(Maker Faire)	美国《爱上制作》杂志社与深圳矽递科技有限公司(Seeed Studio)	包括创意集市、创客表演、创客工作坊和创客论坛等	不仅是广大创客展示自身创意的平台,也是联通创客与大众之间的桥梁,具有巨大的集聚能力和宣传效应
中美青年创客大赛	教育部	分为分赛区选拔赛和决赛。分赛区选拔赛中,参赛团队根据活动主题进行产品和服务系统原型开发;决赛是在 48 小时内快速将创意形成原型	引导支持中美青年共同打造具有社会和经济效益的新产品、新应用,同时促进中美人文交流
全国大众创业万众创新活动周	国务院	包括成果展示、会议论坛、文化传播、项目路演、群众竞赛、专业服务对接、成果转化等	双创发展的展示平台、双创典型的推介平台和双创资源的汇聚平台,促进生产与需求对接、传统产业与新兴产业融合
K12 少年马拉松	中关村创业大街	青少年创客在规定时间内利用开源硬件和 3D 打印等工具连续开发,将自己的创意变成作品	通过动手实践活动,激发青少年学习、探索、掌握与运用科学知识的兴趣,培养创新精神和实践能力
社区创客嘉年华	共青团深圳市南山区委与尼皮斯创客技术服务有限公司	面向社区,通过创客工作坊等形式,为居民提供激光雕刻 DIY、人工智能、皮影制作、纸藤花 DIY 等科技、工艺类课程	作为深圳市南山区 2017 年民生微实事项目吸引了近 2 万辖区居民参与,推动了创客文化在社区层面的普及

(三)制度层面的创新:对创客空间的本土化改良

西方创客空间的存在形态主要包括创客空间(Makerspace)、黑客空间(Hackerspace)和微观装配实验室(Fabrication Laboratory,简称“Fab Lab”)等。创客空间技术门槛更低,黑客空间黑科技色彩更浓,微观装配实验室与一般创客空间和黑客空间的区别在于它有核心组织和设备配置指南。截至 2018 年 5 月,中国有 22 家微观装配实验室获得认证。① 但由于课程难度系数、语言

① 参见微观装配实验室官网,https://www.fablabs.io/labs?country=cn,访问日期:2018 年 5 月7 日。

障碍、授课时差、工具适用性等问题，在中国的本土化运用效果欠佳，一些创客教育机构开始尝试将微观装配实验室进行中国化改良。而创客空间和黑客空间进入中国后在保留基本配置的基础上也进行了或多或少的改良和重构。

众创空间是创客空间在中国语境下的特殊演变形式。学者温雯认为其“重新定义了国际创客文化”。① 2015 年，我国政府结合国情从“大众创业，万众创新”角度出发，将其定义为“顺应网络时代创新创业特点和需求，通过市场机制、专业化服务和资本化途径构建的低成本、便利化、全要素、开放式的新型创业服务平台的统称”②。此后，“众创空间”的提法越来越普遍。众创空间较创客空间有更宽泛的内涵与外延，且更具中国特色。前者既包括工作社交的意味，也更强调项目的孵化及商业化过程，更贴近当前中国经济社会发展的现实需要。国家发改委公布的数据显示，中国的众创空间已超过 4200 家。③ 之所以会出现与维基站点显示创客空间数据的巨大悬殊，一方面是因为维基站点的时间滞后性，另一方面是因为维基站点遵照严格的创客空间国际标准且要求正式注册。而众创空间则包括创客空间、创业咖啡、创新工场等新形式，为创新者提供的工作空间、网络空间、社交空间和资源共享空间与科技企业孵化器、加速器、产业园区等创业孵化链条上的空间载体都被统计在内了。

自 2015“创客元年”以来，在社会各界通力协作下，中国创客空间数量迅速增加，参与建设的主体日益多元化，有政府、企业、第三部门、创客个体等。功能定位及空间形态逐步明晰，既有纯粹的兴趣团体，也有创客文化推广普及平台和基础技能培训平台、孵化器和加速器、创客社交空间和高校创客空间等形态，呈现出多样化的形式和多元化的功能（见表 3）。这为创客实现从 0 到 1、从 1 到无限提供了基础培训、互动交流、动手实践、商业孵化、导师指导等完善的服务体系。

---

① Wen W.，“Making in China：Is Maker Culture Changing China's Creative Landscape?”，*International Journal of Cultural Studies*，2017，(20)4，p. 343.

② 杨绪辉、沈书生：《创客空间的内涵特征、教育价值与构建路径》，《教育研究》2016 年第 3 期。

③ 参见国家发改委政策研究室：《宏观调控不断创新完善经济稳中向好态势明显》，http://www.ndrc.gov.cn/gzdt/201708/t20170808_857190.html，访问日期：2018 年 4 月 24 日。

表 3　　　　中国众创空间定位、功能及建设主体一览表

定位	功能	代表	建设主体
兴趣团体	参与者出于兴趣爱好以集体筹资方式进入创客空间	SZDIY	创客
技能培训	承担技能培训平台和推广创客文化的角色，帮助人们了解、掌握操作技能	柴火创客空间	科技企业
项目孵化和项目加速	提供包括产品开发场地、原型产品制作条件、供应链或量产咨询、商业导师等在内的多方面支持，为企业提供创新活力	海尔创客空间	科技企业
社交空间	常以咖啡厅、餐厅、书店等形式存在，经常组织主题活动，邀请投资、技术领域人士出席，为各方提供交流机会；部分也具备孵化功能	3W 咖啡	金融机构
联合办公空间	提供会议室、休闲区、WiFi、咖啡等服务；个人或团体均可在此类空间共享办公环境，同时彼此独立地完成项目，也可分享想法、创意、信息、资源等；部分具备投融资功能，参与入驻项目的投融资	SOHO 3Q	地产企业
学校创客空间	依托学校开放资源，开展与实践结合、具有项目导向、挑战式教学等特点的课程，吸引学生创客参与；或者聚集科研院所高端创新资源，增加源头技术创新的有效供给	清华大学 X-Lab	高校

创客空间在中国发展为众创空间的制度创新和改良，与中国的改革开放和产业演进具有相同的历史轨迹。对于创客运动，政府通过对众创空间的定义和设计，嫁接了创客空间的创造功能和孵化器的孵化功能，将其打造成门槛更低、功能更完善的创客培育综合形态和创业服务生态体系，希望以此实现资源、信息、人才和服务的聚集，全面服务于创新创业。

二、创客运动中国流变的社会影响

创客运动全面赋权个体发展创造力，满足创意心智，通过动手实践解决新挑战，生产新工具，发展新思维，创造新机会，其中国流变的社会影响广泛而深

刻地波及经济、教育和文化领域。需要界定的是，本文所指称的“社会”是指以一定的物质生产活动为基础而相互联系的人类生活共同体，如西方社会、中国社会等概念，并非“社会形态”（包括社会政治结构、经济结构和文化结构等）意义上的“社会”。

（一）创客运动中国流变的经济影响

从经济视角来看，创客运动对“后福特主义”时代的生产资料、生产关系和生产力产生了全面影响。改革开放伊始至2008年全球经济危机期间，中国制造业基本行驶在以大规模生产、垂直型组织和标准化生产为特征的“福特主义”轨道上。但新世纪以来，由于大规模生产的市场逐渐趋于饱和，消费者对标准化的产品越来越厌倦，其需求越来越难以预测；同时由第三次工业革命驱动的技术发展使得开发新产品变得越来越容易，“福特主义”难以为继，以注重满足消费者个性化需求为特征的创客运动的适时出现一定程度上缓解了这一问题，对经济产生了全方位影响，主要表现如下：

1. 促进了生产资料大众化

大众创新创业必须以掌握生产资料作为前提，创客运动加速了生产资料大众化的进程。随着互联网技术的发展，京东、淘宝等电子商务平台类的信息技术资源大众化的力量正在瓦解过去在信息资源垄断基础上形成的既得利益链，推动社会经济运行发生巨大变革。其次，信息技术资源的自由流通促进生产资料在更深层面向大众开放，为个性化生产和消费提供了更多的可能性。与此同时，个人桌面制造工具的应用也推动了制造技术资源大众化的发展。原本属于工厂与实验室的诸如激光切割机、3D打印机、3D扫描仪等生产制造资源，正在由工厂用途向大众用途普及。

2. 改变了生产关系

创客运动促使生产关系发生改变。由于产品迭代创新速度加快，单个企业无法满足用户的多元化需求，因此出现企业外包业务，劳资之间、生产者与消费者、供应商与销售商之间的关系由对抗走向合作，企业内部的研发、生产和销售部门建立起更紧密的联系，形成合作共享的网络，这种新型生产关系重塑了生产管理模式。在传统时代，无论是基础理论创新还是应用技术创新，多由研发人员、学者等承担其职能，较少与外界进行信息、资源交换。在创客时代，有想法和创意的用户也可以成为推动产业创新的力量，拓展了创新队伍基数,增加了创新力量来源。保持开放心态的创客不断与外界进行资源、信息交换,及时抓取显性和隐性市场需求,减少货不对版现象,满足用户的多元化需求。

3. 打造了经济新引擎

创客运动通过赋能企业创新打造了经济新引擎。创客运动领袖克里斯·安德森的"长尾理论"认为,根据二八定律,20%的热门产品占有80%的市场,而80%的冷门产品只占有20%的市场,形成一条长长的细尾。创客产品虽难以取代大规模生产,但可发挥多种类、小批量、个性化、定制化的优势,做好20%的利基市场,满足小众市场的需求。创客的创新行为将完善大中小企业的层级结构,活跃市场氛围,助力企业成长,还能创造更多的就业岗位和工作机会,成为支撑经济发展的重要基石。硅谷最著名的顶级孵化器YC创业营(Y Combinator,简称"YC")的创始人、有"硅谷创业教父"之称的保罗·格雷厄姆(Paul Graham)也认为:"创业公司已经形成一股革命性的经济力量,其重要程度堪比农业的诞生、城市的崛起和工业化的出现。"[①]

保罗·布里克斯坦(Paulo Blikstein)等学者认为中国为了培养更多的工程师和电脑人才以满足产业发展的需要是创客运动兴起的原因之一。[②] 也正因我国市场经济体制的不断完善,当前的创客运动比1980年代的"发明热"更具有商业开发价值和持续营利的可能性,因此被看作经济新引擎。在创客运动掀起的创业潮中,涌现出一大批高科技企业、互联网创业精英,挖掘了人们的潜在消费需求,催生了大量代表未来发展方向的新产品、新体验、新产业结构、新商业模式乃至新的社会发展形态。创客经济目前总量虽不大,但引起的舆论关注和预示的发展前景却超过了任何传统经济活动。

(二)创客运动中国流变的教育影响

创新型、创造性人才既是创新型社会的建设主体,也是信息社会的内在诉求。创客运动将创造力置于效率之上,鼓励人们通过创造解放心性,改善福

---

① [美]兰德尔·斯特罗斯:《YC创业营:硅谷顶级创业孵化器如何改变世界》,苏健译,浙江人民出版社2014年版,第250页。

② See Blikstein P., Worsley M., "Children Are Not Hackers", in Peppler K., Halverson E. R., Kafai Y. B., et al., *Makeology: Makers Learners*, New York: Routledge, 2016, pp. 64-79.

祉，成为创新型人才，而创新型人才的培养必须重视教育。创客运动的深入推进倒逼中国教育改革，确立了以培养创新型人才为己任的教育目标，促进了深度学习和教育民主公平理念的进一步传播。

1. 促进深度学习

深度学习包含高水平和主动的认知加工，以培养学生的创造力和批判性思维为导向，尊重其个人兴趣，强调行动、分享与合作和开放式、自主性的“项目学习”(project based learning)形式。面对生活中存在的问题，学生们利用内外部资源，自主学习、请教专家、团队合作，最终解决问题完成项目，在这一过程中老师引导学生“像专家那样思考、解决问题”，提升学生的综合能力。创客教育使用诸如 3D 打印机、数控机床等数字工具，使学生拥有更多工具选择以实现自身想法，实现了技术的“民主化”和“大规模业余化”。创客教育鼓励学生动手制作，分享展示，在造物过程中唤醒学习者已从智识层面掌握但却一直处于“休眠”状态的知识，解决困惑并形成观点，在获取他人反馈后再投身下一次造物。创客运动倡导的跨学科教学因应了中国当代社会无处不在的边界消弭、跨界融合现象，有助于学生在模拟真实场景中提高解决问题的能力。通过深度学习及“合作造物”，中国学生一度不被看好的个体创造力被激发出来，促进了教育界的全面反思和变革。

2. 促进教育公平

以互联网为主要媒介的创客运动使教育不再受时间、地点和经济状况等因素的限制，“人人、事事、时时、处处”皆可学习，同时使中国教育长期以来发展不平衡、优势教育资源分布不均的状况得到一定程度的缓解。比如，网易公开课借助互联网的力量构建了一个丰富的网络共享式知识宝库，突破了传统班级授课制的时空限制，使知识得以更自由地传播，人们可以更平等地享有优质教育资源。从 2010 年开始，网易甄选哈佛、牛津、北大、清华等海内外知名学府的公开课视频，推出“网易公开课”。此外，网易公开课还与美国可汗学院、TED、Coursera 等机构合作，快速更新视频资源并推出更符合中国用户需求的内容。目前，网易公开课有近 10 万个线上教育视频资源，内容涵盖技术、文化、建筑、心理、历史等，已经成为全国最大最全的课程视频平台，任何人都可以通过网络更平等地学习。

“2012 年以来，全球众多教育机构开始投入巨量的人力、物力和财力，开发大规模在线开放课程(即慕课)，在同一个城市的慕课学习者，可以到附近的创客空间,或者其他的公众化学习空间,现场一起讨论某一个课程的内容。”[1]慕课等课程以网络为依托,打破了传统教育资源被特定群体独享的局面,拉近了一般学校与世界名校的距离。学费不再是知识传播的障碍,没有谁能再独享教育特权。只要怀有向学之心,任何人都能找到学习资源。创客运动通过共享教育资源促进了教育公平,而教育公平的意义在于既保证人人接受优质教育的权利,又能最大限度地激发人人创造潜能,从而提高整个民族的创造力。

(三)创客运动中国流变的文化影响

随着创客群体扩大,创客空间落地社区,创客精神及创客文化正辐射更广泛的人群,从而影响人们的价值观念和行为选择。作为西方文化产物的创客运动在中国的流变一定程度上丰富了中华文化内涵,完善了中华文化形态,创新了中华文化观念,形成了更加开放、包容、多元化的文化面貌。

1. 丰富文化内涵

创客运动是一场经济变革,也是一次文化转型,它崇尚节俭创新,反对过度消费。这股文化思潮“经过一个在接触中逐渐彼此理解到互信欣赏的中国化过程”[2],对改革开放以来中国社会逐步兴起的普遍性奢侈消费之风形成一定冲击,与中华民族传统的节俭文化和近年提倡的低碳经济形成合流,融入中华文化宝库,丰富其文化内涵。在区域文化层面,中国业已形成的华北、长三角和珠三角三大“创客文化圈”在发展过程中与当地其他文化资源互动共融,其影响力越来越大,涵化力越来越强,创造力越来越旺盛。创客运动的中国流变丰富了中华文化内涵,增强了中华文化的创新活力。

2. 完善文化形态

文化作为创客运动的母体广泛存在于各社会领域之中。创客运动作为新世纪以来我国第一次大规模、群众性的科创普及运动,通过技术驱动先改变社会实践,继而塑造新的文化形态。它强调非正式、网络化、同伴互助、共享学习。[3] 当参加创客大赛成为年轻学子的共同追求,参与创客嘉年华成为市民亲子休闲的娱乐形式,举办创客博览会、创客集市、创客马拉松、创客周末成为政府、企业、第三部门热衷的活动选项时,各种前所未有的文化形态正从疏松的

---

① 顾学雍、汪丹华:《创客运动与全球化的科技教育》,《现代教育技术》2015 年第 5 期。

② 韩冬雪:《论中国文化的包容性》,《山东大学学报(哲学社会科学版)》2013 年第 2 期。

③ See Fleming L., *Worlds of Making*, California:Corwin, 2015, p. 29.

社会结构间隙破土而出。

3.创新文化观念

创客运动用新技术和新理念催生了新的文化观念，让人们能以更多元化的方式实现表达、创造和精神的自由。它摒弃狭隘的文化保守主义和工具理性，崇尚价值理性、包容协调、开放共享等新观念。它带动原本被排除在创新主体之外的边缘群体加入创新大军，形成人人争当创客，处处皆可创新的大众文化，将文化创新建构成一个人们乐此不疲的充满无限可能的游戏。它打破了曾经一度在中国盛行的垄断文化、连锁店文化、消费至上文化，重构了合作文化、分享文化、环保文化、造物文化、社区文化，为文化创新贡献了更多的参与路径和价值律令。

中国的创客运动借力“大众创业，万众创新”战略东风，将自己嵌入主流社会的价值网络，迅速实现了价值理念和创新行动的全面扩散，对中国经济、教育、文化等领域产生了深刻影响，其在中国的发展流变受到国际创客界广泛关注。但不可否认的是，当今世界是高度流动的，创客运动的发展也是一个动态的过程，以2017年11月美国商业化最成功的大型连锁创客空间“技术工坊”(Techshop)的倒闭①为标志，探索创客空间的商业模式成为发展创客运动的要义，中国创客运动的未来趋势成为全球创客界的关注重点。

三、中国创客运动的未来趋势

(一)文化维度:呈全民化、娱乐化趋势普及

创客文化在西方的理论渊源是反正统文化(counterculture)思潮，后发展成一种亚文化(subculture)。但其在中国的流变过程中产生了文化的异质性，呈现出一种主导文化、高雅文化与大众文化的异质互渗。“大众创业，万众创新”意即人人都能发明创造，人人都能创新创业。创客概念的泛化折射出创客运动在中国的全民化发展趋势。不仅创客将创造当作工作之余的娱乐休闲方式，注重这一过程带来的精神享受；而且一般上班族，无论是工厂里的蓝领还

① 参见《美国大型连锁创客空间 TechShop 破产　所有工作室关闭》，http://tech.sina.com.cn/roll/2017-11-20/doc-ifynwnty5542225.shtml，访问日期:2018年4月27日。

是写字楼里的白领,都已经不再满足于机械枯燥的工作任务,不愿意整天在办公室对着电脑,却愿意在动手做东西的过程中实现创新愿望,同时掌握新知识和新技能,这成为一种高级娱乐形式。更有城市居民周末举家逛创意集市,参加制汇节、创客嘉年华等活动,这已成为引领风尚的亲子休闲方式。

由政府或行业协会主办的各级各类大型创客活动,如"大众创业,万众创新"国际周、中国创新创业大赛、中国机器人及人工智能大赛、中国移动互联网创客马拉松大赛等,一定程度上起到了在全社会普及创客文化的作用。在社区层面,各类创客活动已经开始受到群众喜爱和欢迎。在创客运动先行城市,创客工作坊进社区、社区创客集市、社区创客嘉年华、社区创客空间开始出现并迅速发展。社区创客活动以居民动手创造为基本形式,广泛融合了民间手工艺内容,满足了人们动手制作的"创造欲",为居民安排闲暇时间、丰富文化娱乐形式提供了更多选择。

2015 年 3 月 5 日,李克强总理在两会政府工作报告中提出:"创业创新文化发展,可以让人们在创造财富的过程中,更好地实现精神追求和自身价值。"①随着总理号召与相关政策推动和各级各类创客活动的全面普及,中国创客运动将在更大范围内呈全民化、娱乐化趋势普及。

(二)产业维度:新经济模式和新商业形态

创客运动作为合力之一催生的新经济模式抓住了"人"这个生产力当中最重要的因素,最大化激发个人潜能,有效汇聚了众人资源,成为经济增长新引擎。这种新经济模式能较好地满足人们日益兴起的"个性化定制"的新型消费需求和参与发明创造所带来的成就感,还能促进生产与需求的有效对接,如创客在研发生产过程中可以通过众筹获得所需的各种资源,包括技术、资金、渠道等。生产者可以在生产加工之前通过预售等众筹途径,确定消费者的个性化需求后再进行生产,从而降低生产成本与风险,实现效益最大化。这些新经济模式促使社会资源实现了更大程度的优化配置,也带动了大量就业,实现了分配方式的创新,有效促进了社会公平。

同时,创客作为一种新兴的商业形态将得到快速发展。一方面,创客教育

---

① 李克强:《让人们更好地实现精神追求和自身价值》,http://news.ifeng.com/a/20150305/43275250_0.shtml,访问日期:2018 年 4 月 24 日。

商业培训快速发展。随着“创新科技教育”概念的普及和教育部《义务教育小学科学课程标准》的颁布，大中小学创客教育迎来了重要的发展机遇，与无人机、人工智能编程等相关的创客商业培训机构获得了快速发展。另一方面，一些创客创意类工作坊开始进入大型商业综合体。以深圳市为例，著名零售连锁品牌——天虹商场在其旗下高端购物中心君尚3019的商铺分布中，将购物中心总体面积的一半设置为创客创意类体验工作坊，消费者在消费商品的同时可以现场体验该商品的制作过程，为自己定制个性化产品。其意在传统零售日益困难的背景下，通过此举在业态布局、内部陈设等方面刷新深圳零售纪录。同样的商业形态也出现在壹方城等其他商业综合体中。无论是教育培训行业还是商业综合体，他们都希望借创客运动的东风实现传统运营模式的升级转型。创客运动正与传统行业进一步跨界融合，将催生更多的新兴商业形态。

（三）空间维度：从城市到乡村

打开中国创客地图，我们会发现“西方不亮东方亮，农村不亮城市亮”的现象。英国创新中介机构——英国国家科技艺术基金会（Nesta）2016年3月的调研结果表明，75%的中国创客空间在东南沿海城市，54%的创客是在校大学生。① 显然，在校大学生也主要是在城市从事创客活动。在创客运动初始阶段，东南沿海发达城市因为人才、资本等优势率先成为前沿阵地。但随着创客运动的深入开展，农村将成为下一阶段的发展动力源和资源库。关于中国创客运动的发展，李克强总理曾提出：“大众创业、万众创新在农村空间广阔。”② 目前，创客运动正在向二三四五线城市和乡村扩散，使得这些地方的人群尤其是孩子也可以像大城市的孩子一样得到接触先进技术的机会，拉平地区差距，缩小技术鸿沟，共享技术红利。“乡村创客已成为探索乡村价值的自下而上的动力，在贵州、浙江等地乡村创客刮起了新一轮的上山下乡风潮，推动民宿、文

① See Saunders T., Kingsley J., “Made in China: Makerspaces and the Search for Mass Innovation”, Nesta, 2016.

② 李克强：《大众创业、万众创新在农村空间广阔》，http://jjckb.xinhuanet.com/2017-07/12/c_136436674.htm，访问日期：2018年4月24日。

化创意旅游、生态农业的发展。”①在成都、杭州等大城市的周边农村，城市创客返乡或前往乡村开设创客工坊的现象蔚然成风，体现了城市创客运动的溢出效应和城市反哺乡村、“城市带动乡村”战略在创客界的运用。一些民间手艺人正在通过快手 APP、淘宝网、火山小视频等渠道，向外界展销自己制作的特色手工艺品，实现了经济和社会效益的双丰收。

创客运动在基层和乡村的推进，带动了本地资源的创造性运用，将极大地激活广大农村尚未得到重视和开发的闲置资源，融入“乡村振兴战略”的伟大时代洪流。而农民和乡村孩子在这一背景下，将发挥天生动手能力强的“创客特质”和聪明才智，获得纵向上升的平等机会，成为财富的创造者和拥有者。不论身在基层或是身居高位，也不论其身处发达城市还是偏远乡村，创客运动正在拉平城乡距离，减少技术和财富鸿沟。比如，淘宝网的出现不仅让众多普通市民成为网上商城的店主，而且还让广大农民从中获利。如以当地草柳编传统手工艺而闻名的山东省滨州市博兴县湖滨镇湾头村，2014 年网上销售额高达 1 亿元；再如以当地藤铁传统工艺而闻名的福建省安溪县尚卿乡灶美村，2014 年网上销售额高达 1.5 亿元。② 也有众多民间匠人通过自己的精湛手艺，在淘宝网特色中国区成为备受关注的网红达人。据《中国淘宝村研究报告(2017 年)》显示，2017 年全国淘宝村覆盖到全国 24 个省市区，淘宝村规模达到 2118 个，销售额达到 1200 亿元。③

创客运动在基层和乡村的推进，将促进中国创客空间的形态发生重大变化。一方面，过去几年在大城市中雨后春笋般冒出的成千上万的众创空间将经过市场筛选，那些具有强大的资源整合能力和专业化服务体系的众创空间，发展规模将越来越大，并最终成为真正有效服务“大众创业，万众创新”战略的连锁机构。而那些受政策影响且依赖政策补贴的“二房东”和未形成核心竞争力的众创空间，将迫于市场压力逐步退出。另一方面，贴近基层真正为大众服务的社区众创空间将会出现，这些众创空间或将分布在城市或农村社区之中，

---

① 王晓慧、侯东栋：《创客主体性视角下的乡村转型发展——以东莞市为例》，《广东开放大学学报》2017 年第 1 期。

② 参见邱泽奇、张樹沁、刘世定、许英康：《从数字鸿沟到红利差异——互联网资本的视角》，《中国社会科学》2016 年第 10 期。

③ 参见《淘宝村：乡村振兴的先行者——中国淘宝村研究报告(2017 年)》，http://i.aliresearch.com/img/20171211/20171211101359.pdf，访问日期：2018 年 4 月 24 日。

与社区文化馆、图书馆、文化活动中心等原有的公共文化服务机构实现功能整合,或以创客便利店和创客文化中心的形式再辟空间。此外,不少创客空间如图书馆、博物馆、科技馆开设的创客空间功能设置呈现出与文化空间类似的特征,同时,一些文化空间和机构也正在吸纳具有创客精神的项目充实活动内容。创客空间文化化、文化空间创客化的趋势正日益形成。

创客运动在基层和乡村的推进,将弥补中国创客运动由政府驱动的自上而下机制的先天不足,进一步夯实草根创新、全民创新的根基,培育创新创造的土壤,全面激活和解放民间蕴藏的创新活力。

(四)方向维度:螺旋式上升趋势

从媒体报道力度来看,与 2015 年的浩大声势相比,目前中国创客运动受到的关注度有所下降。政策的强力驱动和尖峰效应之后,包括政府资助在内的大量资本退出,一些创客空间倒闭,曾经在热潮中变身创客的金融和地产精英撤离创客圈。于是有人断言:中国的创客运动正在走向式微。尽管未来创客运动的全民关注度可能逐步降低,但真正具有创客精神、坚守创客理念的群体将继续探索创客运动在中国的发展方向和突围路径。虽然商业模式还不成熟,短期经济效益不容乐观,但创客们的探索推动了创客运动的普及。一些创客创业公司最终是否能成功很难预测,他们或许因找不到可持续发展的商业模式而消失,或许能杀出重围也未可知,前景并不明朗。

从近百年的科技发展史来看,复杂技术的个人化是一种趋势,也是历史进化的必然。当 3D 打印技术和人工智能的应用达到一定程度,创客运动将突破瓶颈获得长足发展;而 3D 打印技术如果发展缓慢不能突破速度和质量及成本的桎梏,则创客运动短期内很难获得大发展。而且,生产资料大众化问题依然是制约中国创客运动深入发展的根本性问题,尤其是技术资源大众化的发展现状还远不能满足大众能创业、万众能创新的迫切需求,民间活力与资源还有待进一步释放激活。一些以众筹众包定位的平台,在某种程度上依然只是“筹资”平台、“临时工雇佣”平台,有的甚至就是现成产品的广告促销平台,大多数这类平台尚不具备众筹众包模式应有的“筹集过程性资源”的本质以及“双向自由选择与合作”的性质,还有待朝着真正为“大众创业,万众创新”战略服务的方向进一步发展完善。尽管中国创客运动将有可能无法突破制约因素而止步不前,或陷入低谷,但正如事物发展的螺旋式上升总体趋势一样,最终它还是会以波浪式形态向前演进。只是这一时间周期取决于技术发展进程,长短很难预测。但这不是中国创客运动的个性问题,而是全球创客运动的共性问题。党的十九大释放的政策信号表明国家将继续支持创客运动。2018 年 3 月 5 日李克强总理在《政府工作报告》中再次强调:“促进大众创业、万众创新上水平……集众智汇众力,一定能跑出中国创新‘加速度’。”①即使中国的创客运动不能在此轮创新浪潮中立即崛起,但此番冲击带来的观念意识的普及、创新精神的培育以及创新型人才的储备,将为创客运动日后重新崛起奠定基础。

四、结语

环视全球,无论对于社会、国家、组织还是个人,创新都不再是可选条件,而是必要条件,是一种精神领域的公共产品。但它既不能先天拥有,也无法移植和掠夺,唯有靠内在机制激活,靠适宜土壤培育。创客运动的伟大之处在于能形成一种自下而上的内在动力和创新机制,开发全民创造才能,激活全社会的创新能量。这场全方位的变革不仅发生在研究院所、校园内外、大小公司,更发生于千千万万的普通家庭、社区村落。大力普及创客文化,弘扬创客精神,培育创客生态,建设创新型社会将成为中华大地上的时代主潮和未来趋势。

[原载于《山东大学学报(哲学社会科学版)》2018 年第 5 期]

① 李克强:《政府工作报告(文字实录)》,http://www.gov.cn/premier/2018-03/05/content_5271083.htm,访问日期:2018 年 4 月 24 日。

文化资源开发与保护

公众参与、社区组织与建筑遗产保护：波士顿贝肯山历史街区的社区营造

顾方哲

波士顿贝肯山历史街区(Historic Beacon Hill District)的保护和营造是在城市化背景下取得成功的范例。街区居民和后来成立的社区组织很早便涉足保护领域,在社区参与方面积累了丰富的经验与教训,他们的实践甚至可以上升到社区营造的高度,而对此,国内学术界尚未见专门研究。本文的社区参与保护包括两层含义:一是社区组织成立前社区居民自发的保护活动;二是社区组织建立后社区居民有组织的保护活动。笔者提出社区参与保护,意在强调公众参与在建筑遗产和历史街区保护工程中的重要地位,以推进保护事业科学合理的发展。

一、建筑遗产的生存困境与出路探索

改革开放以来,我国文化产业领域出现了一种矛盾现象:一方面,随着文化热的升温,名人故里争抢闹剧不断上演,此伏彼起,花样百出,故里的主人不仅是历史文化名人,还包括神话传说名人,甚至包括文学戏剧中的反面历史人物[①];另一方面,随着城市化的加速,以商业开发导致的名人故居、故里被破坏损毁的事件频繁发生,无节制的利益追求助推了对文化遗产的漠视,文化的符号沦为金钱的奴隶而被肆意践踏。既然钟情于名人故里,甚至迷恋文学戏剧

---

① 参见肖波、陈泥:《陷阱与突围:论莎士比亚故里的保护与开发》,《山东大学学报(哲学社会科学版)》2016 年第 4 期。

中的反面历史人物，为什么又容忍房地产开发范围内历史文化元素含量更高的名人故居和历史街区的拆毁呢？不难看出，是背后的经济利益导致了这种相背而行现象的发生。在这种矛盾中，企业争抢闹剧的频发对于名人故里的保护和维持或许不会产生多大影响，但地产商的开发对建筑遗产和历史街区的拆毁、损坏就不同了。名人故居和历史街区都是历经千百年沧桑积淀而成的文化符号，是城市的文脉，一朝拆毁，将不可再生。片面追求 GDP 的结果，已使众多名人故居惨遭摧毁，城市化背景下的“旧城改造”或城市更新更使众多的建筑遗产夷为平地，这导致了城市肌理和历史风貌的严重破坏。而这种趋势还似乎呈愈演愈烈之势，以致许多城市的老街巷随处可见赫然醒目的“拆”字，狰狞地呈现在建筑的外立面，预示着更多的建筑遗产、街区和风貌将遭到毁灭，城市特色将面临更为严峻的挑战。

但须知，我国建筑遗产的拆毁绝不是孤立现象。在世界城市史上，只要处在城市化和城市更新的历史阶段，无论哪个国家，都会存在或发生拆毁事件，建筑遗产和历史街区也会遭遇夷平和移位的问题。西方发达国家也不例外，美国贝肯山的汉考克故居(Hancock Manor)便是一个典型的例子。故居建于 1737 年，是当时马萨诸塞湾的著名建筑，1777 年由马萨诸塞州第一位州长约翰·汉考克(John Hancock)继承。汉考克去世后两年即 1795 年，波士顿市政府即以 4000 英镑买下了大部分地产，计划在它的原址建州政府大楼。70 年后的内战期间，经马萨诸塞州众议院投票决定拆除了这座建筑，成为美国建筑遗产保护史上最为臭名昭著的拆毁案例。[①] 而类似汉考克故居拆毁的案例，在欧洲如英国、法国、德国、意大利、荷兰等国都曾发生，其中不乏著名的建筑遗产。甚至在目前，公众和政府对于建筑遗产保护已形成共识，一些建筑遗产仍然面临强拆的命运。

怎样才能突破城市化及城市更新给建筑遗产和历史街区带来的生存困境，为保护活动找到一条行之有效的途径呢？现代化完成后，西方发达国家留下了很多关于建筑遗产保护的经验和教训。为了避免拆毁事件的重演，探索维持保护的新路，专家学者对此进行了反思、总结和研究，推出了很多富有价值的成果。而在建筑遗产和历史街区的保护实践中，他们尤其重视社区居民

---

① See Michael Holleran, *Boston's "Changeful Times": Origins of Preservation and Planning in America*, Baltimore: The Johns Hopkins University Press, Maryland, 1998, pp. 91-92.

的作用，相关法律条文也再三强调公众参与的重要性。在很多保护案例中都可看到，街区居民个人、社区组织、非政府组织、非营利组织等都是保护的重要力量，这些公众主导的组织与各级政府一同参与到各类遗产的保护实践中，取得了良好效果，其中，社区参与保护发挥了突出作用。

美国社区治理重视公众参与，强调不同机构与组织的协调共存，在促进社区营造和公民权利意识觉醒过程中发挥了极大作用，具有高度的自治和自组织特征。[①] 正是基于这种特性，加之起步较早，美国历史建筑保护中的社区参与较为成熟。在贝肯山历史街区的保护中，恰恰是社区居民自发组织的保护活动在政府强拆的背景下开启了建筑遗产和历史街区保护的先河，并长期发挥着主导作用。在这一历程的初期，参与保护的发起者多为上层社会的积极分子，且以女性居多；保护理念主要强调历史人物和事件的纪念意义。随着时间的推移，人们的保护意识趋于多元，从内战前的历史纪念物扩大到历史建筑、历史街区和其他古物。20 世纪，公众参与开始兴起，加之理念的深化发展，更多历史建筑受到关注，保护方式也不再单一；在一些历史街区，社区保护更形成了新的特点。

然而我国的建筑遗产和历史街区保护仍旧持计划经济体制下的思维定式，即认为那是政府的事情、国家的事情，应该由政府或国家处理。随着城市化的加快，我国学术界也开始思考如何走出城市化建设给建筑遗产保护带来的困局，并形成了关于建筑遗产和历史街区保护的学术热点。但受这种思维定式的影响，以往学术界的研究很少触及建筑遗产保护中的社区参与，直至近年才有所关注，而关于国外社区保护的研究仍十分稀见。社区参与的范围不仅限于保护，即使是建筑遗产的后续开发和利用，也决不能仅仅依靠政府部门单方面负责，而必须得到公众的广泛参与和支持。只有这样，才能形成利益相关者的对话，在博弈中平衡与兼顾各方诉求，妥善处理保护中的各种问题。既然在发达国家，社区参与保护活动起步早且已积累了很多经验，我们就应该扩大视野，对这些国家的保护活动展开研究。其国家体制虽然与我国不同，但这不妨碍我们作为前车之鉴，接受他们的教训，因地制宜地汲取他们的经验，弥补我国保护活动之不足，以推动我国建筑遗产保护事业的发展。研究历史街

① 参见边防、吕斌：《基于比较视角的美国、英国及日本城市社区治理模式研究》，《国际城市规划》2018 年第 1 期。

区的社区参与保护问题,将为我国现阶段建筑遗产的保护提供一些借鉴和思路。

二、贝肯山历史街区拆毁问题的解决

波士顿贝肯山历史街区是马萨诸塞州最古老的街区之一,拥有丰富的建筑资源和深厚的文化底蕴,其历史可追溯到17世纪30年代。街区的很多建筑与1640年英国资产阶级革命密切相关。当时的英国正处在查理一世的统治之下,他大肆实施宗教迫害,致使大批清教徒逃离祖国,迁移到北美殖民地查尔斯顿和贝肯山一带,成为这里的早期居民。英国资产阶级革命是彪炳史册的重大历史事件,这些英国移民的到来使贝肯山与英国资产阶级革命建立了联系并载入史册。此后,又不断有新的移民移居。正是这些早期移民的后裔和新来移民按查尔斯·布尔芬奇[①]等著名建筑师的设计,在这里建造了风格各异的住所及公共设施,才使得这些建筑具有很高的研究价值。19世纪中叶的废奴运动是美国历史上的重大事件,当时的贝肯山地区正是这场运动的圣地,很多废奴主义的组织者和领导人曾聚居于此,策划、组织、领导了这次运动。街区内的非洲人会堂正是应此次运动而建,成为那时逃亡奴隶的藏身之所,是非裔美国人的历史见证。废奴运动与南北战争不可割裂,这就使贝肯山在美国历史上留下了浓墨重彩的一页。正因为与英国资产阶级革命、美国废奴运动和南北战争的特殊关系,贝肯山包融了深厚的历史文化底蕴,这如同一张靓丽的城市名片,吸引了一大批作家、诗人、政治活动家等社会精英前来定居,他们就是被后人所称的"波士顿婆罗门"(Boston Brahmins)和"波士顿波西米亚"(Boston Bohemian)。这些社会精英为街区的文化繁荣与多元发展做出了巨大贡献,并使这里产生了一批名人故居,构成了贝肯山历史街区的重要组成部分。正是基于悠久的历史传承和丰厚的文化积淀,贝肯山历史街区受到了历代居民及政府的重视,成为波士顿地区重要的保护对象,并最终保护成功。这其中,街区居民和社区组织发挥了重要作用。

贝肯山的汉考克故居拆毁事件证明,在历史街区保护历程初期,街区居民

① 查尔斯·布尔芬奇(Charles Bulfinch,1763~1844年),美国建筑设计师,贝肯山城市发展的关键人物,他设计了贝肯山街区包括州政府大楼在内的许多建筑。

发挥了关键作用，正是他们的积极努力，开启了建筑遗产保护的先河。汉考克故居被拆毁事件的发生，激起了市民特别是附近居民的强烈义愤，因为他们与故居世代相伴，朝夕相处，这里留下了他们深刻的记忆，寄托了他们深厚的情感。在表达义愤之余，他们开始意识到建筑遗产保护的重要性，也开始形成责无旁贷的使命感。目前，学术界通常将政府组织和非营利组织视为建筑遗产保护的两股力量，而社区组织属于独立经营的非营利组织。但在19世纪，所谓保护，其实只有街区居民自发形成的一种力量。那时，社区组织还没有产生；非营利组织虽已存在，但缺乏保护行动；而政府没有意识到自己的责任，因此在历史建筑保护中缺位。这同时也预示着，将来政府部门启动建筑遗产的保护，必须得到私人和团体的协助。① 因为作为保护对象的居民，他们拥有开展保护工作的诸多优势，可以发挥政府部门无可替代的作用；而政府部门的保护工作也只有得到民间力量的支持，才能获得成功。

但是，个人的力量是有限的，也是分散的，临时搭建的群众组织充其量只是一些草台班子，单薄而脆弱。建筑遗产要想获得理想的保护，需要建立一种长效机制。那么，这是一种怎样的长效机制？通过什么途径或方法才能建立起这种机制？社区组织贝肯山市民协会的成立，为这一问题提供了答案。20世纪上半叶，街区居民的保护意识已经非常敏感，也已积累了丰富的经验，所以当市政府决定更新人行道时，便发生了以保护街区人行道为主要内容的著名的“砖石之战”(Battle of the Bricks)。市政府决定替换街区内的红砖人行道，而工程的起点就是社区最古老的街道芒特弗农街。此举遭到了居民的强烈反对，居民组成了临时小组向市政府发起抗议。他们认为，芒特弗农街伴随着街区的诞生发展至今，无论在情感还是历史文化上都是波士顿其他任何街道无法取代的，政府不应推行这一街区居民都反对的决议。② 这次对抗事件史称第一次“砖石之战”。事件的发生使人们认识到有必要成立社区组织来管理和保护这些古老的街区，于是在红砖人行道得到成功保护的同时，由积极分子玛丽安·尼克尔斯倡议成立了贝肯山街区的社区组织——贝肯山市民协会

---

① See Charles B. Hosmer, Jr., *Presence of the Past, A History of the Preservation Movement in the United States before Williamsburg*, New York: G. P. Putnam's Sons, 1965, p. 120.

② See Moying Li-Marcus, *Beacon Hill, The Life and Times of a Neighborhood*, Boston: Northeastern University Press, 2002, pp. 47-48.

(Beacon Hill Civic Association),并于次年建立了第一个区划委员会。贝肯山市民协会的建立极大地便利了社区居民与政府的对话、交流与协商,所以时隔20年,当再次发生“砖石之战”[①]时,社区居民便得到了贝肯山市民协会的精心组织、策划和指导,使街区特有的红砖人行道再次得到成功的保护。贝肯山市民协会成立的宗旨主要是保护这个古老的历史街区,在后来的保护活动中,它的确担任了主要角色,发挥了关键作用。

贝肯山市民协会的成立是街区居民强烈保护意识和责任担当的必然结果。面对政府的强力拆毁,街区居民不是袖手旁观,而是积极面对政府表达自己的意见甚至提出抗议。当这些意见和抗议汇总一起形成合力并表现出实效时,协会的成立也就水到渠成了。在这个环节上,仍然是居民的意识发挥了作用,这就是他们认识到个人表达与集体表达的不同,特别是两者之间的效果差异。协会建立后,所谓组织、策划、指导,仍是街区居民意识和责任的表现。与个体居民自发地表达意见不同的是,这时的居民意识业已汇集为整体,通过调研讨论,做出筛选取舍,因而表现得更加理性、稳妥和可行。

贝肯山市民协会的组建,极大地推动了贝肯山历史街区的保护工作。其重要表现之一,是使保护活动由被动变为主动,即社区组织不再坐等保护对象受到威胁时匆忙应对解决,而是事先提议和推动政府立法进行保护。这种方式在此后的保护运动中发挥了极为重要的作用。1924 年,社区组织带领街区居民参加了波士顿政府第一部“区划法”的制定,这部法律的保护对象不但包括了现有市内街区,还包括即将建设的街区外围,有学者认为这在当时迈出了非同寻常的一步。[②] 随着城市更新的加快,贝肯山市民协会越发意识到立法的重要性,于是上下协调,多方奔走,直接推进了历史街区的命名工作。1955 年,贝肯山南坡通过立法命名为历史街区。同年,市政府成立了贝肯山建筑委员会(Beacon Hill Architectural Commission),以负责对街区的专门管理。与此同时,波士顿西区更新工程也提上了日程,社区组织敏锐地意识到,更新工程有可能危及贝肯山北坡,所以必须通过立法来保护北坡的历史风貌,这一工作

---

① 史称第二次“砖石之战”。

② See Michael Holleran, *Boston's "Changeful Times": Origins of Preservation and Planning in America*, Baltimore: The Johns Hopkins University Press, Maryland, 1998, p. 264; Moying Li-Marcus, *Beacon Hill, the Life and Times of a Neighborhood*, Boston: Northeastern University Press, 2002, pp. 45-47.

刻不容缓。于是,市民协会一方面努力与政府展开协商,同时呼吁公众、机构、团体加入保护队伍,最终于 1963 年将整个贝肯山三片区域纳入法律管辖范围,遂使贝肯山一带幸免于城市更新带来的侵袭和损害。

在美国,命名对于建筑遗产保护意义重大。贝肯山历史街区通过法律条文和建筑修复准则,不仅确保了街区的历史风貌,还从开始的仅仅保护文化遗产过渡到生态文化的可持续发展以及文化进化。① 可见法律法规不仅可以保留街区的历史风貌,还可以促进社区文化的发展。一座故居或一条街区,一旦获得了命名,成为名人故居或历史街区,便等于获得了法律的保护,未来的城市建设或更新工程都不可轻举妄动。社区组织带领民众参与相关法规的制定,保护居住环境的文化意蕴,并向政府提议命名为历史街区,这既反映了公众自我意识的加强,也显示了基层民主力量的强大。在这一时期的历史街区保护中,社区组织和街区居民发挥了关键作用,他们构思出可行性方案,由社区组织负责策划宣传,并代表街区向政府提议,经过长期协调实现了通过立法保护历史街区的目标。20 世纪中后期,社区组织的运作已经成熟,公众参与政府决策也成为常态。

概览 19 世纪中叶汉考克故居惨遭拆毁以迄 20 世纪中叶贝肯山北坡纳入历史街区受到保护的百年历程,贝肯山街区居民以及后来建立的贝肯山市民协会所进行的街区保护的主要事件如表 1 所示。

表 1　　贝肯山公众参与的主要事件②

时间	事件
1863 年 6 月	汉考克故居未得到有效保护,惨遭拆毁
1920 年 10 月	第一次"砖石之战",成功保护了红砖人行道
1922 年 12 月	贝肯山市民协会成立
1924 年	街区居民参与制定波士顿第一部"区划法"
1947 年	第二次"砖石之战",再次成功保护红砖人行道

① See Changjuan Hu, Cong Gong, "Exploring the Creation of Ecological Historic District through Comparing and Analyzing Four Typical Revitalized Historic Districts", *Energy Procedia*, 2017, (115), pp. 308-320.

② 本表格系作者依据 Moying Li-Marcus, *Beacon Hill, the Life and Times of a Neighborhood* 整理而成。

续表

时间	事件
1955 年	命名贝肯山南坡
1963 年 8 月	贝肯山北坡成为历史街区的一部分

贝肯山市民协会成立以来,一直致力于历史建筑保护立法、分区、交通、环境与安全等一系列问题的处理和解决。进入新世纪,协会更成为贝肯山建筑遗产保护的中坚力量。随着人们对于现代生活需求的增长,历史保护与社区发展的矛盾也日益突出。协会为了平衡保护与发展的关系,经常与居民进行交流,并采取了一系列措施,取得了良好效果。在公众参与方兴未艾的今天,街区居民参与保护的方式较以往更加多元。贝肯山市民协会依然是街区保护的核心,与以往不同的是,现在的保护不只是社区组织孤军奋战,还有政府机构、非政府组织、非营利组织等多种组织的集体努力。所以除了加入社区组织,居民还可以个人身份参加政府相关部门的"公听会",或者参加非营利组织,成为他们的会员等。其中,与贝肯山历史街区直接发生关系的参与方式是参加贝肯山市民协会的活动和旁听市政府、贝肯山建筑委员会改建申请的审理。

在贝肯山市民协会的努力下,贝肯山历史街区的拆毁问题得到解决,而协会的常态运行及其所倡导和推动的保护立法、分区、命名等提议,则意味着建筑遗产和历史街区保护长效机制的形成。如前文所论,城市更新过程中建筑遗产和历史街区遭遇拆毁是任何一个国家和地区都难以避免或可能面临的普遍性问题。从这个意义上说,贝肯山历史街区的保护具有探索性意义,它付出了代价,也得到了教训,更积累了经验。无论教训还是经验,都具有借助他山之石来攻本土建筑遗产保护之玉的意义,而这对于面临挑战的地区和国家来说都是一笔不可多得的财富。

三、贝肯山市民协会的运营管理

贝肯山历史街区保护中的社区参与,首先基于利益相关者的公众的利益。社区组织成立后,它的引导和宣传进一步激发了居民的积极性,从而推动了街区保护活动的进展。作为历史街区管理机构的社区组织,贝肯山市民协会具有凝聚社区力量的功能,是社区营造的主体,在保护运动中发挥了主导作用。

社区营造是一种自下而上的社区建设思路，其核心是“人”的参与，是一种认同感和社区意识的构建，社会共同体的形成。① 所以，在具体实践中应最大程度地调动街区居民参与保护工作，从而实现“实质性参与”而不是“象征性参与”。

贝肯山市民协会是一个由专业人员组成的小型团队，包括一名执行理事和一个志愿者董事会。执行理事下辖执行委员会，执行委员会成员包括主席、会长、财务主管和办事员，他们管理组织着日常运作并为协会提供建议。董事会由董事长和董事组成，董事会成员不超过35人，由居住在贝肯山或在此工作的个人组成，他们可以根据自己的背景和兴趣选择加入不同委员会。执行委员会包括多个常务委员会，分别掌管街区的交通、分区、公共安全、绿化等具体事务。② 成员任期一年，期满可连任，没有年限限制，但通常每年都有名额空出，供新一批积极分子充任。常务委员会根据协会的使命设定自己的目标领域，进行议题讨论或者创立项目(见表2)。③ 各委员会的主席从董事会成员中选出，与志愿者共同致力于目标的实现。贝肯山市民协会根据有关章程进行具体运作，每年发布年度报告和财政状况陈述，其内部关系可见图1。

表2　2012～2013年度贝肯山市民协会各委员会及其职责

委员会	职责
建筑委员会	更新贝肯山建筑手册，组织系列讲座，审理包括贝肯山建筑委员会例会在内的相关申请并予批准，探寻提高公众意识的办法
分区与许可委员会	代表街区在区划和许可事宜方面发表意见，向波士顿区划委员会提议市区规划法的修订，以规范屋顶装备的管理
会员委员会	引进不同领域的潜在会员，修订会费类别，建立新的会员管理制度，为会员分发协会材料
筹资委员会	负责协会的资金筹集工作，由董事会管理
公共关系委员会	负责协会的对外宣传工作，并负责联络会员

① 参见刘勇、韩力、侯全华：《“社区营造”视角下的历史文化名村保护规划探析》，《建筑科学与工程学报》2017年第4期。

② See Barbara W. Moore, Gail Weesner, *Beacon Hill, a Living Portrait*, Boston: Centry Hill Press, 2008, pp. 20-21.

③ 参见贝肯山市民协会网站，http://www.bhcivic.org/leadership.html，访问日期：2018年1月9日。

社区组织各部门之间相互协调，负责街区的日常管理工作，对于整体环境的保护和街区建筑的再利用起到了关键作用。在上述协会各部门中，建筑委员会掌管街区的保护工作，是协会中最重要的机构。如今，街区内的建筑外立面修复工程都需要经过两次审查，首先由建筑委员会审核，无论是否通过专家审批，都可以继续向市政府的专门机构贝肯山建筑委员会提出申请，贝肯山市民协会的处理意见仅供建筑委员会参考。随后，市政府审核居民的申请并定期召开“公听会”，业主最终依据市政府的具体意见进行工程操作。

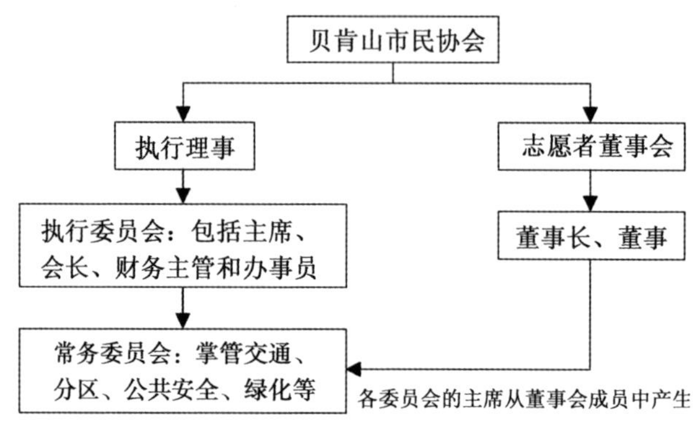

图 1　贝肯山市民协会内部关系[①]

贝肯山市民协会本着源于民众、服务民众的目的，通过纳新、招收志愿者等方式鼓励公众参与保护工作。同其他非营利组织一样，该组织也实行会员制，所有街区居民、商人和非营利团体都可以加入。考虑到居民的不同阶层、不同群体的类别特征，会员形式的社交也多种多样，学生免费入会，家庭、个人、老年人和商业或非营利组织通过缴纳不同的会费可以享受普通会员的权利。[②] 通过加入组织，人们可以尽快获得社区最新资讯，参加协会组织的讨论会等各种活动。他们中有许多志愿者帮助协会管理实施项目，为各个委员会提供服务等，还有一些会员通过捐赠方式支持协会的发展。会员的会费是协会资金的来源之一，此外，协会每年还进行资金筹集，用以支付经费和支持组织工作。总之，数量众多的会员是协会完成使命的重要保证。

从公众的角度看，以志愿者和会员的身份加入社区组织是参与保护的主

① 本图片系作者根据相关书籍及网络资料整理而成。

② 参见贝肯山市民协会网站，http://www.bhcivic.org/become-a-member.html，访问日期:2018 年1 月21 日。

要途径。居民是街区的主人，最了解他们所在区域及其历史建筑的具体情况，所以将普通居民纳入组织协助管理有利于形成良性互动和解决民众关心的问题，以保证街区的有序发展。另外，通过宣传教育和相关知识普及，居民对街区建筑的专业认识也会逐步提高，必然形成主动查阅档案资料的习惯，也必然促进街区建筑遗产与风貌的保护活动。

贝肯山市民协会不但致力于街区特色和建筑遗产的保护，还力求提高居民生活质量，维持街区的兴旺。从目前情况来看，该组织已经形成了一定的规模，并拥有庞大的志愿者团队。自成立洎今，协会已经为街区做了大量工作，为历史街区的保护做出了巨大的贡献(见表 3)。

由此可见，贝肯山市民协会既是基层保护组织，也是民间组织的重要组成部分，在推动贝肯山历史街区保护过程中发挥着积极的作用。在美国，几乎每个历史街区都有以小区为单位的保护组织，其功能同贝肯山市民协会一样，职责都是保护建筑遗产和街区环境。社区组织虽不具备行政职能，但在道义上对街区居民有约束力，所以在集中社会优势力量方面发挥着不可替代的作用。

表 3　　贝肯山市民协会在历史街区保护方面的主要成就①

领域	主要成就
历史保护	1924 年，参与《波士顿区划法》编制并提出建议
	1947 年，以静坐示威的方式保护红砖人行道并取得成功
	1955～1963 年，促成了贝肯山历史街区的命名
防止周边部门的扩张	1976 年，与街区北部的麻省总医院达成协议，不向街区扩张
	2008 年，与区内萨福克大学达成协议，不向街区扩张

四、基于贝肯山历史街区保护问题的思考

贝肯山历史街区保护作为城市化和城市更新背景下的成功范例，社区组织在其中发挥了重大作用。从保护特色人行道，到后来历史街区的命名，再到现在的街区设计和项目规划，社区组织始终以保护和振兴历史街区为目的开

① 本表格系作者据 Moying Li-Marcus, *Beacon Hill, The Life and Times of a Neighborhood* 整理而成。

展活动,取得了诸多成就。

目前,贝肯山历史街区已形成了良好的公众参与机制。多数居民都把维护街区和历史建筑视为自己义不容辞的责任,他们在社区组织的带领下积极投身保护活动,向政府提出修复或改建申请,参与决策,有力地推动了公众、组织、单位或个人在其权利义务范围内进行的有目的性的保护活动。但这种参与机制也存在需改进的地方,如部分居民参与保护的内在动力不足。由于保护过程首先由居民提出维护申请,而后再提交计划开展具体工作,对居民的自身素质和保护意识要求较高,再加上维护费用需要自行解决,一些对街区历史文化认识不足的新搬入居民或临时租户自然积极性不高,这就不难理解为什么如今街区内的一些建筑急需维护却迟迟没有申请。

居民的内在动力是提升参与频率和质量的基础条件。贝肯山历史街区由于原住民的减少和租户的增多,现有居民对这一历史地段的感情渐趋淡漠,热爱程度降低,从而导致参与保护活动积极性的减弱。历史文化遗产需要保护并传承,在这种传承中,必须重视口耳相传的作用和来自家族的保护行动,这属于历史教育的范畴,在建筑遗产保护中具有重要意义。只有口耳相传成为常态,家族保护行动具备了一定的内涵,民间保护领袖具有了较高的历史文化素养,居民的内在动力才能够得到维持。奖励机制等外在因素虽也重要,但不具有持久性,而内在动力充足了,街区居民的保护意识也就必然得到加强。另外,也只有在街区居民认识到建筑遗产的特殊意义、理解保护原因的条件下,才能更好地发挥社会监督作用,增进参与的程度和效果。社区组织直接负责街区管理,应当针对这些问题采取措施,带动居民包括租户长期支持历史街区的保护与发展。但是,内在动力不是孤立地起作用,它只有在公众参与确有实效的前提下,才能使公众保持参与保护的积极性。这就需要政府真正重视公众的参与,摆正自己与公众在保护活动中的地位。一个街区如此,一座城市也是如此,当大多数市民在谈及自己的城市文化和历史资源时能够表现出由衷的自豪感,城市蕴蓄的内在动力才能够得到延续和加强。所以,建筑遗产保护的当务之急是提升社区居民的历史文化意识,强化他们的内在动力。

与内在动力紧密联系的是利益相关者。公众、社区组织和政府相关部门都是历史建筑遗产保护的利益相关者。从政府部门的角度来看,鼓励公众参与历史街区保护决策过程和法规的制定,可以集思广益,减少失误,有利于解决双方矛盾,有效实现街区的动态管理;从社区组织的角度看,虽然成员由利益相关的居民组成，它也应该与政府部门一样，需要听取民意解决街区矛盾以维持组织正常运转；而从公众的角度来说，参政可以影响决策，使决策的目标朝着有利于大众的方向发展，这事关自身的生活环境和质量，特别是某些重大决定，甚至关乎历史建筑遗产的生存。三者之间是以获取利益为条件的合作关系。在以往的保护实践中，由于各方立场不一，少数利益代表的一元决策常常引发公众抗议，导致后续事项难以进行，因此，成立独立的第三方民间组织，代表公共利益参与历史遗产保护，建立起第三方平台尤为必要。民间组织的介入可以为社区居民之间沟通提供平台，还可以运用专业知识开展活动，有利于社区的可持续发展。① 公众参与社区营造是一个各取所需和多方交换意见的过程，居民通过参加社区组织的会员例会或其他活动，提出自己关心的问题，期望得到解决；社区组织通过听取民意处理好居民关切的实际问题，或将意见上交市政府；政府则通过采纳居民的意见和建议，平衡各方利益，达到街区和谐发展的目的。在这几层关系中，社区组织成为连接公众与政府的桥梁。

社区组织成员主要来自街区居民，他们的保护动力一方面源于对街区的情感，另一方面因为社区组织为他们提供了参与平台，而这一参与事关他们切身利益。贝肯山市民协会之所以能够有效集中优势力量，成功保护并有序管理街区的相关事务，很大程度上取决于居民的支持与参与。社区组织的力量源于民众，在具体操作时必须充分考虑居民的诉求。贝肯山市民协会虽然是非营利基层组织，但作为社区居民的代表，他们的职责是实现大多数甚至全部居民的合理要求；协会的领导团队是来自公民中的精英阶层，由社区精英组成，这对于反映社区居民的利益要求，推动居民参与街区保护具有极为重要的意义。居民作为街区保护的利益相关者，具备充足的内在动力，有了内在动力，公众才能积极加入保护活动，推动保护工作的开展。

在实际操作过程中，街区居民对街区历史文物的了解较多，是保护活动的先锋队和主力军。如上所论，贝肯山历史街区的保护即为街区居民自下而上的自发运动，由社区组织向政府提出建议，推动政府制定政策和法规保护街区免遭城市化及城市更新的侵袭，最终成功保护了街区建筑和风貌。这一过程中，社区组织的作用是显而易见的，一方面，长期生活在街区的居民通常具有

① 参见杨隆治：《我国公众参与历史文化遗产保护机制的研究》，《山西建筑》2017 年第 19 期。

发现历史建筑文化价值的“直觉”。所谓“公众”,首先是指这个群体。他们一旦发现值得保护的对象并主动提出保护建议或方案,也就为古老建筑的新生创造了条件。另一方面,社区组织作为社会保护团体,可以参与并影响政府决策,形成公众与政府互动的局面,从而达到完善监督机制的目的。虽然西方国家在公众参与层面也面临一些问题,但现行体制的权力或政府必须反映民众的心声,公众可以体会到自身力量对社会发展的直接作用,因而对公共事务产生一种责任感。正因为如此,街区居民对于街区的各种活动包括历史建筑保护,主动参与程度较高。这方面,中国各级政府可从国外汲取经验。

居民参与问题的提出无疑是对“人”在遗产保护中关键作用的重视与肯定。人是文化遗产的创造者,同时又是受益者、传承者与保护者。从另一个角度看,人也可以成为文化遗产的破坏者与终结者。所以在具体实践中,既要解放人的行为,发挥人的主观能动性,又要对其进行制约;既要鼓励各种形式的公众参与,也要控制由于各种原因造成的遗产损毁。在具体的保护层面,社区组织作为街区的管理者与监督者,便可在适度的权力和约束下开展工作,既可以统筹利用街区内的优质资源和优势力量,又可以在自我约束的前提下依法约束那些违背历史街区保护与传承的行为。社区参与问题比较复杂,还需要进行深入的研究。

当代中国的建筑遗产保护,在缺乏经验、法规和制度的情况下,不妨根据国情有选择地“攻错”于西方发达国家的经验和理念,同时也接受他们的教训。第一,在中国现行体制下,政府应听取民意,下放权力,提升公众对建筑遗产和历史街区历史文化意义的认识。第二,重视社区组织的建立和建设,鼓励社区组织在保护活动中的参与和担当,尤其要培育他们在街区维护中的主人翁意识。第三,鼓励社会组织、非营利组织介入与参加建筑遗产和历史街区的保护及维护工作。第四,不仅要举办听证会,更要鼓励社区居民参与政府法规的制定。目前我国的建筑遗产保护方案普遍由政府制定,虽然公众参与已写入法律,但公众还不能真正把握参政机会,决策者与民众之间还缺乏必要的沟通。西方发达国家的经验证明,法规不仅是建筑遗产和历史街区得以保护的保障,也是街区居民和社区组织参与和实施保护的重要保证,所以必须重视他们在法规制定中的作用。通过这些措施的实施,我国建筑遗产和历史街区的生存与保护现状也许不久即得到改善,并由此开辟出新的局面。

五、结语

综观波士顿贝肯山历史街区的保护过程可见，公众参与及社区营造在街区保护中发挥了极为重要的作用。公众中的积极分子在政府和非营利组织缺位的情况下，以多种方式向政府提出建议，表达对拆毁行为的抗议，从而开启了历史街区保护的先河。贝肯山市民协会建立后，他们更以社区组织的名义参加政府的相关活动，有效推动了立法、分区、命名等法律层面诸多工作的开展，由此解决了世界各国都难以避免或正在面临的建筑遗产被拆毁的普遍性问题，建立了建筑遗产和历史街区保护的长效机制。而在这个过程中观察政府的行为又可以发现，在承担保护责任之前，政府并不只是一个缺位的问题，在很多情况下实际上扮演了实施拆毁的角色。而且受此影响，一些企业为了自身的利益也成为拆毁建筑遗产的帮凶。正是政府的拆毁行为，引发了街区居民的抗议和社区组织的建立。更为重要的是，公众的保护活动最终使政府承担起保护的责任。这样来认识公众的保护活动也就更突显了其地位和意义。因此，我们必须充分确认和肯定公众保护的历史地位，必须重视公众保护的力量和作用。当然，随着时间的推移，贝肯山历史街区的保护还会有新的问题发生，但只要重视公众的力量，加强街区居民、社区组织和政府之间的协调合作，这些问题总能得到妥善的解决。

国际上，鼓励公众参与文化遗产保护的提议早已写入国际宪章、公约及宣言。如1931年的《雅典宪章》、1975年的《阿姆斯特丹宣言》、1987年的《华盛顿宪章》等。其中《阿姆斯特丹宣言》中较多地涉及了社会力量的作用，提到“建筑遗产只有得到公众赏识尤其是青年一代的赏识才能得以存续”；“应鼓励国际、国家和地方的独立组织，他们有助于唤醒公众的关心和兴趣”；“征求保护计划中利益相关方的意见，要从公众的眼光出发向其告知管理机构的决定”；“为了使居民参与计划的拟定，必须使其知道必要的事实以了解情况”，同时还列举了一些社会力量参与的具体方式，并肯定了私人组织的积极作用。[①] 以上文件均重视公众的意见及居民的参与，也提到利益相关方和组织的重要性。

---

① 参见张松：《城市文化遗产保护国际宪章与国内法规选编》，同济大学出版社2007年版，第61～65页。

进入新世纪,随着公众参与的广泛进行,国际组织开始重视组织及社区的作用。2002 年,联合国教科文组织在匈牙利举行的第 26 届世界遗产大会上发表了布达佩斯宣言,提出了包括信用(Credibility)、保护(Conservation)、能力建构(Capacity-building measures)和传播(Communication)在内的“4C 关键策略”。① 2008 年,在加拿大魁北克举行的第 32 届遗产大会上,委员会在“4C 关键策略”的基础上增加了社区参与(Community)条款②,并称为“5C 原则”。社区参与的增列和“5C 原则”的确立,反映了国际理论界对公众参与意义的进一步肯定与重视,正确认识和深入理解公众参与条款的增列,对于我国方兴未艾的历史建筑遗产保护实践无疑具有重要意义。

[原载于《山东大学学报(哲学社会科学版)》2018 年第 3 期]

① See UNESCO, Decisions Adopted by the 26th Session of the World Heritage Committee, 2002, p. 7; 吕宁:《试论文化遗产保护中“人”的因素》,《中原文物》2013 年第 1 期。

② See UNESCO, Draft Summary Record, 2008, p. 18.

诗词文化资源在城市文化建构中的价值开发研究

——以打造武汉“诗梦小道”为例

傅才武　申念衢

中华传统文化富有诗性文化的特征。钱穆曾言,“读诗是我们人生中一种无穷的安慰”;“正因文学是人生最亲切的东西,而中国文学又是最真实的人生写照,所以学诗就成为学做人的一条径直大道了”。[①] 21 世纪以来,关于诗性文化的研究逐渐引起了学界的注意,但仍然局限于小众群体。由刘士林、陈炎所提出的“诗性文化”特征引发了学界对这一命题的讨论,如刘士林提出了中国诗性文化的诸多概念与理论,进行了诗性文化的传承创新路径[②]、诗性文化与文化自觉[③]、诗性文化与都市空间建构[④]、江南诗性文化[⑤]等专题的研究,对中国诗性文化内涵[⑥]、中国诗性审美特征[⑦]进行了阐释。严三九对刘士林的著作《江南文化精神》进行了解读,评价“江南文化精神”概念为绘制江南文化深

---

① 钱穆:《中国文学论丛》,三联书店 2002 年版,第 124、126 页。

② 参见刘士林:《中国诗性文化的理论探索及其传承创新路径》,《河南大学学报(社会科学版)》2011 年第 6 期。

③ 参见刘士林:《诗性文化与中国文化自觉》,2015 年 1 月 24 日《解放日报》。

④ 参见刘士林:《中国诗性文化与都市空间生产》,2006 年 8 月 21 日《光明日报》。

⑤ 参见刘士林:《江南诗性文化:内涵、方法与话语》,《江海学刊》2006 年第 1 期。

⑥ 参见刘士林:《关于“中国诗性文化”的知识报告——对中国文化的现代阐释》,《烟台大学学报(哲学社会科学版)》2007 年第 1 期。

⑦ 参见刘士林:《“诗化的感性”与“诗化的理性”——中国审美精神的诗性文化阐释》,《上海师范大学学报(哲学社会科学版)》2009 年第 1 期。

层精神文化结构的神秘图式奠定了学理性基础。① 杨吉成立足文化生态整体视野,在其著作《灵心诗性——诗性的中国文化》中从“宏微合论、化育之要、诗正而葩、旧话新题”四部分呈现了对中国诗性文化的哲理之思。② 王菱对该著作从研究角度、理论视野和语言风格上进行了评述。③ 王洪岳基于历史演变视角探寻了江南诗性文化与长三角当代城市文化建构间的关系。④ 徐宝余通过大量的文本举例分析了两宋词对杭州诗性文化形象的建构。⑤ 狄松倡导在现代工业文明负面影响日益凸显的态势下,应重新审读、借鉴传统的诗性文化以趋近人与自然的理想境界。⑥ 陈炎则通过对中国“诗性文化”五大特征的分析,进一步揭示了中国传统文化的深层底蕴,反思了当今中国的美学理论和艺术实践。⑦ 但这些研究成果,缺乏对诗性文化的应用研究,即如何把中华优秀传统文化——诗性文化的内涵运用到当代城市建设的进程中,赋予现代城市特色品牌价值,学者们似乎关注不多,这在一定程度上局限了这些理论成果的实践价值。本研究以武汉城市文化规划为案例,阐述中华优秀传统文化资源——诗词文化资源在城市文化建构中的独特价值。

一、诗词文化资源在城市文化建构中的作用

中国是一个诗词的国度。大凡中国人,无一不能记忆和背诵几首中国古诗词,这即是东西方文化区别的具体表现所在。中国传统文化的文化结构是诗性文化,是一种以诗词审美和诗性智慧为母体的社会文化心理,诗词这一精神方式渗透到中国传统社会的政治、经济、社会和日常生活方式中,不仅曾经深刻地影响到中国古人的思维方式,所谓“诗者,天地之心”,诗性文化是中华

---

① 参见严三九:《江南诗性文化精神的深层解读——评刘士林〈江南文化精神〉》,《河南师范大学学报(哲学社会科学版)》2010 年第 3 期。

② 参见杨吉成:《灵心诗性——诗性的中华文化》,《中华文化论坛》2012 年第 5 期。

③ 参见王菱:《诗性文化的诗化解读——〈灵心诗性——诗性的中国文化〉述评》,《当代文坛》2009 年第 4 期。

④ 参见王洪岳:《江南诗性文化与长三角当代城市文化的建构》,《河南师范大学学报(哲学社会科学版)》2006 年第 6 期。

⑤ 参见徐宝余:《论两宋词对杭州诗性文化形象的建构》,《浙江学刊》2006 年第 5 期。

⑥ 参见狄松:《中国人与自然诗性文化的现代观照》,《中共福建省委党校学报》2004 年第 8 期。

⑦ 参见陈炎:《中国“诗性文化”的五大特征》,《理论学刊》2000 年第 6 期。

民族"最高的生活哲学与最真实的生活方式"而且至今仍然深刻地影响到中国人的文化生活方式。如，由诗性文化创造的诗性话语及文人化艺术生产方式，一定程度上影响了大众化的审美趣味与生活时尚生产与消费原则，成为影响人们意识、心理与生活方式的价值规范。一个民族之所以不同于其他民族，不仅在于生理基因，更重要的是文化基因的差异。西方民族给人类最大的贡献是科学，中华民族最独特的创造则是诗学；中国文化本质上是诗性文化。① 诗这种文化产品在中国艺术史中占有特殊地位，说中国文化是诗性文化，不仅是因为诗的精神主宰着中国艺术的整体精神，而且也由于以诗为灵魂的艺术精神影响着艺术之外的文化产品。② 这意味着诗词不仅是诗人们的智慧结晶，更是中华民族宝贵的精神财富，是一种极具价值与开发潜力的文化资源。

(一)有助于重构城市的中国特色

中华古代诗词与城市有着天然的联系。在浩如烟海的诗词中，不乏勾勒城市景观、描绘城市风情的佳作，如描写杭州的"江南忆，最忆是杭州"(白居易《忆江南》)；描写长安的"三月三日天气新，长安水边多丽人"(杜甫《丽人行》)；描写洛阳的"谁家玉笛暗飞声，散入春风满洛城"(李白《春夜洛城闻笛》)；描写南京的"南朝四百八十寺，多少楼台烟雨中"(杜牧《江南春》)。然而在当代中国工业化和城市化的过程中，城市空间的现代化往往以高楼大厦为标志，对城市的文脉与传统逐渐忽视。中国城市的特色、个性、氛围以及特有的城市生活方式逐渐消失，面临着"千城一面"的危机。景观趋同、缺乏特色、不可亲近性等问题，城市规划对经济和效率无止境的追求，将城市居民的精神世界与城市物理空间日益隔离，城市越来越趋向于谋生场所而不再是人们"诗意栖居"的精神家园。究其根源，刘士林认为，当代中国都市空间基本上是理性建筑观念与文化的产物，是理性文化战胜、驱逐了中国诗性文化的结果。要从根本上解决此问题，就必须回归到中国的诗性文化中，以诗性文化为理念，以感性与理性、人类与自然的和谐为总体目标，通过跨学科、综合性的系统工程，把诗性文化理念、创意、要素与结构融入城市规划、设计与建设的具体环节与操作中，把

---

① 参见刘士林：《"诗化的感性"与"诗化的理性"——中国审美精神的诗性文化阐释》，《上海师范大学学报(哲学社会科学版)》2009 年第 1 期。

② 参见陈炎：《中国"诗性文化"的五大特征》，《理论学刊》2000 年第 6 期。

当代都市空间生产为有中国诗性文化特色的都市空间。[①] 海德格尔对荷尔格林的诗作《人,诗意地栖居》进行了哲学阐释,从而使“诗意地栖居在大地上”成为世人的共同追求。立足于中国优秀传统文化资源——诗词与城市营造的天然联系,让诗词资源成为城市的生活美学的组成部分,这是中华五千年文化传统区别于西方文化的优势所在,诗词资源的价值开发正是实现“诗意地栖居”这一理想目标的有效途径。

(二)有助于提升城市的文化内涵

在当下,诗性文化也是疗救“社会病”“文化病”的精神资源。面对工业文明带来的“人类主体性的无限膨胀”与“自然环境资源的恶性损耗”,带有审美性质的诗性文化生产生活方式能够最大限度地实现人与自然的和谐与共。中国的诗性文化可以节制“消费生活方式和消费意识形态”的恶性膨胀与无限扩张,可以平衡大众文化和娱乐文化的“娱乐至死”。[②] 因此,诗词文化资源的价值开发有助于提升城市居民的文化修养与审美能力,培养城市的文化气质,塑造城市的文化性格,丰富城市的文化内涵。

诗性文化包含诗词、诗人、故事及其背后的集体记忆。诗词和诗人构成的文学史价值,构成了城市的文化史含义;与诗人和诗词相关的故事和与诗人群体有关的集体记忆,则构成社会文化心理结构,构成了一个城市的心态文化层,在一定条件下演变为居民对城市的文化认同以及自豪感。例如,有学者结合诗作梳理李白、杜甫在湖北境内的经历[③],其中生动讲述了李白与黄鹤楼的故事,赋予了黄鹤楼这一物理空间的诗性内涵。[④] 也有学者广泛搜集唐宋诗人在武汉留下的名篇佳句,编写《唐宋诗词中的武汉》一书,同时主持制作“唐宋文学编年地图”,在“地图”上输入关键词,便可查询唐宋诗人行踪,阅读诗人所到之处写下的诗句,跟着诗人去“旅行”,使城市的地理空间结合人文内涵而具有了历史标识的意义。[⑤]

---

① 参见刘士林:《诗性文化的旧邦新命》,华中师范大学出版社 2016 年版,第 62～63 页。

② 参见刘士林:《诗性文化的旧邦新命》,华中师范大学出版社 2016 年版,第 48～54 页。

③ 参见周积明:《李杜在湖北(下)》,《长江文艺》2017 年第 6 期。

④ 参见周积明:《李杜在湖北(上)》,《长江文艺》2017 年第 5 期。

⑤ 参见《王兆鹏:到过武汉的大诗人,不止李白崔颢孟浩然》,http://www.hb.xinhuanet.com/2017-05/03/c_1120909345.htm,访问日期:2017 年 8 月 2 日。

(三)有助于打造城市的文化旅游名片

城市仍然是当代中国最大的旅游目的地。对城市诗性文化的价值开发,符合文化旅游市场从过去“走马观花”式的观光旅游,转向深层次的“度假游”“怀旧游”“文化游”“体验游”。对于具有五千年文化传统和弱宗教情感的中国人来说,文化上的认同体验具有深度体验的性质。体验作为旅游活动的本质,旅游者在不同的城市的旅游活动也可理解为一种寻找文化身份的体验过程。城市中的诗性文化营造,可以赋予中国旅游者中华文化身份的探寻与认同,也可以赋予外国旅游者在文化差异中对中华传统文化的独特体验。有学者将旅游体验归纳为“审美怀旧、文化教育、休闲娱乐、遁世逃避、社交生活和情感升华”从表层到深层的 6 个层次,称为 6E 模型。① 由诗性文化所支撑的文化认同体验,既是一种审美怀旧、文化教育体验,也是一种有关社交生活和情感升华的深度体验形式,因此,其是一种弥足珍贵的文化资源。

诗词文化是中华民族文化的重要载体和大众化的表现形式,诗性文化可以将古老的中华文化价值经过符号化和大众化处理后融入文化旅游的主题之中,便于人们更加直观地了解,从而赋予城市旅游以深层次的文化内涵。诗词精准凝练,寄托情怀,许多经典名句广为人知,深入人心,有利于形成品牌优势。如“五岳归来不看山,黄山归来不看岳”(徐霞客《漫游黄山仙境》),黄山文化旅游借助这一诗词意境,实现了其旅游品牌的有效传播。久负盛名的诗句“欲把西湖比西子,淡妆浓抹总相宜”(苏轼《饮湖上初晴后雨》),以及“西湖十景”中的“苏堤春晓”更是见证了苏轼与西湖的不解之缘。经过历史的沉淀和后来者的历史建构,诗词、诗人和故事转化为一种城市的集体记忆,这种故事性的集体记忆因其固有的可获得性和可普及性,能够方便地转化为城市居民和旅游者共同的知识信息,从而成为城市的文化符号。

诗词对于城市建设之所以能有如此的作用,在于中华传统文化中自《诗经》《楚辞》发端、迭经汉唐直到明清千年积累的诗性文化基因,全面渗透于中华民族的深层心理结构之中,内化为国民精神的一部分,成为全体中国人的生活情趣。近年来涌现出的一些有关诗词社会传播的“现象级”案例,即根植于

① 参见刘家明等:《基于体验视角的历史街区旅游复兴——以福州市三坊七巷为例》,《地理研究》2010 年第 3 期。

中国人的这种潜藏的诗性文化基因或曰集体“无意识”。如2016年、2017年央视连续举办的两届《中国诗词大会》,由“胸藏文墨语连珠”的嘉宾、“腹有诗书气自华”的主持与“博闻强识才八斗”的选手一起,带动全民“赏中华诗词,寻文化基因,品生活之美”,节目播出后引发社会的一片赞誉,被誉为综艺界的“一股清流”。2018年2月,由央视综合频道和央视创造传媒联合制作推出的中国大型文化节目——《经典咏流传》收视率创近年文化节目新高,近百位经典传唱人的精彩演绎让经典诗词歌赋在音乐中焕发出新的生命力,加之“鉴赏团”从多角度进行专业解读,让观众在领略诗词之美的同时了解其背后的文化内涵。节目中的歌曲在微博、微信等社交媒体及各大音乐平台中反响热烈,如其中“孤独了300年”的小诗《苔》经演绎后的视频片段网络播放量迅速突破4000万。这种带有专业性的电视节目之所以能够得到社会大众的追捧,就在于它暗合了中国人心中的诗词乌托邦世界,表达了身处庸常的芸芸众生心中对于浪漫主义诗性世界的诉求,因此这种现象本质上反映的是国人的诗性文化基因与“诗性未死”的浪漫情怀。正是这种潜藏于国人心中的诗性情怀,建构了当代打造诗性城市和诗词小道的社会心理基础。

二、国内外城市诗词文化资源价值开发现状

(一)我国城市诗词文化资源价值开发的主要模式与不足之处

1. 三种主要模式

我国许多城市如西安、成都、南京等,近年来都对当地诗词资源进行了价值开发的尝试,其开发的主要模式基本可以分为景观建造、主题活动、文创产品三种模式。

(1)景观建造。景观建造主要指对诗词中的景观保护、复原、重建等,让人们重见诗词中描绘的景象,从而直观地感知诗词之美。成都把杜甫草堂、陆游祠、望江楼等名胜组合成为诗歌文化的展示体系,打造浣花溪公园诗歌大道、中国诗歌文化中心等。西安在曲江等区域的公共设施(如路灯灯柱等)上展示唐诗;依托唐文化打造大唐芙蓉园,以“诗魂”和“唐诗峡”主题雕塑为载体展现唐代诗歌文化。南京结合诗词歌赋综合开发了四大文化旅游主题景区:“青梅竹马”“南都繁会图”“牧童遥指杏花村”“石头记”。四川江油借助李白诗文,打

造太白碑林、太白公园、李白纪念馆、唐风一条街等。

(2)主题活动。主题活动主要指开展各种与诗词和诗人相关的文化活动，如纪念缅怀、文艺演出、聚会比赛、沙龙宣讲等，有的与景区结合(最典型的是由纪念屈原而兴起的江南各地“端午节龙舟赛”，已经成为中华民族共同的文化节日)，有的利用了公共空间，有的针对专业群体，有的面向广大群众等，形式多样而各具特色。如四川江油以李白诗歌对生活小区、大型建筑及市内上百条街巷重新命名，承办李白国际文化旅游节，举办世界华文诗词大赛等；同时打造一批以李白诗歌为主题的文艺表演:《酒之魂》《李白邀月》等。南京编演《夜泊秦淮》大型水上实景演出；山西永济举办三届“鹳雀楼诗歌文化节”；扬州每年春季举办“烟花三月旅游节”；苏州举办“寒山寺新年听钟”活动；镇江拍摄人文宣传片《诗话镇江》，出版图文集《诗画镇江》；湖北黄冈拍摄大型人文历史纪录片《苏东坡》。

(3)文创产品。文创产品主要指基于诗词资源衍生的文化创意商品。如用诗人李白的文化品牌包装的四川名酒“太白遗风”“诗仙阁”；借李白的“诗仙”“酒仙”之名，化用其诗句“且就洞庭赊月色，将船买酒白云边”(李白《游洞庭湖五首·其二》)命名的湖北名酒“白云边”。此外，还有部分诗人纪念馆出售的相关诗词纪念品等。

2.我国城市诗词文化资源价值开发的不足之处

尽管我国许多城市已经意识到诗词资源对城市文化建构的重要价值，也不乏一些已经着手进行开发尝试的城市，但整体尚处于起步阶段，或多或少存在同质化严重、体验感不强、互动性欠佳等问题。如在景观建造时一味修建“大广场”“大雕塑”，简单地将诗词佳句镌刻在石头上，或将诗词故事写入千篇一律的导游词中，这无异于将活色生香的诗词变得僵化死板。主题公园等诗词文化景区内容较为单一，与相关产业结合不够，难以充分满足游客城市特色文化体验的需求，游客往往“看后即走”，经济效益和社会效益不佳。纪念性活动内容雷同，流于形式，缺乏打动人心的力量。文艺演出一味追求“大制作”“大印象”，后劲不足，持续性差。诗歌节等比赛类活动由于参与群体有限，难以引起大范围的关注，与市民生活较远，不利于发挥诗词的教化作用。沙龙宣讲类活动除去范围有限的弊端，还面临趣味性缺乏、参与感欠佳、吸引力不强的问题。而文创产品普遍层次较低，缺乏创新性和设计感，与普通的旅游纪念品别无二致，难以满足消费者多样化、个性化的消费需求。

(二)国内外类似文化资源开发的案例分析

国内外不乏此类形式的知名案例,如德国海德堡、日本京都、美国洛杉矶、中国香港四地,分别设立了"哲学家小道""哲学之道""好莱坞星光大道"及"香港星光大道",成为城市的地标,值得借鉴。

1. 四个案例的基本情况

"海德堡哲学家小道"位于德国海德堡内卡河北岸圣山南坡的半山腰上,环境静谧,风光宜人,哲学家黑格尔、雅斯贝尔斯,诗人席勒、荷尔德林,思想家歌德,作家马克·吐温,音乐家舒曼等都在此留下足迹。其 19 世纪中叶扩建,20 世纪初设有海德堡大学物理研究所。"京都哲学之道"位于日本京都东山山麓人工河渠旁,路旁栽满"关雪樱",沿途有法然院、银阁寺等传统宗教建筑,因哲学家西田几多郎常来此散步、思考而得名。"好莱坞星光大道"位于美国洛杉矶好莱坞"好莱坞大道"的 15 个街区和"藤街"的 3 个街区,沿人行道镶嵌超过 2500 枚"星星",以纪念对娱乐产业有杰出贡献的明星。"香港星光大道"位于中国香港尖沙咀海滨,整体仿照"好莱坞星光大道"修建,以表彰、纪念香港电影界的杰出人士。根据截至 2017 年 7 月 31 日的统计数据,四个案例的基本信息如表 1 所示。

表 1　　四个案例基本信息表

项目 \ 景点	海德堡哲学家小道	京都哲学之道	好莱坞星光大道	香港星光大道
英文名	Philosophers' Way	Philosopher's Walk	Hollywood Walk of Fame	Avenue of the Stars
时间	19 世纪	1972 年	1958 年	2004 年
国家	德国	日本	美国	中国
地点	海德堡	京都	洛杉矶	香港
类型标签	徒步路线、自然与公园、户外活动	景观步行区、景点与地标	古迹徒步、景点与地标	徒步与地标
地形	半山腰	溪边	街区人行道	海滨花园
长度	约 2 公里	约 2 公里	——	440 米
代表名人	黑格尔、歌德等	西田几多郎	好莱坞名人等	香港电影名人等
当地排名	3/91	21/1119	56/559	——
游客评分	4.5/5	4/5	3.5/5	4/5

资料来源:全球旅游网站 TripAdvisor(猫途鹰),2017 年 10 月。

“海德堡哲学家小道”和“京都哲学之道”曾是哲学家们产生哲思的生活路径，后人慕名而来，在此地欣赏周边风景、感受先贤智慧，原本普通的小路因此而成为景点，后期虽经人工整修，但其纪念性是在历史的演变中由后人赋予的，属于“历史性纪念物”。“好莱坞星光大道”与“香港星光大道”都是为了表彰、纪念而人为创建，地点由营建方选择，具有极强的目的性，其纪念性在建造时就已无比明确，属于“纪念物”范畴。①

旅游评价是对游客感知的直观记录，游客打分是游客满意度的量化表现。截至2017年7月31日，四地参评游客数分别为：“海德堡哲学家小道”1243人、“京都哲学之道”2322人、“好莱坞星光大道”11569人、“香港星光大道”1897人。五分制下，四地游客评分依次为4.5分、4分、3.5分、4分。网站将游客体验划分为“非常好”“很好”“一般”“差”“很糟”五级，本研究汇总了游客对四地的评级数据（见图1），同时计算了其占比（见图2）。由图可知，除“好莱坞星光大道”存在较大争议外，游客对其他三地的满意度普遍较高。

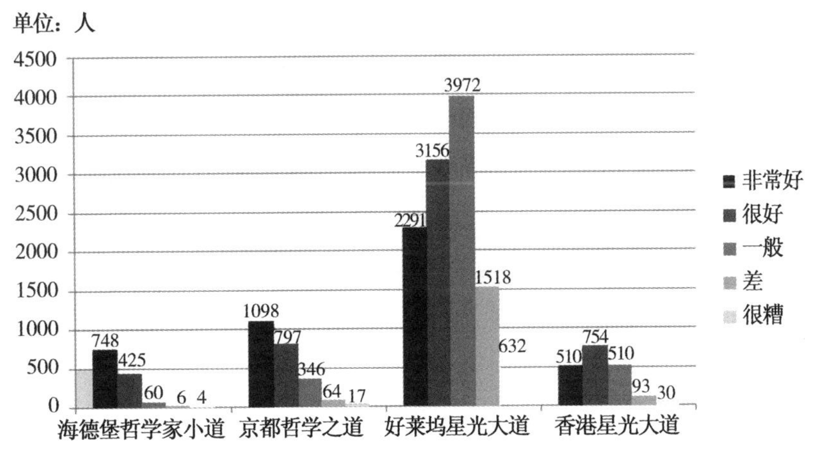

图1　四个案例游客评级汇总图

资料来源：全球旅游网站TripAdvisor（猫途鹰），2017年10月。

2.四个案例的经验借鉴

总体上，这四个案例作为旅游项目的设计都得到了旅游者的认同，“海德堡哲学家小道”的游客中认为“非常好”的占60%，认为“差”和“很糟”的仅有

① 参见［法］弗朗索瓦丝·萧伊：《建筑遗产的寓意》，寇庆民译，清华大学出版社2013年版，第8页。

1%;“京都哲学之道”游客认为“非常好”的占47%,认为“差”和“很糟”的仅有4%,这一结果表明这两个项目得到了游客的高度肯定。“好莱坞星光大道”与“香港星光大道”的“差评”相对多一些,分别为19%和6%,但认为“很好”或者“非常好”的分别占47%和67%,仍然得到了大多数游客的肯定。

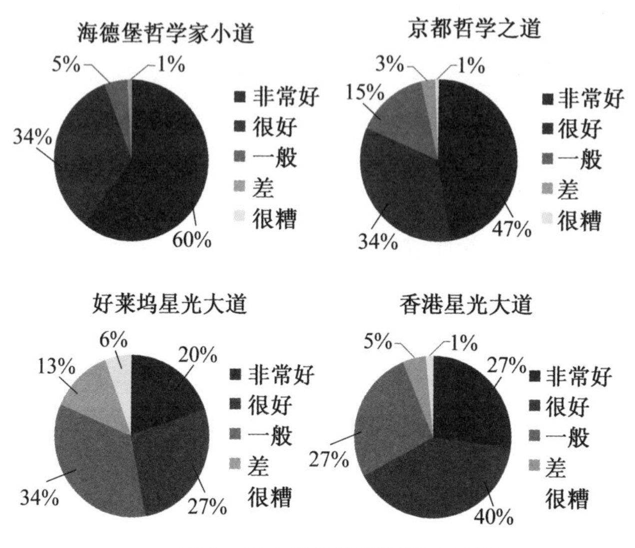

图2 四个案例游客评级占比图

资料来源:全球旅游网站TripAdvisor(猫途鹰),2017年10月。

这种借助街区、道路形成线状的游览地的模式,有利于游客“边游边思”“边游边怀旧”,充分发挥主观能动性进行自主探索。通过对TripAdvisor网站截至2017年7月31日游客评论的文本分析发现,在“海德堡哲学家小道”与“京都哲学之道”的游客评价中,普遍能够见到如“愉悦”“享受”类的感知描述词汇。这两个项目不仅包含着历史人文的内涵,而且与自然景色或者人文建筑相匹配。前者在俯瞰内卡河对岸的海德堡老城风光时具备独特优势,后者则是春日赏樱花、秋天观红叶的绝佳地点,二者较好地保存了地理风貌,路边设施也结合了当地文化。“海德堡哲学家小道”上设有诸多长椅,这既考虑了山路崎岖的实际,又便于游人赏景之时静坐思考,呼应主题,广受好评。“京都哲学之道”上有诸多神社、老屋、茶室、特色小店,辅以日式人力车搭乘、和服装扮等特色文化体验,更有憨态可掬的流浪猫,让游人在充分感受京都风情的同时,体味“人与自然和谐”的哲理。历史文化底蕴和良好的环境氛围潜移默化地熏陶着到访者,更易带给人愉悦、自在的体验。

"好莱坞星光大道"享誉全球,接待游客累计超过千万。设计者欲借助城市街区开发注意力资源,引发游人的思考与共鸣,建设城市文化地标。这对于好莱坞电影明星的粉丝来说弥足珍贵,但对于其他游客则魅力有限。同时,由于城市道路管理难度大,许多游客指出该地卫生状况堪忧,秩序较为混乱,存在扮演成明星的街头艺人借合影之机强行向游客收费、歌手组团强卖CD等商品的现象,造成了负面影响,因此有游客评价为"令人失望""如同鸡肋"。"香港星光大道"也曾面临商业气息浓重,摆摊设点、随意兜售的问题。该地已于2015年停业进行为期3年的优化扩建,预计完成后,该区域将分成游玩区、美食区、休闲区及艺术和文化门廊四大区。

"海德堡哲学家小道"和"京都哲学之道"在设计上的成功,得益于对历史人物、故事和山水风光、人文建筑的有机整合,构成了一个独特的历史文化空间,并实现了与商业一定的隔离,让游客产生怀旧、审美和文化认同等体验。"好莱坞星光大道"和"香港星光大道"同样是将名人和故事注入城市街区,形成城市街区的文化底蕴,创造了巨大的注意力效应,但由于商业气息浓重,冲淡了街区的文化氛围,最终让以名人作为注意力吸引物的街区不能给予游客理想中的文化体验,导致满意度下降。

三、围绕黄鹤楼打造武汉"诗梦小道"

(一)武汉诗词资源的开发价值

武汉诗词资源丰富,具有很大的潜力。根据2017年3月互联网"唐宋文学编年地图"目前收录的内容检索显示,726～1238年,共有32位诗人于武汉停留,赋诗256首。[①] 事实上,在武汉留下诗作的诗人多达数百人。仅描写黄鹤楼的诗文就不胜枚举,其中"晴川历历汉阳树,芳草萋萋鹦鹉洲"(崔颢《黄鹤楼》)广为传唱,让武汉天下闻名。武汉的别称"江城"则出自"黄鹤楼中吹玉笛,江城五月落梅花"(李白《与史郎中钦听黄鹤楼上吹笛》)。自古以来,作为重要的水陆交通枢纽,南来北往的诗人途经武汉,多留下诗篇,如"武昌十万

---

① 参见王兆鹏:《唐宋文学编年地图》,http://sou-yun.com/poetlifemap.html,访问日期:2017年9月13日。

家,落日紫烟低"(姜夔《春日书怀》)、"大江横抱武昌斜,鹦鹉洲前户万家"(鱼玄机《江行》)等。军事家岳飞屯兵武汉时,也曾在武昌手书《满江红·登黄鹤楼有感》,墨迹碑石留存至今。

近年来,武汉市对于诗词资源的开发主要集中于现代诗歌,大多以主题活动的形式呈现,如地铁公共空间诗歌活动、诗歌节、诗歌双城会等,邀请诗人进行分享展示,同时借助《汉诗》《长江文艺》诗歌版面进行传播。几年来这些活动规模不断扩大、质量逐年提高,成果显著。但是,武汉市对于诗词资源尤其是古诗词资源的开发力度仍然不够,仅停留在相关旅游景点的介绍或口号式的宣传上,缺乏与市民、游客的深度互动。因此,如何合理高效地开发利用武汉的诗词资源,值得更进一步思考。

(二)打造武汉"诗梦小道"

诗词资源具有一定抽象性,需要有合适的空间载体才能落地。武汉"诗梦小道"拟选择以武昌黄鹤楼、武昌江滩附近的街区为空间载体,以诗词资源为根基,打造以黄鹤楼为中心的"诗梦"街区。

1."诗梦小道"的选址

"诗梦小道"选址为黄鹤楼到武昌江滩的街区。黄鹤楼坐落于蛇山之巅,与"晴川阁""古琴台"遥相呼应,享有"天下江山第一楼""天下绝景"的美誉。黄鹤楼是古典与现代熔铸、诗化与建筑共生的精品,迎合了中华民族喜好登高望远的民风民俗、亲近自然的空间意识和崇尚宇宙的哲学观念。[①] 历代文人墨客在此题诗吟咏、寄托情怀,使得黄鹤楼自古以来闻名遐迩。在"搜韵"设计软件目前已收录的761776首诗词中检索"黄鹤楼",出现相关诗词693首,其中不乏李白、王维、白居易等著名诗人的作品。[②] 可见黄鹤楼不仅是武汉的城市地标,也是诗词资源中不可或缺的经典意象。"诗梦小道"建设选址围绕黄鹤楼,可以借助"黄鹤楼"这一历史文化名片营造"登楼观景、行街赏诗"的文化内涵,同时街区营造模式有助于将文化创意和当地原住居民的生活进行融合,为老城区的改造提供新思路。"诗梦小道"的打造有利于完成黄鹤楼、武汉长江大桥、昙华林、户部巷等文化旅游景点间的连接过渡,特别是弥补黄鹤楼单个景

① 参见《黄鹤楼:古典与现代的结合》,http://hb.qq.com/a/20090326/000227.htm,访问日期:2017年3月22日。

② 参见《搜韵》,http://sou-yun.com/QueryPoem.aspx,访问日期:2017年7月31日。

区空间有限、内涵单薄的缺陷，推动由“点”到“面”的升级，从而提升黄鹤楼乃至整个武汉的文化品牌价值。

2.“诗梦小道”内容集成

“诗梦小道”以诗词为内容，选诗范围可围绕黄鹤楼，渐次扩展到武汉诗词、国内诗词、海外诗词，注重包容性与多样性，以本土诗词为引，线上线下结合，通过主题活动将范围适度延伸，深入生活，唤醒人们的“诗性”基因，最终达到人、诗、城市街区的融合与互动。

3.“诗梦小道”理念阐释

“诗梦小道”秉承“留白”“体验”“多元”“延展”“联动”“科技”“教育”七大理念，以拓展“诗梦小道”的承载功能(见图 3)。

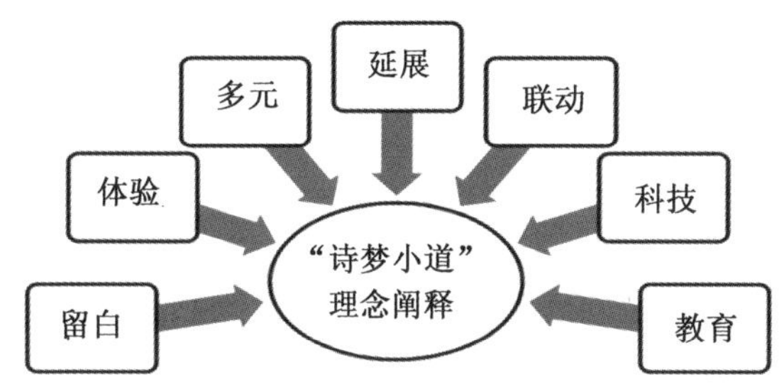

图 3 “诗梦小道”理念阐释

“留白”是国画中极具艺术表现力的技法，在画作上留有一定的空白，画鱼喻水，画鸟成天，含蓄内敛又意蕴无穷。“诗梦小道”应主要作为城市文化空间而并非仅作为旅游项目来打造，须秉承“留白”理念，具备一定的灵活性。

“体验”是指“诗梦小道”在打造时需要坚持诗词资源的活化，避免出现大兴土木却无人问津的情况，造成资源的浪费。在景观建造和活动设计时注重趣味性与吸引力，调动市民、游客的参与积极性，从互动中获得沉浸式的文化体验。

“多元”是指“诗梦小道”的主题活动内容应丰富多彩，避免空泛、重复。借助如协会、院校、媒体等多主体的力量，结合主体特性，在增加各主体活动的丰富性的同时也起到扩大城市街区影响力的作用。

“延展”是指“诗梦小道”的主题活动应打破昼夜、季节的限制，结合诗词资源本身的内涵特征，针对不同季节的特点、武汉地方风物进行个性化设计，以起到分散同一时段客流、吸引多次游览的作用。

“联动”是指“诗梦小道”在规划、设计、开发、运营的全过程中应注重产业间的联动，将诗词作为创意元素和影响力植入文化产业链。“诗梦小道”可以作为一个大的文化“IP”，利用诗词与城市街区融合和城市传播的优势，唤醒人们的“诗词基因”，融入城市产业链中，以产生更大的经济效益。

“科技”是指“诗梦小道”在景观和活动设计时应融入科技元素，采用人工智能(AI)、虚拟现实(VR)、移动互联等技术赋予诗词和街区新的生命力，同时在一定程度上解决了实景建造带来的“移动难、更新慢”的问题。新技术的运用，在提高管理效率的同时，可以创造新的体验形式，并为游客、市民提供最为人性化、个性化的产品和服务。

“教育”是指“诗梦小道”应秉承“寓教于乐”“寓学于乐”的理念，充分发挥诗词元素的正外部性，让不同年龄段的人在游览的过程中都能受益，感受诗词文化的魅力，提升文化品位与文化素养。

4.“诗梦小道”表达构想

表达构想是对“诗梦小道”实施路径的构思，旨在通过“筑梦”“寻梦”“归梦”三个主题板块的构建，完成对“诗梦小道”之“诗梦”的主题阐释(见图 4)。

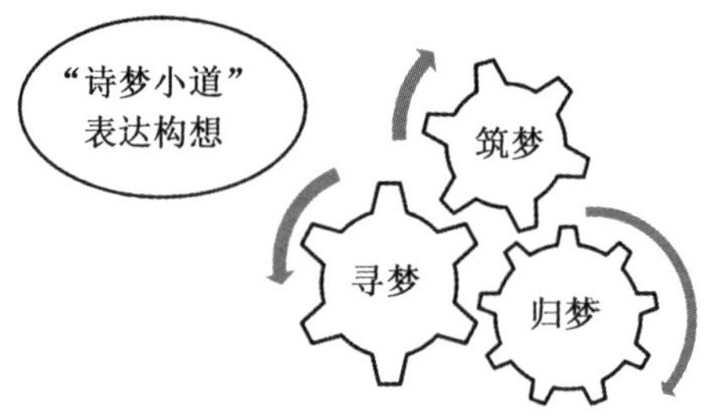

图 4 “诗梦小道”表达构想

“筑梦”——景观建造板块，突出“留白”“联动”“科技”理念。“诗梦小道”中的“小道”并不是单纯指一条小路，而是一片街区，包含街区内的道路、建筑、路灯、街心公园、街区小品等，具体表现为对武昌黄鹤楼、江滩一带的老街区进行改造，融入诗词(诗人、故事)元素。利用现有街区的格局与景观，从小处入手，除了通过绿化、照明等体现诗词文化，更重要的是利用高科技手段，将整个街区打造成为一个承载“诗性文化”特征的文化空间。同时，区别于封闭式园区，打造开放式街区，致力融入城市生活，营造诗词文化氛围。

“寻梦”——主题活动板块，突出“体验”“多元”“延展”“教育”理念。发挥政府的主导作用，政府是活动的倡导者，社会力量则是活动的组织者和参与者。在多元主体协同下，可以推出系列主题活动。如：政府主导举办诗词文化节、诗词交流会等大型活动;企业打造街区诗词主题的探秘、解谜、寻宝等活动;院校结合自身研究成果,在街区举行室内外沙龙、演讲、竞赛,实现诗性文化的生活化;协会、社团通过绘画、音乐、漫像、角色扮演等街区表演等发挥自身所长。主题活动不仅可以结合传统节庆,更可以结合时令、节气和重大事件等进行再创造,打造如花卉主题、风物主题、夜游主题等特色活动,使得“时时有景、处处可游”,要让游客、市民在“诗梦小道”中完成从“旁观者”到“参与者”的角色转换。

“归梦”——文创商品板块,突出“体验”“联动”理念。诗词文创产品应不拘泥于简单的摆摊售卖模式,转向主题活动的产品及服务衍生,发挥 DIY、个性定制等能体现个人参与感的产品类型。此外,加强与商家的合作,将“诗梦小道”的参与活动与景区、影院、餐饮、超市等其他消费场所的门票或消费优惠联通,有助于吸引游客、市民进行二次消费与跨界消费,以发挥文化产业增加值,促进消费升级。

四、结语

诗性文化代表中华民族区别于西方文化的独特的精神气质,赋予了民众最普及化的审美方式。中华民族不仅创造了唐诗宋词,使古老的诗性智慧获得了现实形态,其同时也再生产着中国民族,使中华民族具有了越来越诗性的本质特征。① 诗词与民众的生活方式联系在一起,赋予了大众化和生活化的基础。在当代高速城市化的大背景下,诗词文化资源的价值开发在城市文化建构中具有重要意义。2016 年中央城市工作会议指出,要综合统筹城市功能定位、文化特色和建设管理等多种因素来制定城市规划。要加强对城市的空间立体性、平面协调性、风貌整体性、文脉延续性等方面的规划和管控,留住城市特有的地域环境、文化特色、建筑风格等“文化基因”。通过将中华优秀文化资源与现代城市特色营造过程相结合来策划打造“诗梦小道”,是建构武汉城市特色的重要途径,这对于其他城市的文化建构,也不乏方法和思路上的借鉴价值。

[原载于《山东大学学报(哲学社会科学版)》2018 年第 3 期]

---

① 参见刘士林:《“诗化的感性”与“诗化的理性”——中国审美精神的诗性文化阐释》,《上海师范大学学报(哲学社会科学版)》2009 年第 1 期。

论供给侧视域下历史文化资源的产业化发展

——以济南市章丘区为例

李泽华

习近平总书记在十九大报告中指出:“文化是一个国家、一个民族的灵魂。文化兴国运兴,文化强民族强。没有高度的文化自信,没有文化的繁荣兴盛,就没有中华民族伟大复兴。”①我国“十三五”规划也明确提出“到2020年,文化产业成为国民经济支柱性产业”的宏伟目标,这深刻表明进入中国特色社会主义的新时代,文化的作用、地位与功能已经上升到了全新的高度,文化产业作为国民经济发展的重要组成部分在新时代下的作用愈加凸显。在改革开放取得巨大成就的同时,我国经济发展出现了经济增长率放缓、产能过剩及内生动力不足的态势。因此,2015年国家将供给侧结构性改革作为长远发展的宏观性战略,通过“去产能、去库存、去杠杆”等措施,从供给端发力以提高产品质量和有效供给,进而实现产业的转型升级,这一战略也为文化产业在新时代下的改革发展指明了方向。文化产业与其他行业类似,同样存在着高品质产品供给不足、低品质产品供给过剩的情况,即人民群众雅俗共赏的正能量文化产品少,粗制滥造的负能量产品多。针对此类问题,本文分析了历史文化资源的价值和功能,并以济南市章丘区为例,梳理了章丘区文化产业发展的优势和供给侧问题,研究了影响历史文化资源产业化发展的供给侧因素,并提出了相应的发展对策,力图为历史文化资源产业化可持续发展及文化产业的转型升级提供理论依据。

---

① 习近平:《决胜全面建成小康社会 夺取新时代中国特色社会主义伟大胜利——在中国共产党第十九次全国代表大会上的报告》(单行本),人民出版社2017年版,第40页。

一、文献综述及相关理论

(一)历史文化:承载时代风貌的本相

历史本身是对过去事件的记载与叙述。钱穆认为,历史可以是具体的“历史事实”,可以是“历史资料”,还可以是依据历史材料对历史事实进行的认识和阐释,即“历史知识”。① “历史事实”作为一种客观存在去而不返,变为“昨天”;“历史资料”被前人“记录流传以迄于今者”,化作“今天”;“历史知识”不断随时代的更迭而更新,引领“明天”。同时,历史又是以人为基本的元素来记载的,记载的对象有个人也有群体。② 换言之,人类是历史的创造者,即便是群体也是由个人组成,历史之所以能够被延续的根本就在于人类的延续,“昨天”“今天”和“明天”都是这一延续上的子集。而文化是一个复杂的多元素集合体,广义上讲包括全部的知识、信仰、艺术、道德、法律、风俗以及作为社会成员的人所具有的其他一切能力和习惯③,即人类在改造世界的社会实践中所获得的物质、精神生产的能力及其所创造的财富的总和,包括物质文明、精神文明和制度文明。狭义的文化主要是指精神生产能力和精神产品。④ 无论广义还是狭义,文化作为一种人类赖以生存的资源要素广泛蕴含于政治、经济、教育、审美等众多方面。

然而“历史文化”一词在我国20世纪80年代并不多见,直到90年代末才逐渐普及。颜吾芟从宏观角度定义了历史文化的概念。他认为:“历史文化是指人类社会在发展过程中所展现出的文化风貌的总和。历史上每个时期都有不同于其他时期的时代风貌,这些各个时期的不同风貌合起来共同构成总体文化风貌,就是历史文化。”⑤而微观性历史文化的研究则较为宽泛。王育济从

---

① 参见朱晓彧:《历史文化资源的当代意义——重读钱穆先生〈国史新论〉》,《华南师范大学学报(社会科学版)》2013年第6期。

② 参见葛剑雄、周筱赟:《历史学是什么》,北京大学出版社2002年版,第100页。

③ 参见[英]泰勒:《原始文化》,蔡江浓编译,浙江人民出版社1988年版,第1页。

④ 参见张月玲、徐伟伟:《全球化对我国文化影响探讨》,《中国特色社会主义:理论·道路·事业——山东省社会科学界2008年学术年会》。

⑤ 彦吾芟:《中国历史文化概论》,清华大学出版社、北京交通大学出版社2006年版,第7页。

区域视角研究了济南八千年历史文化中的若干现象及特征，并通过梳理各类历史文献论证了济南园林文化的本质为“城即园林”[①]，这对掌握和发展济南文化产业有重要意义。罗毅以历史文化名城为研究对象，分析了我国在保护历史文化名城中出现的些许问题，并针对性地提出了相关对策。[②] 徐艺乙则研究了我国历史文化中的传统手工艺，认为在不同时期，丰富多样的手工艺及其产品在人们的社会生活中发挥了巨大作用，并由此创造出了民间物质文化体系和相关知识体系。[③] 总之，对历史文化精神内涵与时代功能的研究越来越受到学者们的青睐。综合以上，本文认为历史文化是一个国家、民族在经过历史的沉积后所形成的文化，是不同时期物质文明与精神文明的精髓积淀，是国家和民族前进与发展的精神之魂。

(二)历史文化资源:新时代生命力的彰显

历史文化作为人类共同的财富，是一种重要的战略性文化资源。按照联合国教科文组织《保护世界文化和自然遗产公约》等相关规定:历史文化资源可划分为物质文化资源和非物质文化资源，物质文化资源主体是文物，主要是指具有历史性、文化艺术性以及科学研究价值的文化遗址、古建筑群、古墓葬等;非物质文化资源一般指各民族世代相传的、与群众生活密切相关的各种文化表现形式和文化空间，例如民俗文化、表演艺术、节庆活动等。但学术界对于历史文化资源的定义并没有形成统一界定。向志学指出，历史文化资源是能够被人类科学合理开发利用的历史文化遗存，是现代物质和精神财富之源，具有很高的现代精神价值和物质价值。[④] 董雪梅认为，在人类历史发展过程中所创造和使用的各种物质文化资源和精神文化资源的总和就是历史文化资源。[⑤] 以上两种阐释都有其合理可取之处，在社会文明的前行中，历史文化的发展经历了一个从稚拙到成熟、从简单到复杂的演绎历程。人类通过自身的劳动，在创造社会财富的同时，也缔造出了人类文明，在精神领域和物质领域

---

① 参见王育济:《济南历史文化的变迁与特征》,《东岳论丛》2010 年第 5 期。

② 参见罗毅:《历史文化名城保护中的问题与对策》,《甘肃社会科学》2017 年第 1 期。

③ 参见徐艺乙:《中国历史文化中的传统手工艺》,《江苏社会科学》2011 年第 5 期。

④ 参见向志学、向东:《谈谈资源和历史文化资源》,《武汉大学学报(人文科学版)》2006 年第 3 期。

⑤ 参见董雪梅:《公共历史文化资源的产业开发——以济南为例》,山东大学博士学位论文,2008 年。

留下了大量的文化遗存。这些文化遗存又可以以文字或者实物的形态而存在且被后人开发利用，并对人类社会生活产生极大影响，具有不可估量的价值，这就是历史文化资源。

历史文化资源产业化开发是文化资源向文化资本的转变，经过挖掘、整合、创作、生产、流通等一系列环节最终成为消费品，满足大众需要。其功能主要体现在文化价值、经济价值与社会价值三个维度，三者相互关联、密不可分。文化价值是指它承载了先人们所遗存下的各种人文信息，同时能够满足或服务于现阶段人类群体的认知和需求；经济价值是指在商品经济、市场经济条件下它所能实现的效益，包括它对实现相关产品价值的推动①；社会价值是指通过一定的社会活动与实践给予社会或大众精神上的满足与贡献，包括引导社会文化潮流、传播文化价值理念等。因此，新时代下历史文化资源只有作为文化产业发展的一种新生产要素，才能彰显其强大的生命力，但在开发利用中应注意两个方面：一是不可片面追求对历史文化资源经济价值的开发，割裂与文化价值和社会价值的协同共进，忽略文化价值固有的本性及对社会良性可持续发展的推动作用，不可违背经济效益与社会效益相统一的原则。二是在开发历史文化资源时要重视对资源的保护，保护与开发是一枚硬币的两面，保护的目的是为了更好地开发，尤其是一些不可再生的物质文化遗产，一旦遭到破坏会对国家和民族造成难以弥补的损失。

历史文化只有走产业化繁荣之路，方能实现其应有的价值。文化产业化的繁荣需通过一系列技术手段、经济措施与行为活动，把历史文化资源以创意创新的形式转化为人民大众所需要的，且具有鲜明特色、商品价值及较高文化价值的产品或服务。党的十九大报告中明确指出，要“深入挖掘中华优秀传统文化蕴含的思想观念、人文精神、道德规范，结合时代要求继承创新，让中华文化展现出永久魅力和时代风采”，即在深挖历史文化资源的同时要融入时代气息，只有融入时代气息才能更好地服务于社会。特别是在我国新时期全面建成小康社会与全面建设社会主义现代化国家新征程中，文化内容要有创新、深度和广度，文化产品要有品味和格调。优秀的历史文化对社会主义核心价值观的培育和践行、对加强人民群众思想道德建设、对繁荣我国社会主义文化、对推动国家文化事业和文化产业发展具有不可替代的作用。因此，在开发历

① 参见王经伦：《开发历史人文资源须确立的观念》，《广东社会科学》2006年第4期。

史文化资源获取经济价值的同时,更应重视其在新时代下的新功能与新作用。

二、章丘区文化产业发展的优势及供给侧问题

章丘区隶属济南市,是 2017 年中国工业百强县区。了解章丘区文化产业发展的主要优势及供给侧问题,有助于探求历史文化资源产业化供给侧影响因素。

(一)章丘区文化产业发展的优势条件

1. 历史文化资源丰富多彩

章丘区拥有悠久的历史文化,有趣的历史故事,优质的文化禀赋,多样的民俗风情,其得天独厚的特色历史文化资源成为当地发展文化产业的天然优势。目前,章丘区内文化遗址保护单位 183 处(如表 1 所示),代表性的文化遗址如城子崖遗址、西河遗址、小荆山遗址、齐长城遗址、东平陵城故址等,皆被众人所熟知。章丘的历史名人也颇为丰富,春秋时期阴阳学说创始人邹衍、汉代经学大家伏生、唐代名相房玄龄、宋代词人李清照、明代戏曲家李开先等皆出自章丘。同时,章丘泉脉发达,泉水众多,主要分为明水泉系、绣水泉系以及西麻湾泉系,其中百脉泉、墨泉、梅花泉等是区内著名的泉水。不仅如此,章丘的节庆活动、民间曲艺、特色农产也是当地独有的特色文化,如源于清朝康熙年间的五音戏,已有近三百年的历史,为民俗文化的研究提供了重要实例,章丘大葱更是蜚声中外,从公元前 681 年由中国西北传入章丘至今,已有近三千年的历史,被誉为“章丘三宝”之一,其在 2017 年又入选中国重要农业文化遗产名单。总之,章丘区境内的历史文化资源不仅充足,而且具有区域特色。

表 1　　章丘区代表性文化资源统计

文化种类	文化名称
文化遗址	城子崖遗址、西河遗址、小荆山遗址、齐长城遗址、平陵城故址、洛庄汉墓、危山汉墓、朱家峪古村落等
历史名人	邹衍、伏生、房玄龄、李清照、李开先、雪蓑、孟洛川等
著名泉水	百脉泉、墨泉、漱玉泉、龙泉、梅花泉、荷花泉、明水泉等
节庆活动	百脉文化节、泉水文化节、清照文化节、传统手工艺展会、农事节庆等
民间曲艺	五音戏、章丘芯子、章丘梆子、章丘龙舞、章丘扁鼓等
特色农产	章丘大葱、章丘鲍芹、龙山小米、明水香米等

2. 文化消费潜力巨大

据图1和图2所示，2015～2017年，章丘区城镇居民人均可支配收入分别为30477元、33220元、35870元，农村居民人均可支配收入分别为16665元、18330元、19420元；全国城镇居民人均可支配收入分别为31195元、33616元、36396元，农村居民人均可支配收入分别为11422元、12363元、13432元。纵向对比可知，近三年来章丘区城镇居民人均可支配收入略微低于全国城镇居民人均可支配收入，而农村居民人均可支配收入要远高于全国农村居民人均可支配收入。横向来看，章丘区城镇居民人均可支配收入要大于农村居民人均可支配收入，但无论城镇还是农村，章丘区居民整体人均可支配收入都处于递增态势。根据《济南市章丘区国民经济和社会发展统计公报》，章丘区2015年、2016年社会消费品零售额分别为351.4亿元、390.4亿元。2018年《章丘区政府工作报告》显示，2017年的社会消费品零售总额为433亿元，增长11%，这足以表明章丘区居民的消费总体规模在持续扩大，消费能力在逐步提高。此外，根据国际经验，当人均GDP超过3000美元时，文化消费会快速增长；接近或超过5000美元，文化消费则会出现"井喷"。[①] 章丘区在2016年的人均GDP已经达到83855元(约为13000美元)，远超出5000美元。由此，不管是从人均可支配收入、社会消费品零售额还是人均GDP来看，章丘区居民拥有很强的文化消费潜力和庞大的消费规模。

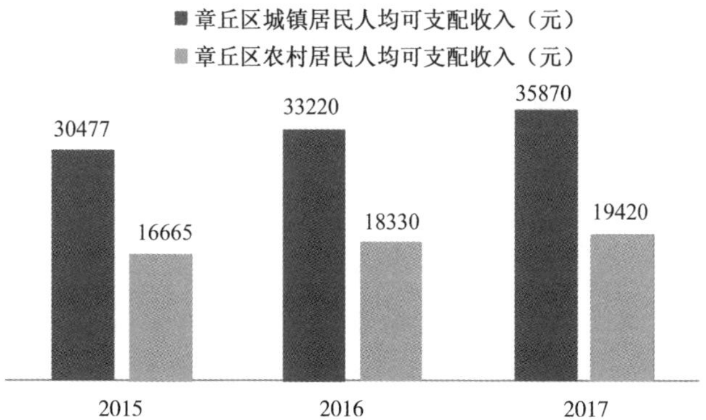

图1 2015～2017年章丘区城镇与农村居民人均可支配收入

资料来源：《章丘区政府工作报告》(2015～2017年)，http://www.jnzq.gov.cn/col/col21767/index.html，访问日期：2018年3月20日。

① 参见李冠青、何翠凤:《关于山东省文化产业发展的几点思考》,《东岳论丛》2010年第6期。

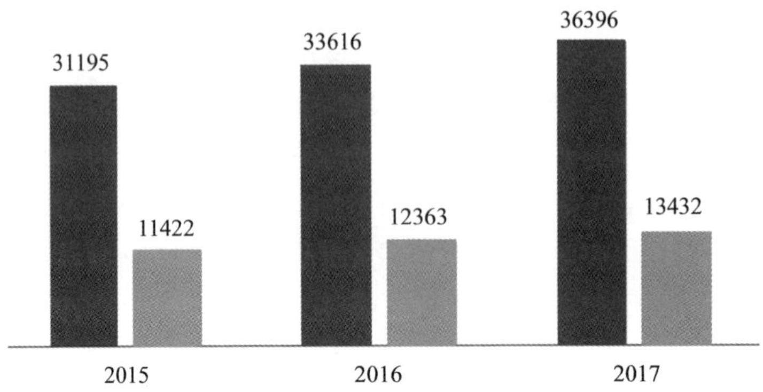

图 2　2015～2017 年全国城镇与农村居民人均可支配收入

资料来源:国家统计局网站,http://www.stats.gov.cn/,访问日期:2018 年 3 月 20 日。

3.政府支持文化产业力度大

在《章丘市“十二五”文化产业发展规划》①及《关于加快文化建设的实施意见》等有关文件中,章丘区制定了全方位的具体政策来推动文化产业发展:

(1)财政扶持政策。将重大文化事业和文化产业建设项目列入同级年度财政预算,确保投入增幅高于年度财政增幅。设立文化产业发展专项基金,并制定资金使用管理办法,采取担保、贴息、奖励资助等形式支持文化产业发展。

(2)土地优惠政策。对引进国内外著名文化企业总部、地区总部、采购中心、研发中心等自建、购买或租赁办公用房的,由所在地政府给予补贴,在规划区内选址建设的,政府在土地供应等方面予以优先支持。

(3)税收优惠政策。文化体制改革试点地区的所有文化单位,享受多项税收优惠政策;鼓励、支持、引导社会资本以股份制、民营等形式,兴办影视制作、放映、演艺、娱乐、发行、会展、中介服务等文化企业,并享受与国有文化企业同等待遇。

(4)金融支持政策。鼓励金融机构加大对文化企业的信贷支持,商业银行对符合信贷条件的文化企业,可在国家允许的贷款利率浮动幅度内给予一定

① 章丘于 2016 年 12 月 22 日正式撤市设区,成为章丘区。

的利率优惠。[1] 可见，章丘区政府对于文化产业发展既有长远规划又有具体措施。

4. 特色文化产业项目带动作用明显

文化资源的产业化发展离不开产业项目的推动，只有拥有良好的文化产业项目才能真正让资源得到转化。章丘区根据自身优势，充分利用本地文化资源开展了诸多特色文化产业项目，如表 2 中的朱家峪文化产业园，该项目主要依托朱家峪古村落文化资源，在园区内开展人文旅游、休闲度假、影视等业务。电视剧《闯关东》就是在朱家峪取景拍摄，该剧的成功上映让朱家峪成为了家喻户晓的文化品牌，许多观众慕名而来参观朱家峪古村落，寻找和体验当年那个时代的感觉，从而获得心灵上的满足和愉悦，不仅传播了朱家峪古村落文化，而且还极大促进了本地旅游业的发展。又如七星谷农林文化产业园项目，该项目以秀丽的生态环境和农业资源为依托，融入儒家文化精华，定位明确，特色鲜明，通过创意创新的开发形式把生态农业、休闲娱乐、旅游观光、山水养生、商务会议等业务有效结合在一起，建设总用地约 80 公顷，是山东省重点文化产业项目。锦屏山影视产业基地与绣源河风景区项目的建设也各具特色，章丘区文化产业在特色项目的带动下蓬勃发展。

表 2　　章丘区特色文化产业项目

项目名称	朱家峪文化产业园	锦屏山影视产业基地	七星谷农林文化产业园	绣源河风景区
项目主题	古村落文化	自然与人文景观	齐鲁文化与自然生态	出版印刷
主要业务	人文旅游、影视创作	休闲旅游、影视创作	生态农业、休闲旅游	休闲旅游

资料来源：昝胜锋主编：《泺尚 · 创意中国调研报告 2015》，山东大学出版社 2015 年版。

（二）章丘区文化产业供给侧问题表现

1. 产品缺乏创新，有效性供给不足

文化产业要想持续性发展，应在源头上保证文化内容的丰富与创新，创新并非摒弃传统，而是在继承的基础上进行科学合理的延展。章丘区在发展文化产业的过程中，同样面临着文化产品缺乏创新、缺少科技含量的问题。例

① 参见昝胜锋：《泺尚 · 创意中国调研报告 2015》，山东大学出版社 2015 年版，第 103～104 页。

如,在一些传统类曲艺节目中,不管是在文化内容还是展现形式上依旧保留着“原生态”,没有很好地把一些现代文化元素和先进的舞台科技融入节目中,久而久之会让消费大众缺乏新鲜感,产品供给的有效性不能长久持续,很难适应人民群众日益增长的对美好生活的精神需求。现阶段,人民群众文化层次越来越高,欣赏水平与日俱增,对文化产品的追求不仅要求形式上的“美”,更有质量上的“优”,缺乏创新和科技含量的文化产品已经很难满足现代广大消费群体的需求。

2.产品开发处于初级阶段,同质化现象较重

产品开发模式的单一性导致同质化现象较重,特别是在产品初级加工阶段,这也是目前文化产业供给侧问题的突出表现。同样,章丘区也不例外,泉文化产品是其最为典型的实例。现今,章丘区对于泉水产品的开发皆处于观赏、饮用、展览的初级阶段,这与济南市和淄博市泉水产品开发模式基本雷同,在泉文化深层次内涵挖掘以及产品形式多元化开发上有待提高。例如,章丘区可开拓“泉水+影视”的发展方式,从本质上讲,每一处泉水应是一个精彩的“故事”。把每个精彩故事充分包装,讲好讲活泉水故事,并利用新媒体搬上银幕,其神秘感和观赏性自然增加,泉水才能实现其本有的价值,产业开发才能提高层次。目前,章丘区境内知名泉水大概100余处,完全可以开展一个“讲泉水故事,演章丘形象”的系列项目,走融合发展之路。比较成功的案例如六小龄童、张子健主演的《石敢当之雄峙天东》。该剧就是以泰山石为原型、以石敢当神话故事为基础演化而来,上映之后受到诸多好评,对传播泰山文化效果甚佳。

3.高端文化人才匮乏,产业领军人物少

文化产业作为知识密集型产业,其产业的转型升级和高端化发展与“高精尖”人才的支撑密切关联。文化产业涉及行业和领域众多,这也要求从业人员不仅要有宽泛的知识面,还要有深厚的专业知识和丰富的实践经验。虽然章丘区把许多院校组合到一起形成了“章丘大学城”,但本科院校仅有6所,没有985和211院校作为坚实后盾,缺乏本土化高端文化人才的培养优势。即便每年章丘区政府都会通过相关优惠政策进行人才引进,但对于体量庞大的文化产业而言,仍然有很大的缺口。另外,上面提到章丘区文化产品缺乏创新、科技含量低以及产品开发处于初级阶段,这也从侧面反映出本地区高端文化人才的缺乏,特别是在产品设计型、产业规划型、科技研发型等方面缺乏领军人物。

三、历史文化资源产业化发展的供给侧影响因素

根据对章丘区文化产业的研究，从供给侧分析，我们可以看到，影响历史文化资源产业化发展的因素可以分为以下几个方面。

（一）政策法规

文化产业的发展离不开政策法规的支持和引导。从供给要素的层面分析，财政政策是重要的支持方式，政府在宏观上通过财政政策对文化领域进行调控，其内容主要分为税收优惠政策和财政补贴政策。① 税收优惠政策又以免征增值税、免征营业税的形式为文化企业“减负降本”；财政补贴以生产补贴、流通补贴的形式对文化企业进行直接或间接的政策支持，降低文化产品生产成本，增强文化产品的供给能力。政策法规的制定为历史文化产业化发展提供了制度保障，并为文化企业提供制度框架下的优质营商环境。尤其在“一带一路”倡议下，对外开放的程度会不断加深，与国际市场的文化贸易规模会越来越大，而发达国家会利用其文化资本和先进的技术优势，对我国文化市场中的产品、资本、意识形态、价值理念等进行冲击，这就需要政府加强对文化市场的扶持和有效监管，建立公平竞争机制，防止外来资本侵害。

（二）金融资本

文化产业具有“投资大、见效慢、风险高”的特征，发展中需要大量资本的投入。经济学理论中，资本不仅是产品生产过程中不可或缺的要素，同时也是生产要素中最具活力和穿透力的。在实际中，金融资本对文化产业的发展效果更为明显，例如文化产业发展成熟的地区纽约、伦敦、东京等，都是相应国家的金融中心城市。在文化产业相关产业链中，如产品的策划、生产、销售、运输等各个产业环节的运转都需要大量资本进行支撑，没有强大资本的支持，历史文化资源很难走上产业化发展之路。因此，建立良好的融资机制是推动历史文化资源产业化发展的重点之一。文化产品一个很重要的特点就是初始生产成本高，产品一旦受到大众的喜爱，企业才能依靠后期的批量生产来赚取利

① 参见胥胜锋：《文化经济学》，中国人民大学出版社 2016 年版，第 100 页。

润,而生产出具有综合竞争力的文化产品,就必须要有充裕的金融资本作保障。这些资金的投入仅靠政府是无法满足的,还需要企业自身、社会团体、融资公司、个体等多渠道资本支持。

(三)科学技术

在大数据与"互联网+"蓬勃发展的今天,科学技术更是产业转型升级的重要推动力。3D动漫、虚拟现实(VR)、数字化、人工智能等主流高端技术对文化产业的发展具有颠覆性作用,在有效提升文化产品附加值的同时,文化产品的策划、生产、销售、传播与消费等重要环节也在发生改变。科学技术与文化产业的融合,不但会创新文化产品的外在形式,更能丰富文化产品内涵,促使文化产品的经济价值发生质变。如美国迪士尼公司把高新技术成功运用到了文化娱乐产业中,2016年授权产品销售额就高达566亿美元,成为世界名副其实的文化企业帝国。同时,科学技术赋予文化产业新的时代意义,使产业自身发展产生变化,如美国把出版、软件、信息服务划为"知识内容",加拿大则认为未来十年是"数字化+文化内容"的超级产业竞争。而我国《文化部"十三五"时期文化产业发展规划》指出要"落实国家战略性新兴产业发展部署,出台推动数字文化产业创新发展的指导意见"①。未来文化产业的发展中,各类数字化高新文化技术的创新与实践将从供给端发力来推动产业结构升级,以此来带动经济的新发展。

(四)"高精尖"人力资本

在中国经济发展的"刘易斯拐点"出现以后,数量型"人口红利"对中国经济的贡献率不断消减,对文化产业而言注重的是"人才红利"并非"人口红利"。目前从事文化产业的人员众多,但真正的"高精尖"人才屈指可数。文化产业的发展,归根结底是一场高端人才的大比拼,特别是在文化产业管理、文化产业经营、文化专业技术和文化创意等方面,需要复合型与专业型人才共同带动。国家"十三五"规划纲要也指出,要把人才作为支撑发展的第一资源,提高

---

① 《文化部"十三五"时期文化产业发展规划》,http://www.mcprc.gov.cn/whzx/bnsjdt/whcys/201704/t20170420_493285.html,访问日期:2017年4月20日。

人才质量，优化人才结构①；而随着新兴文化产业的不断涌现与产业结构的优化升级，各个领域对人才质量的要求也越来越高。人力资本在其他国家同样受到极大重视。如韩国，政府不仅重视培养“高精尖”人才，同时还加大对职业教育与在职教育的支持，在2009年就成立了文化产业振兴院，针对游戏、电影、广播影像、动画等众多不同行业统筹部署，通过设置专业进修课程、推行优秀人才交流项目等措施加强对专业型人才培养。② 此外，韩国政府还专门成立CT产业人才培养委员会，建立相关人才数据库，对人才的管理、调配及流向进行不同程度的政策扶持和引导。

四、历史文化资源产业化发展的供给侧对策

（一）提高市场中历史文化产品“供”与“需”的精准性

首先，民族的多样与区域的广袤决定了不同民族、不同区域间对文化产品的需求也不尽相同。因此，创造文化产品前要充分调研和把握消费群体的差异性需求，避免产品创作、项目立项出现“一刀切”与同质化的状况，从而为消费群体提供的产品及服务要体现精准性与区域性特征，满足其个性化、多元化追求。

其次，历史文化是人民群众创造的，要能反映出时代风貌。所以，在挖掘历史文化资源的同时，要赋予其更多新时代元素及凸显时代人文特性，即历史文化从人民群众中来，更应服务于人民群众，在保留众多历史文化题材的基础上，充分融入群众性、生活性元素，把历史文化资源转化为“接地气”的生活子集，让消费大众真切感受到文化就在身边。

最后，重视对产品需求的导向与提升。“文以载道，以文化人”，我国优秀的历史文化蕴含着先进的哲学理念和丰厚的人文精神，这对继承民族传统、弘扬时代主旋律具有积极意义。为此，在文化市场中，要不断提高消费者的文化品位、审美情趣及需求层次，以“以物带文”的方式来继承、传播与发扬历史文

---

① 参见《“十三五”规划纲要》，http://www.sh.xinhuanet.com/2016-03/18/c_135200400_2.htm，访问日期：2016年3月18日。

② 参见陈柏霖：《韩国文化产业振兴院的人才培养及启示》，《青年记者》2015年第35期。

化，用历史文化的精华元素来感染消费者、传播正能量并肩负起复兴中华民族传统文化之重任。

(二)完善人才智库建设

在知识经济时代，人才始终是支撑文化产业可持续发展的不竭动力，关于人才智库的建设主要围绕人才培养机制的角度展开。人才培养机制一般通过教育和培训两种方式的有效结合进行，教育的开展一般在高等院校，侧重于理论研究；而培训的实施一般在文化企业内部或实训基地，偏重于社会实践，这就要做到产学研的有效结合，避免理论与实践不协调而带来人才供需错位。在文化产业新业态不断涌现的未来，要在文化内容原创、文化创意设计与制作、文案策划、文化产品数字化、文化金融等方面着重培养人才，高校要主动完善文化产业学科体系建设，形成专科、本科、硕士、博士的层次递进式培养模式，突出人才培养的规范性、创新性及国际性。文化企业和实训基地要本着实事求是原则，根据文化产业瞬息万变的市场需求适时对人才培训做出调整，培养出能应对市场变化的实践性人才。同时要鼓励人才“走出去”与“请进来”，“走出去”是指学习国外先进的理论知识与实践经验，“请进来”是指欢迎国外优秀文化人才来国内指导文化产业的发展。通过多类形式与多种渠道的结合互补，最终培养出专业化、高层次文化产业领军人才。

(三)创新历史文化资源整合与产业间融合协同发展模式

历史文化资源整合是指把与历史文化相关的零碎分散、内容单一的对象以科学合理的方法整合为有内在关联性的集合体，从而形成一种特色鲜明、内容丰富且能够达到一定内涵深度的新资源。如章丘区“清照文化”中，李清照一生先后在章丘、东京汴梁及江南地区等生活过，是一个活动空间广阔的历史人物，单是一个区域很难展现“清照文化”全貌。如果能把李清照平生的活动轨迹及遗迹遗物等梳理整合，可以形成具有章丘特色的全面完整的“清照文化”专题，其文化价值、经济价值、社会价值更是非同凡响。产业间融合主要指文化产业与其他行业间的结合，更多体现的是“文化产业＋”的理念。“文化产业＋”主要是以创意创新为驱动力，以互联网与数字化为主要技术手段，打破产业与产业、行业与行业、区域与区域间的界限，加大融合深度提升产业品质，实现对文化的传承、创新及文化产品附加值的跃升。如“文化产业＋农业”，可把发展田园观光、农家乐、特色村镇及农业遗产作为主要形式，形成“文化创意农业”，这对农业本身就是一种价值与品位的升级。“资源整合＋产业融合”的协同发展模式，主要从文化资源的供给端发力来确保文化产品生产之前就具备高品质文化内涵，再通过文化企业精心策划、包装、生产等工序，真正让文化产品“华而有实”。

(四)健全文化产业投融资体系及加大投融资模式研究

历史文化资源产业化开发是一项财力耗费巨大的工作，充裕的资金是其必要保证。除扩大财政投入外，还应多渠道、多维度、宽领域地鼓励社会团体的投资，引入社会资本解决文化产业项目的资金缺口，积极倡导民营企业、外资企业、个体等通过直接投资、间接投资、项目融资等方式投入文化产业的建设中。民间资本的作用与外资资本同样重要，只要资本来源和使用方法合法合规，其作用与数量或超过外资资本。民间资本与外资资本相比，稳定性更加可靠，作为土生土长的资本与本地居民有着休戚与共的关系，因此，也更容易得到当地社会的认可与支持，可谓取之于民用之于民。同时，还要加大政府与社会资本合作(PPP)的示范带头作用，这对提高财政支出对文化产业的效率及杠杆作用具有积极意义。①

［原载于《山东大学学报(哲学社会科学版)》2018 年第 4 期］

---

① 截至 2017 年 9 月末，纳入全国 PPP 综合信息平台项目库的文化行业 PPP 项目数为 191 个，项目投资额 1548 亿元，然而理论研究略有不足，“十三五”时期应加大对 PPP 模式的宏观理论研究，以此来带动更多行之有效的 PPP 政策出台。参见中华人民共和国财政部：《全国 PPP 综合信息平台项目库第 8 期季报》，http://www.jrs.mof.gov.cn/ppp/dcy_2736578.html，访问日期：2017 年 2 月 13 日。

文化对经济的影响机制研究

女性高管是否导致上市公司更加“不务正业”？
——兼论竞争性社会文化环境的影响

王晓丹　孙　涛

自《企业会计准则 2006》实施后，我国 A 股上市公司财报中相继披露了公司证券投资业务的信息。总体而言，A 股市场中参与证券投资业务的公司数量呈逐年递增的趋势，尤其是主营业务盈利能力较差的非金融类上市公司的参与热情持续高涨。证券投资收益在短期内可能会弥补公司主营业务盈利能力的不足，但从长期而言这种忽视主业经营转而依靠证券投资的行为，将对上市公司主业的可持续发展带来重大的经营风险及财务风险，造成主业经营的资金供给不足，最终损害公司的整体价值和中小股东的权益。非金融类上市公司热衷于参与证券投资的行为可谓是一种“不务正业”，如果这种“不务正业”的行为在各行业持续蔓延，将导致主业投资不足，破坏实体经济的健康发展，并进一步加大股市的波动。与此同时，各上市公司高管构成中女性的占比有逐年增加的趋势激发了我们的兴趣：一般来说，女性的风险厌恶特质更明显，那么，女性高管对公司的证券投资决策是否会有特殊影响？其特殊性源于何处？这可能是研究上市公司证券投资行为的一个新视角。

一、文献综述

根据证监会 2012 年《上市公司行业分类指引》，我国上市公司以营业收入比重作为主要指标、以营业利润为辅助指标进行行业分类，这种行业划分方法既标明了公司的主营方向以便于监管，又不妨碍公司的多元化发展。而作为证券市场的发行方，各上市公司以机构投资者身份进行的证券投资可视为其业务多元化的一种表现，其动机有投资短视理论、自由现金流量理论、剩余收益估值模型等多种解释。胡奕明等的检验发现，非金融类上市公司金融资产投资存在一定的替代动机，即以减少实体经济投资为代价，追求金融资产的收益。① 与金融类上市公司以证券投资为主业不同，非金融类上市公司按其主营业务比重可分为 17 个大类，占整个行业家数的 90%以上，无论股本数还是市值，都是股市的中流砥柱。这些非金融类上市公司大规模地从事证券投资虽动机各异，但对自身的主业、股市波动都会产生重要影响，然而目前对整个非金融类公司证券投资行为的考察以及各行业的差异分析仍比较缺乏。

关于我国上市公司的证券投资与主业盈利能力的关系，已有对单个行业的实证研究，如通信业②、制造业③。从目前的研究结论看，可将非金融类上市公司参与证券投资的原因划分为股市行情和公司特征两大类。吴文莉利用公司现金持有量的变化间接研究股市收益波动与证券投资的关系发现，牛市中公司更倾向于进行证券投资。④ 而陈玖竹发现制造业上市公司证券投资和大盘走势负相关，且熊市时负相关性更强。⑤ 因此，股市波动对证券投资的影响与市场行情和公司所处行业都有关联。从公司特征层面，除考虑公司所有权性质和资金来源等因素外⑥，基于公司管理者角度的研究较多，如 2007～2008 年度上市公司偏高的证券投资支出与较低的研发支出的差异可以用管理者的短视进行解释。⑦ 吴战篪和李素银的分析发现高管的主营业务能力和年龄与

① 参见胡奕明、王雪婷、张瑾：《金融资产配置动机："蓄水池"或"替代"？——来自中国上市公司的证据》，《经济研究》2017 年第 1 期。

② 参见秦俊、唐鹏程：《上市公司交叉持股对其主营业务盈利能力的影响——以我国 A 股通信行业为例》，《统计与决策》2009 年第 8 期。

③ 参见朱文健、翟虎林：《我国制造业上市公司主营业务发展与证券投资相关性研究》，《濮阳职业技术学院学报》2014 第 2 期。

④ 参见吴文莉：《股市收益波动与上市公司证券投资相关性研究》，《财政研究》2011 年第 4 期。

⑤ 参见陈玫竹：《经理人短视对证券投资的影响研究——以我国制造类上市公司为例》，《现代经济信息》2012 年第 8 期。

⑥ 参见吴文莉：《上市公司证券投资行为与现金流相关性分析》，《财会通讯：综合（下）》2012 年第1期。

⑦ 参见王伟：《中国上市公司证券投机：行为动机与经济后果》，西南财经大学博士学位论文，2010 年。

证券投资行为负相关。①

近年来，随着上市公司各行业女性高管比例的上升，对公司投资行为的研究的关注点更多地投向了具有风险厌恶特质的女性。周泽将等将女性高管对企业行为的影响归因为风险厌恶、不过度自信、道德约束等②；甚至女性高管的婚变也会对公司财务产生影响③。实证发现中国上市公司女性高管对公司财务舞弊行为有明显的限制作用，且女性高管会遏制公司的过度投资。④ 此外，女性高管还会影响公司的盈余管理⑤、信息披露⑥、并购决策⑦、公司价值⑧、组织风险偏好⑨、违规行为⑩、职工工资及业绩表现⑪等。上述视角得到的结论皆是女性高管会对公司的财务管理和风险规避有正向的影响。另一方面，王清

---

① 参见吴战篪、李素银：《管理者自利与短视行为研究——基于上市公司证券投资的角度》，《经济经纬》2012 年第 1 期。

② 参见周泽将、刘中燕、胡瑞：《CEO vs CFO：女性高管能否抑制财务舞弊行为》，《上海财经大学学报》2016 年第 1 期。

③ 参见徐莉萍、赖丹丹、辛宇：《不可承受之重：公司高管婚变的经济后果研究》，《管理世界》2015 年第 5 期。

④ 参见祝继高、叶康涛、严冬：《女性董事的风险规避与企业投资行为研究——基于金融危机的视角》，《财贸经济》2012 年第 4 期；李世刚：《女性高管，过度投资与企业价值——来自中国资本市场的经验证据》，《经济管理》2013 年第 3 期。

⑤ See Francis B., Hasan I., Park J. C. et al., "Gender Differences in Financial Reporting Decision Making: Evidence from Accounting Conservatism", *Contemporary Accounting Research*, 2015, 32(3), pp. 1285-1318.

⑥ See Gul F. A., Srinidhi B., Ng A. C., "Does Board Gender Diversity Improve the Informativeness of Stock Prices?", *Journal of Accounting and Economics*, 2011, 51(3), pp. 314-338.

⑦ See Levi M., Li K., Zhang F., "Director Gender and Mergers and Acquisitions", *Journal of Corporate Finance*, 2014, 28(C), pp. 185-200.

⑧ See Adams R. B., Ferreira D., "Women in the Boardroom and their Impact on Governance and Performance", *Journal of Financial Economics*, 2009, 94(2), pp. 291-309; Carter D. A., D'Souza F., Simkins B. J. et al., "The Gender and Ethnic Diversity of US Boards and Board Committees and Firm Financial Performance", *Corporate Governance: An International Review*, 2010, 18(5), pp. 396-414.

⑨ 参见程惠霞、赵敏：《高层管理者女性比例对组织风险偏好的影响——基于我国上市金融机构的实证研究》，《软科学》2014 年第 6 期。

⑩ 参见路军：《女性高管抑制上市公司违规了吗？——来自中国资本市场的经验证据》，《中国经济问题》2015 年第 5 期。

⑪ See Flabbi L., Macis M., Moro A. et al., "Do Female Executives Make a Difference? The Impact of Female Leadership on Gender Gaps and Firm Performance", NBER, 2016.

和周泽将对我国女性高管与上市公司 R&D 投入的研究发现，女性高管会显著降低企业的 R&D 投入。① 这种负相关性可能与女性高管担任的职务差异有关，如宋迎春在将女性高管划分为董事、经理和财务三类后，发现女性董事对公司的财务绩效有负向影响，而女性经理和女性财务对财务绩效是正向作用。② 杜兴强等的实证研究发现女性高管与公司盈余管理之间存在一定的“倒U”形关系。③ 但目前对女性高管是否会影响公司参与证券投资的研究并未涉及，已有的理论研究大致认为，女性高管的风险厌恶特征导致其投机行为或冒险行为倾向稍低于男性，从而证券投资业务积极性低，可以在一定程度上遏制公司的“不务正业”，但因公司特征和女性高管任职等差异，其对证券投资业务的影响具有不确定性。

另外，女性高管在管理方面表现出的特殊性除受到自身的性格特质影响外，很大程度上也取决于我国的社会文化环境。林长泉等从我国女性在社会分工中长期以家庭为重心、竞争环境更加激烈、社会经济组织的男性化特征明显等方面分析社会环境对女性高管的行为影响，因竞争环境的影响，女性董秘跻身公司高层后的男性化特征更加明显。④ 类似的，美国华尔街的高级分析师作为对工作能力要求高、工作环境竞争性极强的典型职业，与其他职场环境不同，其男女高管的风险厌恶、教育背景、竞争能力等各方面具有同质性，导致高管的行为无明显的性别差异。⑤ 可见社会文化环境对女性在公司管理中的影响可能逆转其自身性格特征。而我国高端劳动力市场也存在女性薪酬普遍低于男性的现象⑥，且总体而言工资的性别差异正在逐步扩大⑦。从这一角度出

---

① 参见王清、周泽将:《女性高管与 R&D 投入: 中国的经验证据》,《管理世界》2015 年第 3 期。

② 参见宋迎春:《女性高管职位差异与公司财务绩效分析》,《统计与决策》2014 年第 4 期。

③ 参见杜兴强、赖少娟、裴红梅:《女性高管总能抑制盈余管理吗? ——基于中国资本市场的经验证据》,《会计研究》2017 年第 1 期。

④ 参见林长泉、毛新述、刘凯璇:《董秘性别与信息披露质量——来自沪深 A 股市场的经验证据》,《金融研究》2016 年第 9 期。

⑤ See Fang L. H., Huang S., “Gender and Connections among Wall Street Analysts”, *The Review of Financial Studies*, 2017, 30(9), pp. 3305-3335.

⑥ 参见范黎波、杨金海:《中国上市公司 CFO 薪酬的性别差异》,《现代管理科学》2016 年第 12 期。

⑦ 参见王湘红、曾耀、孙文凯:《行业分割对性别工资差异的影响——基于 CGSS 数据的实证分析》,《经济学动态》2016 年第 1 期。

发，女性高管在性别歧视的竞争性环境下其风险态度也可能扭转，对公司从事证券投资等高风险业务更具积极性。本文将公司董事会中女性高管的行为特征引入对上市公司“不务正业”的解释，可以补充女性高管与公司证券投资相关性的研究。

二、特征事实分析

（一）2006～2016年非金融类上市公司证券投资的参与趋势

据Wind数据库各上市公司年报显示，2006年我国参与证券投资业务的A股上市公司共计889家，其中862家非金融行业企业①，占当年非金融行业企业的61.48%。截至2014年底，各非金融类上市公司参与证券投资的数量逐步上升至993家的新规模，但总体的参与数占全部非金融类行业公司的比例已不足40%，各年度非金融类企业从事证券投资的比例均有逐步下降的趋势，而2015年和2016年该比例已分别下降到15.44%和12.7%。与企业数量的衡量不同，从资金量角度，2006年年底各上市公司的证券投资资金总量为991.78亿元，其中非金融类企业的资金量668.08亿元，是金融类企业证券投资资金量的两倍多。自2007年以后，金融类公司证券投资的资金量开始反超非金融类公司。截至2014年底，A股市场各上市公司的证券投资资金逐年上升，投资资金总量已达峰值的9440.63亿元，其中金融类公司的资金量为6310.94亿元，非金融行业证券投资的资金规模为3129.69亿元，占比达23.46%。除2015年以外，非金融行业企业的证券投资规模始终处于稳步增长的趋势，且其资金量占市场中全部企业的投资量的比例相对稳定，在2015年投资量最低时其占比也达到了30.84%（见图1）。

可见，除2015年外，非金融类上市公司参与证券投资的资金投入是逐年增加的，资金占比在各年度小幅波动，但其参与家数占比整体而言是逐年减少的。这一方面说明了证券投资这种非主营业务在非金融类行业企业普遍流行且资金规模较大，无论对于公司的发展还是整个股票市场都是一种新的状况；

① 根据证监会2012版行业划分标准，除货币金融服务业、资本市场服务业、保险业和其他金融业以外的其他各行业，包括房地产业，均被划分为非金融类行业。

另一方面,近十年间非金融企业整体的参与率又表现出一定的收缩趋势。

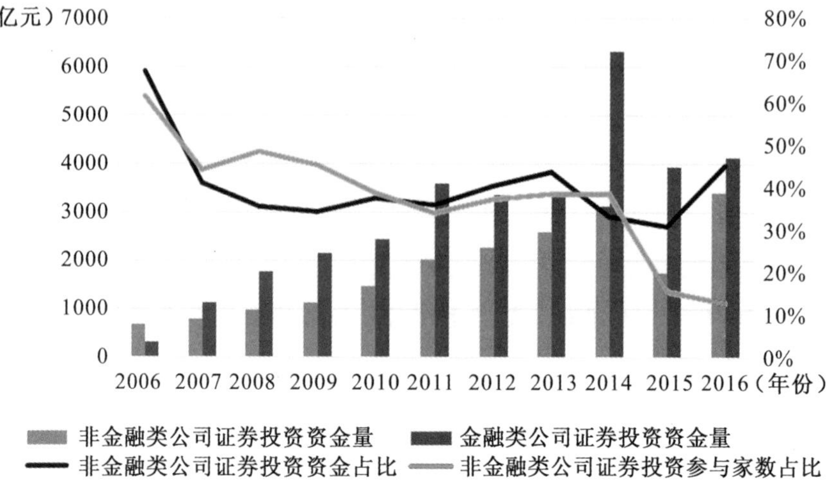

图1 2006～2016年非金融类公司参与证券投资变化趋势

(二)非金融类上市公司女性高管的增长趋势

公司管理层作为决策机构,是影响公司投资选择的重要因素,自2006年以来的十多年时间,除2016年上市公司高管总量大幅减少外,我国上市公司女性高管的数量和比例逐年增长。其中非金融类上市公司管理层性别结构发生了明显变化①,女性高管的数量和占比都呈逐年递增的趋势,从2006年的3200多人增至2015年底的8554人,且占比达到了17.7%。虽然2016年女性高管人数下降为5693人,但其占比已增长为18.4%(见图2)。考虑到女性高管包括风险厌恶等在内的性别特质在公司管理中的作用,其数量的稳步增长将对公司从事风险性投资决策产生影响,而其增长趋势与非金融类上市公司的证券投资资金的增长趋同的特点,引发我们对两者关系的探讨。

① 此处所统计的女性高管是包括董事会、监事会和公司管理层在内的所有公司高级管理人员。

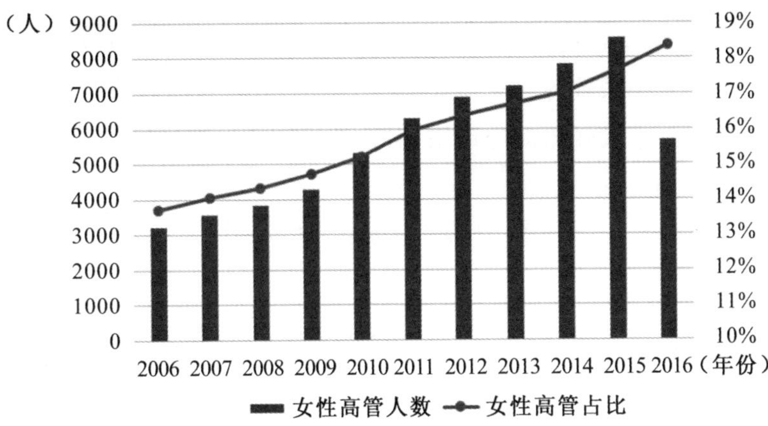

图 2　2006～2016 年非金融类上市公司女性高管数量与占比变化趋势

(三)非金融类上市公司女性高管与证券投资规模的行业比较

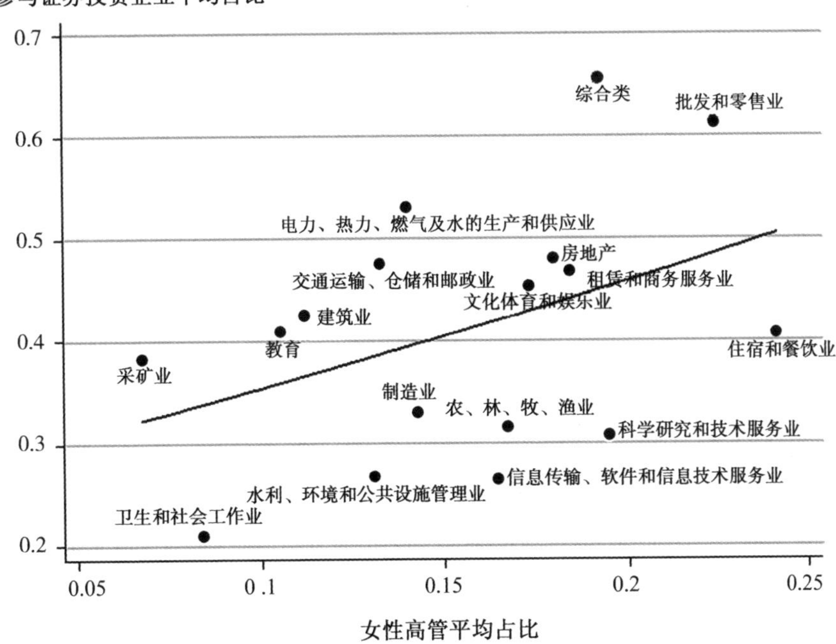

图 3　2006～2016 年各行业女性高管占比与参与证券投资企业占比

非金融类上市公司开展证券投资业务与其女性高管占比的关系可从两者的相关性分析中得到直观的体现。图 3 是 17 个非金融类行业参与证券投资的企业比例和广义女性高管占比的散点图,从中可见,相对于女性高管占比较低的企业而言,有更多女性高管的行业其从事证券投资的企业相对比例更高,两者在观察期内的相关系数约为0.4。由此可初步判断,女性高管对非金融类公司从事证券投资具有较强的促进作用,但其作用程度仍需做进一步检验。

三、模型设定与变量说明

判定女性高管对公司主业和证券投资活动的影响,需对两方面问题分别检验。首先需验证非金融业上市公司证券投资对主业发展是否具有抑制作用,如果证券投资业务对公司主业的长远发展有促进作用则应鼓励,否则应适当控制证券投资的规模。其次检验女性高管在公司证券投资活动中发挥的作用,并寻找女性高管在其中的作用渠道。以下部分将对模型设定和各变量做简单说明。

(一)模型设定

为验证非金融类行业证券投资业务的开展对主营业务的影响,以各公司主营业务利润增长率($profit_{it}$)为被解释变量,以证券投资规模($security_{it}$)为主要解释变量,同时控制公司总资产规模、资产负债比、总资产周转率、经营活动现金流、股权集中度等财务指标和公司股权性质,以及年份、公司注册地等虚拟变量,设定模型一为:

$$profit_{it}=\alpha+\beta security_{it}+\delta X_{it}+\mu_i+\upsilon_t+\varepsilon_{it} \tag{1}$$

其中X_{it}是由公司财务指标和股权性质等控制变量组成的向量,α和ε_{it}分别为常数项和随机扰动项,μ_i和υ_t分别是地区和年份固定效应。

为检验女性高管在公司证券投资业务中的作用,根据已有文献中对上市公司证券投资业务分析指标的选择,以证券投资规模为被解释变量,以女性高管规模($ferate_{it}$)及自身特征为解释变量,同时控制公司财务、股权性质、A股市场行情、年份、地区虚拟等系列变量,设定模型二为:

$$security_{it}=\alpha+\lambda_1 ferate_{it}+\theta female_{it}+\gamma Y_{it}+\mu_i+\upsilon_t+\varepsilon_{it} \tag{2}$$

其中$female$矩阵包含了女性高管的年龄、受教育程度、薪酬、持有公司股票比例、金融职业背景等人物特征,Y_{it}矩阵包含了主要的公司财务特征以及股市行业等控制变量,其他系数含义同模型一。

(二)数据来源与变量描述

样本数据时间取2006～2016年共计11年,以证监会行业划分为标准,选取所有A股上市公司剔除金融业共计17个行业,其中证券投资资金项的数据以及公司财务数据源自Wind数据库,高管数据来自国泰安高管信息库数据,在剔除主营业务利润增长率及证券投资规模的极端值后,各主要变量的具体说明及描述性统计见表1。

表1　　变量说明及描述性统计

变量名	变量说明	观测值数目	均值（标准差）	最小值 最大值
profit	主营业务利润增长率:t期主营业务利润增长/$t-1$期主营收入	6379	0.0320 (0.1125)	−0.8989 0.9938
security	证券投资规模:t期证券投资量/t期总资产	6379	0.0249 (0.0569)	0 2.0270
capital	总资产规模:t期公司总资产的对数	6379	3.9870 (1.4458)	−7.5784 10.0880
cash	经营活动现金流:t期经营活动现金流/总资产	6379	0.0423 (0.0863)	−0.5654 2.4572
debtrate	公司资产负债比:t期公司总负债/总资产	6379	0.5608 (1.8798)	0.0071 142.7178
concern	股权集中度:t期前十大流通股股东持股比例	6379	0.3564 (0.2218)	0.0025 0.9816
turnover	总资产周转率:主营业务收入/总资产平均余额	6379	0.1870 (0.1714)	0 2.3449
volatility	股市波动程度:上证综指日收益率年度标准差	8285	1.5774 (0.0527)	1.0859 2.8557
nature	股权性质哑变量:若为国有控股则为1,非国有控股为0	6379	0.5946 (0.4910)	0 1
ferate	女性高管规模:各公司t期广义女性高管人数/同期高管总人数	8285	0.1554 (0.1153)	0 1
ln*feage*	女性高管平均年龄:各公司t期女性高管平均年龄的对数	8285	3.2615 (1.2588)	0 4.3175

续表

变量名	变量说明	观测值数目	均值（标准差）	最小值 最大值
feedu	女性高管受教育程度：各公司 t 期女性高管硕士及以上学历人数/女性高管人数	8285	0.1366 (0.2763)	0 1
ln*fepay*	女性高管薪酬水平：各公司 t 期女性高管薪酬平均值的对数	8285	9.6158 (4.6924)	0 15.102
festock	公司女性高管持股比例：t 期公司女性高管持股/流通股数	8285	0.0038 (0.0447)	0 1.8529
finback	女性高管金融背景：t 期公司具有金融职业背景的女性高管占比	8285	0.0527 (0.1624)	0 1

另外，由于所处行业差异，各上市公司的证券投资规模、主营业务利润率以及高管性别比均存在明显差异。根据证监会 2012 年的行业分类标准，表 2 对 2006～2016 年以来参与过证券投资的 17 个非金融类公司分行业进行统计发现：17 个非金融类行业均有公司开展了证券投资业务，其中参与证券投资最为普遍的行业是综合类、批发和零售业及电力热力燃气及水的生产和供应行业，行业内曾参与证券投资的公司均超过 50%；而水利环境和公共设施管理业、信息传输软件和信息技术服务业、卫生和社会工作业的行业参与比例均低于 30%。从参与证券投资的规模看，除教育行业证券投资资金占总资产的平均比例达 15.81%外①，相对投资规模较大的主要是卫生和社会工作业、租赁和商务服务业及农林牧渔业，平均的证券投资率均超过了 4%，且各年份和行业内差异不大。从主营业务利润率看，平均利润率最高的当属证券投资规模居中的住宿和餐饮行业，而利润率最低的卫生和社会工作行业的证券投资规模恰是最高的。从各行业的整体比较看，参与证券投资较为普遍或者证券投资规模较大的行业整体利润水平略低于证券投资规模较少的各行业，但两者关系并不单一，要观察证券投资对主营业务的影响，除考虑行业差异外，需要

① 因教育行业上市公司数量少，且各年度仅 1～2 家公司有证券投资业务，其超高的证券投资率的样本代表性不强，不做详细比较。

进一步控制公司层面的差异。

对公司高管的界定有广义和狭义之分，广义的高管包括了董事、监事和高级经理人员在内的全部高层管理者，而狭义的高管则仅指董事长、总裁、总经理、首席财务官等对公司经营权或决策权有最直接控制能力的股东或管理者。对各行业广义女性高管数量的占比按从高到低排序发现，住宿和餐饮业、批发和零售业女性高管的相对规模最大，占比超过20%，而占比最低的卫生和社会工作业及采矿业占比不足10%，其余各行业女性高管占比在10%～20%之间。除住宿和餐饮业及租赁和商务服务业两个行业，其余大部分行业具有决策权的女性高管占比都低于广义概念的占比，且各行业内部女性高管的相对规模差异不大。

表2　2006～2016年各行业证券投资、主营业务盈利及女性高管规模统计

行业	证券投资企业平均占比	证券投资率均值及标准差	主营利润率均值及标准差	广义女性高管占比均值及标准差	狭义女性高管占比均值及标准差
综合类	65.61%	0.0385 (0.0638)	0.2111 (0.1318)	0.1921 (0.0584)	0.1638 (0.0844)
批发和零售业	61.39%	0.0322 (0.0573)	0.1493 (0.0955)	0.2238 (0.1068)	0.1794 (0.1385)
电力、热力、燃气及水的生产和供应业	53.14%	0.0388 (0.1205)	0.2260 (0.1443)	0.1400 (0.0824)	0.1029 (0.1137)
房地产	47.96%	0.0226 (0.0520)	0.2640 (0.1258)	0.1798 (0.0970)	0.1652 (0.1227)
交通运输、仓储和邮政业	47.44%	0.0220 (0.0328)	0.2930 (0.2059)	0.1325 (0.1032)	0.1028 (0.1278)
租赁和商务服务业	46.68%	0.0461 (0.0497)	0.2627 (0.1685)	0.1840 (0.0826)	0.1912 (0.1210)
文化体育和娱乐业	45.38%	0.0344 (0.0881)	0.2639 (0.2039)	0.1735 (0.1196)	0.1420 (0.1406)
建筑业	42.44%	0.0159 (0.0400)	0.1190 (0.0854)	0.1118 (0.0843)	0.0743 (0.1077)
教育	40.91%	0.1581 (0.0254)	0.2067 (0.0739)	0.1053 (0.0000)	0.0189 (0.0000)
住宿和餐饮业	40.61%	0.0302 (0.0524)	0.5793 (0.1897)	0.2410 (0.0420)	0.2669 (0.0835)

续表

行业	证券投资企业平均占比	证券投资率均值及标准差	主营利润率均值及标准差	广义女性高管占比均值及标准差	狭义女性高管占比均值及标准差
采矿业	38.27%	0.0114 (0.0190)	0.2202 (0.1462)	0.0675 (0.0618)	0.0548 (0.0727)
制造业	32.99%	0.0214 (0.0447)	0.2158 (0.1513)	0.1425 (0.0913)	0.1066 (0.1152)
农、林、牧、渔业	31.45%	0.0412 (0.0590)	0.2424 (0.1444)	0.1676 (0.0990)	0.1550 (0.1202)
科学研究和技术服务业	30.71%	0.0175 (0.0445)	0.3147 (0.2246)	0.1948 (0.0297)	0.1487 (0.0322)
水利、环境和公共设施管理业	26.71%	0.0184 (0.0203)	0.3421 (0.1728)	0.1309 (0.0629)	0.0974 (0.0868)
信息传输、软件和信息技术服务业	26.36%	0.0349 (0.0585)	0.3187 (0.2338)	0.1648 (0.0770)	0.1267 (0.1034)
卫生和社会工作业	21.06%	0.0671 (0.1026)	0.1124 (0.1154)	0.0837 (0.0494)	0.0110 (0.0053)

四、实证结果及分析

(一)上市公司参与证券投资对主营业务的影响

非金融类上市公司在选择发展其主业或开展证券投资时需合理规划资金和人力资源,从这一角度分析两者可能此消彼长。对于主营盈利能力较强的公司而言,资金投入主业的边际回报可能大于其从事证券投资业务,从而证券投资业务的开展对主业的负面影响更强;而主业发展较弱的公司从事证券投资对主业的影响可能也相应较弱,模型一的回归结果也验证了这一传导关系(见表3)。表中的(1)(2)(3)回归结果依次代表全样本以及各年度主营业务利润率高于行业平均水平和低于行业水平的子样本,其中在不对样本按主营业务盈利能力划分时,非金融公司的证券投资业务的增加会导致主营业务利润的增长速度下降约14.31%,而主营盈利能力高于行业平均水平的公司证券投资规模的增加将导致其主营业务盈利增长率18.56%的下降。但对于主营业务盈利表现较弱的公司而言,增加证券投资规模并未明显削弱其主营盈利能力;而其他变量如公司的资产规模、资金周转率、经营现金流均对主营业务的增长有明显促进作用,尤其对于主业利润率高于行业平均水平的公司,其资金的规模和周转对主业的促进作用尤为明显。整体而言,非金融类公司开展证券投资业务会阻碍其主营业务的发展。在主业状况较强的情况下,开展证券投资业务可能更加阻碍主业的盈利增长;但对于主业表现不佳的公司,依靠证券投资业务也并未补足主营业务的增长短板,只是损害作用不明显而已。

表 3　　主营业务利润率与证券投资规模的回归分析

变量	(1)	(2)	(3)
security	−0.1431*** (0.0434)	−0.1856*** (0.0698)	−0.0021 (0.0621)
capital	0.0329*** (0.0046)	0.0689*** (0.0102)	0.029*** (0.0053)
cash	0.1679*** (0.0203)	0.1141*** (0.0381)	0.1327*** (0.0237)
debtrate	0.0064 (0.0047)	0.006 (0.016)	0.0082 (0.0042)
concern	−0.0429*** (0.0107)	−0.0426** (0.0191)	−0.036*** (0.012)
turnover	0.3216*** (0.0247)	1.31*** (0.0817)	0.1844*** (0.0224)
_cons	−0.1247***	−0.3264***	−0.1296***
nature	√	√	√
dummy_area	√	√	√
dummy_year	√	√	√
Housman test	230.57***	249.06***	99.66***

注:***、**、*分别表示显著性为1%、5%、10%。

(二)女性高管对非金融上市公司证券投资的影响

公司高管对公司的资金运作及业务决策有重要影响,要遏制各上市公司过度的证券投资倾向使其回归主业,公司高管的作用不可忽视,而女性高管在公司管理层中日益增长的趋势是否会在公司开展证券投资业务时发挥作用值得研究。模型二的结果如表 4 所示,同样的,回归结果(1)(2)(3)分别表示各行业不区分主营业务水平的全部样本公司、主营业务高于行业平均水平的子样本和主营业务低于行业平均水平的样本公司，并以行业为聚类标准误做检验，此外还考虑了前期主营业务利润率(*lprofit*)对当期证券投资的影响。从三个结果中可见，各行业广义女性高管比例的增加都不同程度地促进了非金融类上市公司的证券投资行为。从各行业全部样本的回归结果(1)中发现，女性高管占比增加1%会推动公司的证券投资业务显著增加约2.1%，而女性高管的其他个人特征中仅具备金融从业背景这个因素对公司的证券投资行为有较弱的抑制作用。公司特质中，资产负债比越高、资产规模越大的公司，其证券投资的意愿较弱；而股票市场的收益波动程度对企业的证券投资规模也有一定的抑制作用，前期主营业务利润率对当期证券投资规模影响并不显著。结果(2)和(3)区分公司主营业务盈利能力后，女性高管对公司证券投资规模的影响大致持平，且盈利能力较强的公司女性高管从事证券投资的意愿更为明显。

表4　　广义女性高管规模对证券投资业务影响的回归

变量	(1)	(2)	(3)
ferate	0.0209* (0.0103)	0.0249* (0.0128)	0.0228* (0.0129)
ln*feage*	0.0001 (0.001)	−0.0014 (0.0013)	0.0004 (0.0008)
feedu	0.0044 (0.0028)	0.0153** (0.0066)	−0.0027 (0.0031)
ln*fepay*	−0.0005 (0.0003)	−0.0006 (0.0004)	−0.0003 (0.0003)
festock	0.0006 (0.0028)	0.0041** (0.0017)	−0.0364 (0.0734)
finback	−0.0115** (0.0053)	−0.0327* (0.0168)	−0.0008 (0.0053)
cash	0.0081* (0.0047)	0.0102 (0.0105)	0.0068* (0.004)
debtrate	−0.0013** (0.0006)	0.0004 (0.0009)	−0.0029*** (0.0004)
lprofit	−0.0085 (0.0135)	−0.0274 (0.0265)	−0.0022 (0.0078)
capital	−0.0142*** (0.0028)	−0.0209*** (0.0054)	−0.0159*** (0.0022)

续表

变量	(1)	(2)	(3)
volatility	-0.008^{***} (0.0021)	-0.0139^{***} (0.0038)	-0.0094^{***} (0.0029)
_cons	0.0958^{***} (0.0139)	0.1397^{***} (0.0293)	0.1047^{***} (0.0135)
nature	√	√	√
dummy_year	√	√	√
Hausman test	FE	FE	FE
Sargan-Hansen	Chi-sq(12)= 3139.916^{***}	Chi-sq(12)= 871.407^{***}	Chi-sq(12)= 3430.956^{***}

注：***、**、*分别表示显著性为1%、5%、10%。

(三)稳健性检验

女性高管从事证券投资业务结果的稳健性和动机更加值得检验，以广义的女性高管作为代理变量进行的检验已经说明女性高管对证券投资有显著的促进作用。而狭义概念上的女性高管，即担任公司的董事长、总裁、总经理、首席财务官等职务的女性，在此将其统称为“女性CEO”，其对公司决策具有更加直接的影响力，将存在女性CEO的公司作为子样本可以用于检验结果的稳健性。由于女性CEO人数较少，此处的稳健性检验中女性高管规模这一指标的计算方法为女性CEO人数占公司CEO高管人数的比例，其他测度指标不变。同样以行业为聚类标准误，表5的结果(1)显示，存在女性CEO时，女性高管占比对证券投资业务的影响能力约2.58%，高于以广义女性高管为代理变量时的结果。由稳健性检验结果判断，女性高管尤其是女性CEO会导致上市公司更积极从事证券投资的结论是较为可靠的。

而女性从事证券投资业务的积极性除受个体差异因素影响外，可能与女性就业所处的社会文化环境密不可分。比如，各公司高管人员的任命可能因其企业股权性质的不同而导致性别差异较为明显，国有企业高管通常由政府直接委派，导致国有企业高管中男性比例普遍较高，且高管的各项决策一定程度上受制于其任命机构。而非国有企业尤其是民营企业高管的任命不受制于政府①,从而高管男女比例不受政府干预,女性高管的投资决策更加自由,对证券投资的影响可能也更加显著。表 5 的稳健性检验结果(2)以民营企业为子样本,各变量定义与表 1 一致,女性高管占比的增加对民营企业证券投资的影响显著增长到 6.56%。可见,在政治力量对高管任命影响较少的环境下,女性高管的影响力更强。

另外,同一公司中男女高管的背景特征差异导致公司整体运作环境的不同也将决定女性高管的影响力差异。将各公司广义女性高管的背景特征,包括年龄、薪酬水平、学历、持股、金融背景等指标的年度平均水平,以同年度内男性高管的各项均值为基准得到的百分比做替换,作为女性高管所处的竞争环境的代表进行检验。表 5 的稳健性结果(3)显示,以此口径控制高管特征后,女性高管规模对公司证券投资的影响力得以提升到 4.22%,且各类背景特征的影响力也变得显著。如相比于男性,女性教育水平和持股水平的提高均会促进公司的证券投资行为,而女性薪酬水平的提高会显著抑制女性从事证券投资的积极性。

表 5 稳健性检验

变量	(1)	(2)	(3)
ferate	0.0258* (0.0144)	0.0656** (0.0246)	0.0422* (0.0234)
ln*feage*	0.0021 (0.0107)	0.0031 (0.0026)	−0.0031 (0.0067)
feedu	−0.0018 (0.0057)	0.0017 (0.0081)	0.0026** (0.0012)
ln*fepay*	−0.0015 (0.0017)	−0.0016* (0.0009)	−0.023* (0.0121)
festock	0.0005 (0.0842)	0.0075 (0.0077)	0.0001** (0.0001)
finback	−0.0016 (0.0105)	−0.0059 (0.0224)	−0.0009 (0.0009)
cash	0.0132 (0.0089)	0.0162 (0.0095)	−0.0099 (0.0209)

① 参见吴文锋、吴冲锋、刘晓薇:《中国民营上市公司高管的政府背景与公司价值》,《经济研究》2008 年第 7 期。

续表

变量	(1)	(2)	(3)
debtrate	−0.0006 (0.001)	0.0017** (0.0006)	0.0114 (0.0109)
lprofit		−0.0197 (0.0173)	0.0008 (0.0245)
capital		−0.0151*** (0.0047)	−0.0237*** (0.0061)
volatility	0.0037 (0.0026)	−0.0094 (0.0072)	−0.0272*** (0.0065)
_cons	0.0175*** (0.0395)	0.1397 (0.0293)	0.1748*** (0.041)
nature	√		√
dummy_year	√	√	√
Hausman test	FE	FE	FE
Sargan-Hansen	Chi-sq(10)= 221.734***	Chi-sq(10)= 2220***	Chi-sq(11)= 72.431***

注:***、**、*分别表示显著性为1%、5%、10%。

从男女高管各类背景特征的统计中也可窥探出我国上市公司女性高管的竞争劣势。由表6对各年度女性高管背景的平均值及男女比的统计可见,2006～2016年间各非金融类上市公司女性高管的平均年龄在45～48岁之间,普遍小于男性高管的年龄;而拥有硕士以上学历的女性平均占比虽低于男性高管,但从2006年后基本呈逐年上升的态势;具有金融背景的女性高管比例虽不足10%,但与男性的金融背景基本持平,且在如2015年以后的两年超过男性高管。可以基本判断,跻身于上市公司高管行列的女性在自身能力方面并不逊色于男性,在如沟通能力等内在能力上可能更加出色。然而,在比较男女性高管的政治背景、持股和薪酬水平等待遇性指标时发现,女性高管任职政府机构的比例仅在2011～2013年之间与男性高管基本持平,而大部分时期其政治地位远低于男性高管。而且女性高管获得的平均报酬也远不及男性高管,其中女性持股比例在如2007年、2016年等年度仅为男性持股的30%;女性高管的平均薪酬虽有逐年递增的趋势,但各年度仅为男性高管薪酬的70%～80%。可见,在各上市公司的管理层中,虽然因管理职位差异会导致工作报酬有一定的差距,但总体而言女性高管在待遇方面仍处于弱势地位。

表 6　　高管主要背景特征性别差异统计

年份	年龄	学历水平	金融背景	政治背景	持股比例	平均薪酬
2006	44.72	0.11	——	——	0.00	97592.77
	94.87%	74.95%	——	——	39.38%	81.48%
2007	45.14	0.12	——	——	0.00	134978.70
	94.98%	74.04%	——	——	28.60%	78.10%
2008	45.13	0.13	0.09	0.10	0.00	145827.30
	94.20%	78.31%	101.41%	69.08%	69.43%	78.82%
2009	45.44	0.14	0.07	0.11	0.00	167119.40
	93.88%	78.43%	85.55%	77.72%	85.97%	78.05%
2010	45.66	0.16	0.08	0.13	0.00	196292.00
	94.13%	81.64%	89.51%	81.46%	66.54%	76.14%
2011	46.12	0.16	0.08	0.13	0.00	220855.20
	94.15%	79.84%	90.80%	92.28%	58.42%	75.02%
2012	46.44	0.16	0.07	0.13	0.01	225007.80
	93.69%	78.67%	90.78%	102.24%	70.11%	75.69%
2013	46.67	0.17	0.07	0.13	0.01	238220.60
	93.45%	80.40%	90.40%	96.41%	70.77%	76.46%
2014	46.83	0.18	0.07	0.11	0.01	253781.60
	93.11%	84.68%	92.24%	83.69%	79.08%	78.47%
2015	47.67	0.21	0.08	0.09	0.00	297207.80
	93.78%	85.62%	118.74%	77.59%	57.22%	72.12%
2016	48.16	0.17	0.05	0.05	0.00	290526.40
	93.44%	87.68%	109.19%	53.25%	32.82%	71.06%

女性在高管人才的竞争中凭借其不逊于大多数男性高管的自身能力而得以对公司的经营决策发挥重要作用,但比较女性高管的所得发现,其竞争性回报可能与其付出不相称。在这种高压环境下,女性高管更倾向于从事以证券投资为代表的高风险投资决策,以期获得较高的投资回报以证实自身才能。这也与 Weichselbaumer 和 Winter-Ebmer、Manning 和 Saidi 等关于女性在竞

争性环境下会努力缩小性别导致的报酬差异以及选择竞争性工作任务和更强的风险倾向①等众多研究结果吻合。

五、结论

本文在对非金融类上市公司的主营业务盈利能力和证券投资业务规模的关系的检验中发现，从事证券投资使公司的主营业务盈利增长率平均下降约14%；而主营业务盈利在同行业中较高的企业证券投资业务更加剧了其亏损程度，这与其公司通过短期收益弥补主业发展的意愿相违背。将女性高管的行为特质纳入证券投资规模的解释时发现，女性高管占比的增加加剧了公司的“不务正业”。女性高管没有遵从其风险厌恶的行为特质，而是一定程度上强化了公司的“不务正业”，且这种现象在盈利水平不同的公司普遍存在。

本文结论与现有文献中普遍认为的女性高管因风险厌恶等性格特质而避免从事证券投资等风险性较高的业务的观点有所不同，稳健性检验发现，其中的作用机制可能源于我国不同股权性质公司的高管任免制度差异导致管理者短视情况普遍，也与女性高管所处的竞争性环境等文化因素相关。进入高管职位的女性，作为职场中的佼佼者，自身工作能力和自我认同程度较高，属于“女强人”群体，但似乎并未获得与男性同等的酬劳，因此可能更急于展现自身的经营才能。而证券投资作为一种兼具高风险性、高挑战性和高收益性的业务，可以证明自己。当然，这些解释也仅仅是猜想，有待如实验经济学等更多的研究方法去佐证。这也可能是中国资本市场初级阶段一个特定的历史现象，也许就是一个谜。

［原载于《山东大学学报（哲学社会科学版）》2018 年第 6 期］

① See Weichselbaumer D., Winter-Ebmer R., “The Effects of Competition and Equal Treatment Laws on Gender Wage Differentials”, *Economic Policy*, 2007, 22(50), pp. 236-287; Manning A., Saidi F., “Understanding the Gender Pay Gap: What's Competition Got to Do with It?”, *Industrial & Labor Relations Review*, 2010, 63(4), pp. 681-698; Dohmen T., Falk A., “Performance Pay and Multidimensional Sorting: Productivity, Preferences, and Gender”, *American Economic Review*, 2011, 101(2), pp. 556-590.

文化资本与创新影响经济增长的时空差异性研究

杨友才　王　希　陈耀文

一、引言

众所周知,创新是引领发展的第一动力,是一个民族进步的灵魂,对国家经济增长起到了至关重要的作用。具体来说,创新是在原有的知识基础上突破技术或理念局限,用一种不同以往的新方式来生产新知识的过程。新经济增长理论认为,创新是促进经济增长和提高人民生活水平的主要驱动力,知识资本的积累为实现创新性价值的创造(譬如创新过程)奠定了极其重要的基础。在经济活动中将资源投入研发过程并产生新的知识,其特有的扩散过程就形成了经济增长机制的核心,而知识资本与技术资本的积累取决于文化要素的投入。例如,熊彼特指出创新就是价值观的创新,也就是说创新受到生活环境、文化观念的影响。① 此外,文化资本的外部性具有实现价值增值的功能。② 因此,可以将价值观的创新归结于文化资本的积累与增长。

经济增长的速度与质量不只是简单地取决于人力资本、物质资本,更受到文化资本的影响。如果一个地区或国家的经济没有建立在以文化资本的基础上,那么这个国家或地区的经济增长和社会发展就很难保持持续的和谐和稳

① 参见[美]约瑟夫·熊彼特:《经济发展理论》,郭武军、吕阳译,商务印书馆 1990 年版,第 35 页。

② 参见何一鸣:《文化资本、体制转轨与经济增长——兼及文化产业发展路径》,《产经评论》2012 第2 期。

定。转变我国现有的外延式扩张型的经济增长模式不仅仅要解决在经济活动中尤其是高新技术方面缺乏创新能力的问题,同时也要有效提高文化资本的投入。布尔迪厄将资本表现分为经济资本、文化资本和社会资本①三种基本类型,他认为资本不仅体现出以物质化以及身体化的形式不断积累而形成的劳动,还体现出一种潜在的生产能力,这种能力是一种以等量或扩大的形式来生产利润,进而强化或超越自身的能力。文化资本是资本表现的基本类型之一,在经济活动中投入文化资本,一方面可以直接促进经济增长;另一方面通过文化资本的投入优化与经济增长相关的各个生产要素,进而影响经济发展。文化资本不仅通过自身的资本投入直接促进经济增长,还通过对社会观念、行为习惯等潜移默化地影响并形成特定的社会制度,进而间接影响经济发展。此外,文化资本在积累的过程中可以转化为知识资本、人力资本,由此奠定创新基础,进而影响经济增长。

传统意义上的经济主要通过增加各种要素投入来实现经济增长,但在全球资源短缺和我国现阶段"三期叠加"的宏观经济形势背景下,经济增长的新常态就需要由增加要素拉动向依靠提高要素的配置效率转变。为此,中央指出各部门要大力支持"大众创业,万众创新",转变文化产业发展方式,推动经济发展。

二、文献综述

在研究文化资本与经济增长方面,国内外学者普遍认为文化资本投入有利于经济增长。文化主要通过作用于人的信仰与价值观来影响经济主体的行为,进而影响经济运行模式与金融发展后果。② Mariam Khawar 证实了经济增长与发展受到地域的影响,而文化具有地域渊源的特质,文化影响甚至在控制

---

① 社会资本反映人际关系的结构,是作为沟通个人和制度的中介而存在的,能够实现个人理性和社会理性的和谐。与社会资本相比较,文化资本更易受到习惯和场域等因素的影响并不断发生着各种变化,同时能够"转换"成其他各种形态资本的运动体。文化资本为创造良好的社会资本提供条件,文化资本是个人在社会中纵向拓展的工具,而社会资本则是个人在社会中横向联结的手段。

② See Guiso L., Sapienza P., Zingales L., "Does Culture Affect Economic Outcomes?", *Research of Institutional Economics*, 2008, 20(2), pp. 23-48.

当地的制度之后进而影响经济。① Beugelsdijk 和 Frijns 发现具有文化因素特征的个人主义越强的国家会更积极地投资外国资产,文化可以影响一个国家在全球市场的投资金额。② 而且,文化对社会经济效率将会起到直接甚至决定性的作用。③ 张佑林等认为大力发展文化可以通过资源转化、市场扩张等模式促进产业结构升级、提高人力资本,进而提高西安的经济发展水平。④ 金相郁等通过 C-D 生产函数分析了文化资本以高达 8.56%的贡献度影响当地的经济发展。⑤ 王云等基于 2004～2009 年省际面板数据,通过建立空间计量模型实证分析了我国文化资本投入与经济增长之间的关系,其结果表明,在考虑空间因素的情况下,文化资本对经济增长的影响显著增大,突显了文化资本作为经济发展投入要素的重要地位。⑥ 才国伟等通过统计分析地区间的文化程度与经济发展数据,发现两者之间具有高度相关性,文化程度高的地区经济发展水平往往较高,在此基础上采用两阶段最小二乘法实证分析文化对经济的作用,结果显示,文化显著促进经济增长。⑦

对于创新能力与经济增长的研究,人们更注重于技术创新与经济增长之间的关系⑧,但是创新不仅包括技术创新,还包括产品创新、管理创新等。增强

① See Khawar M. ,"The Impact of Culture on Economic Growth and Development", *International Advances in Economic Research*, 2016, 22(2), pp. 245-246.

② See Beugelsdijk S. , Frijns B. ,"A Cultural Explanation of the Foreign Bias in International Asset Allocation", *Journal of Banking and Finance*, 2010,34(9), pp. 2121-2131.

③ 参见[美]福山:《信任:社会美德与创造经济繁荣》,彭志华译,海南出版社 2001 年版,第 56 页。

④ 参见张佑林、王萍、陈朝霞:《文化产业推进西安城市经济转型发展的实证研究》,《经济与管理评论》2017 年第 3 期。

⑤ 参见金相郁、武鹏:《文化资本与区域经济发展的关系研究》,《统计研究》2009 年第 2 期。

⑥ 参见王云、龙志和、陈青青:《中国省际文化资本与经济增长关系的空间计量分析》,《南方经济》2012 年第 7 期。

⑦ 参见才国伟、刘继楠:《文化:经济增长的源泉》,《中山大学学报(社会科学版)》2016 年第 5 期。

⑧ See Kumar S. , Russell R. R. ,"Technological Change, Technological Catch-up, and Capital Deepening: Relative Contributions to Growth and Convergence", *American Economic Review*, 2002, 92(3), pp. 527-548;苏治、徐淑丹:《中国技术进步与经济增长收敛性测度——基于创新与效率的视角》,《中国社会科学》2015 年第 7 期;李苗苗、肖洪钧、赵爽:《金融发展、技术创新与经济增长的关系研究——基于中国的省市面板数据》,《中国管理科学》2015 年第 2 期;唐未兵、傅元海、王展祥:《技术创新、技术引进与经济增长方式转变》,《经济研究》2014 年第 7 期。

创新能力不仅有利于经济增长,也会促使制度结构转变为非均衡状态,从而引起经济社会的制度变迁,也就是说创新是经济增长和制度变迁的源泉,同时也是经济增长的首要动力。① Groshby 研究澳大利亚专利申请量与经济增长的关系时发现,无论是国内专利申请量还是国外专利申请量抑或是国内外专利申请总量都显著地促进了经济增长,但是不同类型的专利其作用大小在不同时期会有所不同。② 李宪印等以 28 个省及省区高校作为研究对象,发现了高校创新与区域创新之间存在着显著关系,起主要作用的因素是高校科研经费支出水平。③ 洪银兴提出创新驱动我国经济发展,创新驱动应该从外生转化为内生,要立足于自主创新,在关注创新驱动经济发展的同时更要注重协同创新,特别是知识创新与技术创新的协同。④ Zuber 和 Asheim 研究结果表明,区域金融创新应依托各区域的差异化知识来打造具有本地特征的创新平台,进而促进经济增长。⑤ 刘禹君等利用空间计量模型研究创新、创业与经济增长之间的关系,结果显示创新和创业水平的提高可以有效促进城镇居民消费,并呼吁重视创新驱动发展,进而培育出经济增长的新动力。⑥

对于文化资本、创新与经济增长三者之间的关系研究,主要有:李晋富从理论上论述了创新有助于经济增长,而创新能力的提高则取决于文化基础建设。⑦ 严成樑利用 2001～2010 年我国省际面板数据,研究了社会资本、自主创新和经济增长之间的关系。结果显示,社会资本积累显著促进我国的经济增长。这是因为社会资本的积累有利于知识生产,相对于低水平创新来说,社会资本更能促进高水平创新。⑧

---

① 参见陈建青、扬甦华:《创新、经济增长与制度变迁的互依性》,《南开经济研究》2004 年第 4 期。

② See Groshby M., "Patents, innovation and growth", *Economics Letters*, 2000, 76 (234), pp. 255-262.

③ 参见李宪印、于婷、刘忠花:《基于 EBA 模型的高校创新与区域创新的协同作用研究》,《经济与管理评论》2017 年第 2 期。

④ 参见洪银兴:《关于创新驱动和协同创新的若干重要概念》,《经济理论与经济管理》2013 年第 5 期。

⑤ See Zuber S., Asheim G. B., "Justifying Social Discounting: The Rank-discounted Utilitarian Approach", *Journal of Economic Theory*, 2012, 147(4), pp. 1572-1601.

⑥ 参见刘禹君、刘雅君:《创新、创业与居民消费倾向》,《财经论丛》2017 年第 2 期。

⑦ 参见李晋富:《经济增长、创新能力与文化建设》,《太原科技》2002 年第 2 期。

⑧ 参见严成樑:《社会资本、创新与长期经济增长》,《经济研究》2012 年第 11 期。

综上所述,无论单纯地从文化资本角度出发研究文化资本投入对经济的影响,抑或是仅仅研究创新对经济的作用,还是探讨文化资本投入、创新对经济的影响,以往的文献鲜有从时间与空间角度下实证分析各区域三者之间的关系。我国从一个贫穷落后的国家发展到 GDP 总量位于世界第二的大国,在不同的时段内各区域对文化和创新的重视程度不一样,并且随着时间的推移,其文化投资和创新能力也存在差别。基于此,探讨文化资本投入、创新对经济增长的长短期时空效应的差异性显得十分必要。

三、文化资本和创新对经济增长的时空差异性分析

(一)变量选择与数据来源

1. 核心解释变量

文化资本的衡量:采用国民收入核算方法,从消费、投资与政府支出三个方面出发,将文化资本投入定义为三者的加总,取对数表示为 ln*cult*。其中,消费是指居民文化产品的消费;投资是指文化产业的固定资产投资;支出是指政府财政中的文化支出。

创新水平的衡量:国内外学者主要从创新投入和创新产出两个角度进行衡量,本文借鉴刘禹君等的研究方法,从创新产出角度出发利用各地区专利授权量总量(发明专利授权量、实用新型专利授权量和外观设计专利授权量三者之和)代表各地区的创新水平,取对数为 ln*cult*,其中又将创新水平分为原创性创新水平和非原创性创新水平。[①] 原创性创新水平用发明专利授权量表示;非原创性创新水平用实用新型专利授权量和外观设计专利授权量之和表示。

2. 被解释变量

被解释变量为地区生产总值,并对其取自然对数,该数据以 1998 年地区生产总值为基期,根据 GDP 平减指数进行处理。

3. 控制变量

控制变量选取城镇化率、对外依存度、全社会固定资产投资、政府控制力度、第二产业比重与第三产业比重。具体如下:城镇化率是以城镇人口除以总

---

① 参见刘禹君、刘雅君:《创新、创业与居民消费倾向》,《财经论丛》2017 年第 2 期。

人口来表示，取对数记为 ln*urba*；对外依存度即对外开放水平，是以进出口总额占地区生产总值的比重来表示，取对数记为 ln*trad*；全社会固定资产投资包括文化领域的固定资产投资，本文为避免共线性，将全社会固定资产减去文化领域的固定资产投资，取对数记为 ln*inv*；第二产业比重与第三产业比重反映了我国经济产业结构，取对数分别记为 ln*indu*、ln*serv*。

具体指标、计算方法及数据来源如表 1 和表 2 所示。

表 1　　核心解释变量

<table>
<tr><th colspan="5">核心解释变量</th></tr>
<tr><th>变量</th><th>一级指标</th><th>二级指标</th><th>数据来源</th><th>计算方法</th></tr>
<tr><td rowspan="6">文化资本
lncult</td><td rowspan="4">文化消费</td><td>农村居民人口 x^1</td><td>《中国统计年鉴》</td><td rowspan="6">$x^1 \cdot y^1 + x^2 \cdot y^2 + z + s$，以 1998 年为基期进行折算</td></tr>
<tr><td>城镇居民人口 x^2</td><td>《中国统计年鉴》</td></tr>
<tr><td>农村居民在文化领域的人均支出 y^1</td><td>《中国统计年鉴》</td></tr>
<tr><td>城镇居民在文化领域的人均支出 y^2</td><td>《中国统计年鉴》</td></tr>
<tr><td>文化投资</td><td>文化领域的固定资产投资 z</td><td>《中国统计年鉴》</td></tr>
<tr><td>文化方面政府支出</td><td>文体娱乐行业的支出 s</td><td>《中国统计年鉴》</td></tr>
<tr><td rowspan="3">创新水平
lnpat</td><td>原创性创新</td><td>发明专利授权量 c^1</td><td>《中国统计年鉴》</td><td rowspan="3">$c^1 + c^2 + c^3$</td></tr>
<tr><td rowspan="2">非原创性创新</td><td>实用新型专利授权量 c^2</td><td>《中国统计年鉴》</td></tr>
<tr><td>外观设计专利授权量 c^3</td><td>《中国统计年鉴》</td></tr>
</table>

表 2　　被解释变量与控制变量

变量	指标	数据来源	计算方法
被解释变量			
经济增长 ln*gdp*	实际 *GDP*	《中国统计年鉴》	以 1998 年为基期进行折算

续表

变量	指标	数据来源	计算方法
控制变量			
城镇化率 ln*urba*	城镇人口数 y^1	《中国统计年鉴》	y^1/y^2
	全国总人口数 y^2		
对外依存度 ln*trad*	各地区进出口 x^1		x^1/x^2
	地区生产总值 x^2		
全社会固定资产投资 ln*inv*	全社会固定资产投资 x		$x-z$
	文化领域的固定资产投资 z		
第二产业比重 ln*indu*	第二产业产值 x		x/y
	国内生产总值 y		
第三产业比重 ln*serv*	第三产业产值 x		x/y
	国内生产总值 y		

长期以来，研究主流经济学理论的学者一般假定经济运行的空间是均质的，而经济活动在各区域之间是不相关，彼此独立的，所以很少考虑地理空间因素。而在实际经济运行过程中，研究经济运行规律时忽略地理空间因素是不符合经济研究的科学性和全面性的，并且经济环境是不断变化的，在变化的过程中会形成回波效应①与扩散效应②之间的因果循环现象。因此，在研究经济问题时考虑空间因素是十分必要的，本文在考虑时间与空间的情况下将分别构建无时空效应模型、时间效应模型、空间效应模型和时空效应模型来探讨文化资本、创新对区域经济增长的影响。

(二)空间相关性研究

采用 Moran's *I* 指数对各省份 *GDP*、文化资本投入、创新水平三者进行空间相关性检验，结果见表 3。在考察期内，三者的 Moran's *I* 指数均为正值，其中 *GDP* 在 1%的置信水平下显著，文化资本投入和创新水平都在 5%的置信

① 回波效应指经济活动正在扩张的地点和地区将会从其他地区吸引净人口流入、资本流入和贸易活动，从而加快自身发展，并使其周边地区发展速度降低。

② 扩散效应指所有位于经济扩张中心的周围地区，都会随着与扩张中心地区的基础设施的改善等情况，从中心地区获得资本、人才等，并被刺激促进本地区的发展，逐步赶上中心地区。

水平下显著，表明全国30个省份在*GDP*、文化资本投入、创新水平产出三个方面都存在显著的空间相关性。

表3　　空间相关性研究

空间相关性检验(2-tail test)									
年份	*GDP*			文化资本投入			创新水平		
	Moran's *I*	*Z*值	*P*值	Moran's *I*	*Z*值	*P*值	Moran's *I*	*Z*值	*P*值
1998	0.282	2.926	0.003	0.219	2.356	0.018	0.211	2.277	0.023
1999	0.287	2.973	0.003	0.212	2.292	0.022	0.205	2.211	0.027
2000	0.287	2.976	0.003	0.209	2.262	0.024	0.215	2.296	0.022
2001	0.288	2.977	0.003	0.201	2.190	0.029	0.201	2.172	0.030
2002	0.289	2.985	0.003	0.200	2.180	0.029	0.234	2.474	0.013
2003	0.288	2.979	0.003	0.204	2.219	0.026	0.249	2.604	0.009
2004	0.285	2.979	0.003	0.207	2.247	0.025	0.213	2.285	0.022
2005	0.285	2.952	0.003	0.199	2.167	0.030	0.228	2.420	0.016
2006	0.285	2.951	0.003	0.194	2.127	0.033	0.205	2.209	0.027
2007	0.285	2.952	0.003	0.198	2.156	0.031	0.225	2.380	0.017
2008	0.287	2.969	0.003	0.194	2.118	0.034	0.226	2.379	0.017
2009	0.285	2.951	0.003	0.186	2.050	0.040	0.268	2.759	0.006
2010	0.286	2.961	0.003	0.188	2.067	0.039	0.268	2.766	0.006
2011	0.282	2.927	0.003	0.194	2.119	0.034	0.316	3.194	0.001
2012	0.278	2.894	0.004	0.192	2.096	0.036	0.310	3.152	0.002
2013	0.277	2.890	0.004	0.191	2.087	0.037	0.293	3.010	0.003
2014	0.278	2.900	0.004	0.191	2.087	0.037	0.321	3.263	0.001
2015	0.281	2.922	0.003	0.189	2.070	0.038	0.333	3.373	0.001
2016	0.287	2.934	0.003	0.190	2.081	0.030	0.324	3.372	0.001

为进一步直观地考察区域间经济的空间集聚特征，可绘制每年的Moran散点图，因篇幅有限，本文只绘制了2015年ln*GDP*的Moran散点图(见图1)。从图中可看出，有21个省份位于一、三象限，只有9个省份位于二、四象限，说明区域间经济发展情况具有高度的空间集聚特征。

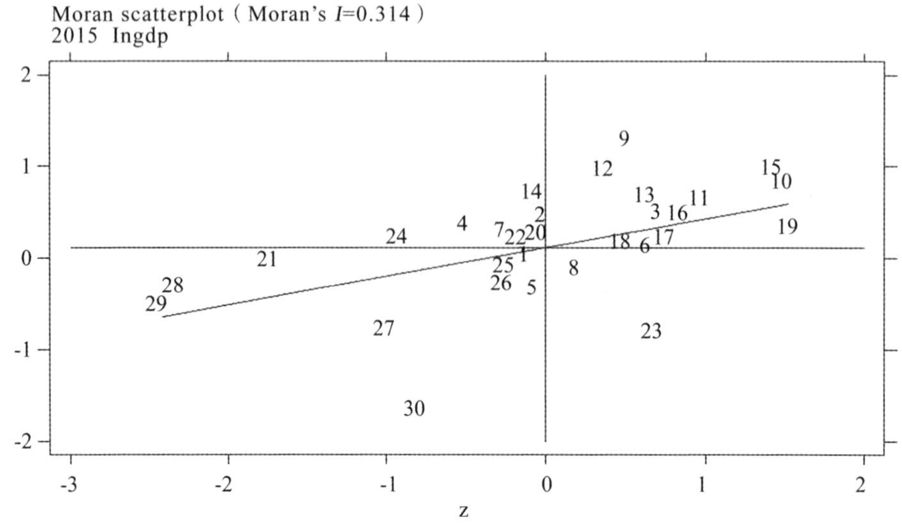

图 1 2015 年 GDP-Moran 散点图

(三)时空差异性分析

下面从时间与空间两个视角出发,通过对比分析普通面板模型、动态面板模型、空间面板模型、动态空间面板模型的优缺点。

由表 4 可知,普通面板模型与空间面板模型的 Hausman 检验的结果显示:在分析文化资本、创新对经济增长的影响时应选择用固定效应模型。虽然系统 GMM 模型在普通面板模型的基础上引入变量的滞后项解决了内生性问题,并且该模型通过了过度识别与二阶自相关性检验,但是在未考虑时间与空间因素的情况下,各解释变量对经济增长的影响不显著。在空间效应模型(空间自回归模型 SAR、空间杜宾模型 SDM、空间误差模型 SEM)下,Wln*gdp* 的系数在 1%的显著水平下都为正值,说明在不考虑时间因素的情况下,各地区的经济增长依赖于当期相邻地区的经济状况,相邻地区的经济发展将会带动该地区的经济。而且,三种空间效应模型对应的 R^2(0.9776、0.9836、0.9529)基本上优于普通面板模型的 R^2(0.9735),说明空间效应模型的拟合优度较佳。此外,在各种空间模型下,动态空间杜宾模型(SDM)的 Log-likelihood 值和拟合优度 R^2 是最大的,并且 AIC 检验值是最小的,表明动态空间杜宾模型是最优的。因此,在研究文化资本、创新对经济增长的时空效应时将采用动态空间杜宾模型的回归结果作为本文主要的分析依据。

表 4　　时空效应回归结果

lngdp	无时空效应	时间效应	空间效应			时空效应	
	固定效应面板模型	动态面板模型	SAR-RE	SDM-FE	SEM-RE	DSAR-FE	DSDM-FE
Llngdp		1.0243***					
Wlngdp			0.4132***	0.5663***	0.9528***	0.0438	0.1654**
LWlngdp						0.4027***	0.6263***
lncult	3.2504**	0.1009	1.7107***	2.0666***	1.2677***	1.7605***	1.9252***
lnpat	0.1194**	−0.0189	0.0823***	0.0640***	0.0867***	0.0582***	0.0545***
lnurba	0.0816	0.0314	0.0108	−0.0206	−0.044***	−0.0065	−0.0467*
lntrad	0.0062	0.0136	−0.0100	0.0083	−0.0095	−0.0070	0.0720
lninv	2.9045***	−0.1570	1.5051***	1.9354***	1.3015***	1.5333***	1.6951***
lnindu	0.3604	−0.0887	0.6620***	0.6645***	0.9763***	0.7422***	0.8265***
lnserv	0.2283	−0.0454	0.5477***	0.6109***	0.8118***	0.6233***	0.7466***
Wlncult				−0.0362			−0.8658***
Wlnpat				−0.0660***			−0.072***
Wlnurba				0.1436***			0.1720***
Wlntrad				0.0302**			0.0387**
Wlninv				−0.2496			−0.9803*
Wlnindu				−1.3358***			−1.371***
Wlnserv				−0.8587***			−0.994***
R^2	0.9735		0.9776	0.9836	0.9529	0.9836	0.9890
F	333.69***						
Log-hood			477.0607	634.8762	477.4602	624.8762	970.1604
Hausman	153.98***		11.54	75.26***	4.54		
AIC	−993.8282		−930.121	−1383.024	−930.920	−1228.58	−1403.52
AR(1)		0.2549					
AR(2)		0.0792					
sargan		1.0000					

注：＊＊＊为在1%显著性水平上显著，＊＊为在5%显著性水平上显著，＊为在10%显著性水平上显著。变量 Llngdp、LWlngdp 分别表示为 gdp 对数的滞后一期、gdp 对数的空间滞后一期；SAR-RE、SAR-FE、SEM-RE、DSAR-FE、DSDM-FE 分别表示为空间自回归固定效应模型、空间自回归随机效应模型、空间误差固定效应模型、动态空间自回归固定效应模型和动态空间杜宾固定效应模型。

根据表4中的时空效应模型—动态空间杜宾模型可知,经济增长的空间滞后项系数在5%的显著性水平下为0.1654,表明省际层面上的经济增长存在空间依赖性;时空滞后交互项系数在1%的水平下显著为正,系数值为0.6263,表明各地区经济增长受到前一期相邻地区经济增长的影响。因此,各地区之间经济增长不仅具有空间上依赖性,而且还存在时间上的路径依赖的特征,即邻里模仿、滞后效应较为显著。

当期文化资本投入与相邻地区文化资本投入都显著影响该地区的经济发展,系数分别为1.9252和-0.8658,说明当期文化资本投入能促进当期本地区的经济增长,但是相邻地区的当期文化资本投入却抑制当期该地区经济增长,体现了文化资本投入在空间上具有负向溢出效应。也就是说,相邻地区投入文化资本就会吸引教育、文化等相关产业、资源的流入,在一定程度与该地区形成竞争关系。同样,区域内的当期创新产出的系数为0.0545,显示促进当地经济发展,相邻地区的创新产出系数为-0.072,显示抑制相邻地区的经济增长。这是由于该地区的创新会吸引相邻地区高新技术产业从业人员或者高科技人才的进入,对该地区的发展造成冲击,说明创新在一定时期内具有一定的排他性。但创新产出对经济增长的作用皆小于文化资本投资对经济的作用,这可能源于创新更多地产生于知识密集型产业,在一定程度上依赖优质教育资源、完善的基础设施。所以创新产出较高程度地取决于文化资本的投入,创新对经济增长的作用会小于文化资本对经济增长的作用。

当期的全社会固定资产投资、第二产业比重、第三产业比重在1%的显著性水平下促进区域内经济增长,但对相邻地区具有负向溢出效应,表明中国省际存在着邻里资源、人才、资金的竞争。对外依存度对区域内经济增长作用不显著,但是在5%的水平上对相邻地区产生正向溢出效应,这是由于与国外进行贸易往来,需要大量的人力、物力,当区域内房价、物价、劳动力成本提高时,就会对相邻地区产生溢出效应。城镇化抑制区域内经济增长,但促进了相邻地区的经济发展,中国当前城镇化存在着“被城镇化”的现象,城镇化的速度过快,并没有促进经济增长。

以上是对空间面板杜宾模型的初步解读,但是空间计量模型中解释变量本身的系数并不能全部反映该变量对被解释变量的时空影响,因此,Pace和Lesage

提出采用偏微分的方法对溢出效应进行分解[①],将空间杜宾模型改写为:

$$Y=(E-\rho W)^{-1}\alpha I_N+(E-\rho W)^{-1}(X\beta+WX\theta)+(E-\rho W)^{-1}\varepsilon$$

其中,E 为单位向量,I_N 为 $N\times 1$ 的单位向量,ε 表示特定效应。在某时间点上 Y 关于第 i 个自变量从第 1 个区域到第 N 个区域的偏微分矩阵如下:

$$\left[\frac{\partial Y}{\partial X_{li}}\cdots\frac{\partial Y}{\partial X_{Ni}}\right]=(E-\rho W)^{-1}[E\beta_i+W\theta_i]$$

直接效应为上述等式右边矩阵中对角线上元素的平均值,间接效应为每行或每列非对角线上元素加总的平均值。估算直接效应和间接效应时可作如下分解:

$$(E-\rho W)^{-1}=E+\rho W+\rho^2W^2+\rho^3W^3+\cdots$$

为了准确并且全面分析文化资本和创新对本地区和相邻地区经济增长的影响程度,本文采用该种方法将时空效应分解为短期直接效应、短期间接效应、长期直接效应、长期间接效应,具体情况见表 5。

表 5　　时空效应分解

变量	长期效应			
	直接效应	间接效应	直接效应	间接效应
ln*cult*	1.9075***	−0.5961*	2.2440***	4.7157
ln*pat*	0.0526***	−0.0710***	0.0436***	−0.1523

根据表 5 中的时空效应分解可知:从短期来看,文化资本投入与创新产出对经济增长不仅促进区域内经济增长,还对其他地区具有负向空间溢出效应,即在省际层面上,文化投资和技术创新都对本地区的经济增长产生了直接的促进作用。由于各个省市在文化投资上具有资源的竞争性以及技术创新专利的保护性和排他性,文化投资和技术创新专利在区域之间存在竞争效应。从长期来看,文化投资对经济增长的直接效应大于短期直接效应,这表明文化对经济增长的促进作用随着时间积累而增加。文化资本只有经过长时间的转化、积累才能形成经济增长的动力,文化只有在不断的积淀中才能更好地释放其作用。创新对经济增长的长期直接效应小于短期直接效应,因为产品革新换代迅速,一个创新产品的影响力随着时间推移和新产品的诞生,其价值会逐

① See Pace R. K., Lesage J. P., "A Sampling Approach to Estimate the log Determinant Used in Spatial Likelihood Problems", *Journal of Geographical Systems*, 2009, 11(3), pp. 209-225.

渐减弱，并且对技术要求越来越高，创新理念愈来愈难突破，所以创新变得更加困难，这也是创新长期效应减弱的原因之一。

从间接效应来看，短期内文化对经济增长存在负向作用，但在长期却表现为正向促进作用。这除了省际层面空间上的竞争效应外，还表现为文化与其他生产要素的协调性，这一协调性随着文化的积淀而出现了正向的影响，但这一影响从长期来看不是很显著。同理，技术创新的间接效应除了空间上的竞争效应，在一定程度上还有熊彼特的“创造性毁灭”效应，随着时间的推移和延长，这一效应在逐渐消失，从短期的显著变为不显著。这一结论与最新的一些研究相一致。如叶阿忠等通过构建半参数面板空间自向量回归模型分析我国省际面板数据时发现，江苏省的创新对相邻山东省经济增长的冲击滞后一期是负的，虽然二、三期为正，但系数较小且四期后逐渐减小为零，自主创新在总体上对经济增长的时空滞后效应为负。①

四、基本结论与建议

基于 1998～2016 年的省际面板数据，在分析文化资本、创新和 GDP 的空间相关性的基础上，引进经济增长的空间滞后项和时空滞后交互项，构建动态空间计量模型来分析文化资本投入、创新产出与经济增长之间的时空效应。研究结果可归结为以下几点：

1. 区域内经济增长受相邻地区当期和前一期因素的影响，体现了各地区之间经济增长具有时空依赖性，表现为时间上的滞后效应、空间上的邻里模仿效应，且较为显著。

2. 文化资本投入与创新产出的增加对区域内经济增长具有显著的促进作用。这是由于本区域文化资本的投入与创新产出会吸引相邻或相近地区大量人才的进入、相关企业的入驻，与相邻地区形成人才、资源的竞争关系，故文化资本投入与创新产出存在空间上的负向溢出效应。

3. 文化资本投入与创新在长短期内的直接效应都促进区域内经济增长，但影响的系数大小存在差异，文化资本对经济增长的作用大于创新。二者的

① 参见叶阿忠、陈晓玲：《FDI，自主创新与经济增长的时空脉冲分析》，《系统工程理论与实践》2017 年第 2 期。

间接效应在长短期内也存在着差异性：文化投资的间接效应由短期的负向影响变为长期的正向影响，创新的间接效应无论长期还是短期都是负的，表现为竞争效应。

由于中国政治上“竞标赛制”的存在表现为经济上的资源竞争性和创新上的排他性，文化投资和创新对经济增长在长短期内的时空效应具有差异性。据此提出以下建议：

1. 加强技术创新在空间上的正向溢出性，打造技术创新强国。世界知识产权组织称，中国近两年专利数量不断增大，位于世界前三的位置，未来几年内在国际专利申请数量上可能赶超美国[①]，但是中国的技术水平与美国之间还存在很大的差距。科技向现实生产力转化能力不强，高新技术产业化程度不高，依然是制约我国经济发展的一大障碍。因此，应当继续加强对技术创新和高新科技成果产业化的宏观引导，通过技术创新加快新旧动能转换；通过高新技术产业园区和创客平台以及城市群等加强技术创新的空间溢出性；通过不断完善科技立法，加强国家创新体系建设，加强创新协作；通过重视和加强基础性学科的建设，不断完善科技中介服务能力，大力推动产学研，在关键高新技术领域取得重大突破。

2. 提高我国文化产业的有效供给，打造新经济增长点。尽管我国人均收入在不断增长，但我国文化消费占支出的比重仍然在10%左右，这与钱纳里的理论（当人均 GDP 达到 3000 美元左右时，居民文化消费支出与物质消费并重，应该占到总支出的 23%左右）不相符。因此，应通过相关产业与文化的融合，创新文化产业投资方式，提升文化投资效率，培养文化创意高端人才；通过信息网络、智能制造、虚拟现实、大数据、云计算、物联网、3D 打印等高新技术的广泛应用，提高文化领域科技创新。充分发挥数字文化产业的带动作用，推动文化与科技的深度融合。发挥数字文化产业引领性、创意性、融合性等特点，突破文化产业瓶颈，推动文化产业供给侧改革，培育新动能。挖掘特色文化，加强文化自信，提升文化凝聚力和聚集效应，提高文化核心竞争力。

［原载于《山东大学学报（哲学社会科学版）》2018 年第 6 期］

① 参见世界知识产权组织：《中国近两年或在国际专利申请数量上赶超美国》，http://world.huanqiu.com/exclusive.html，访问日期：2017 年 3 月 19 日。

文化企业研究

困境与突破:新旧动能转换背景下文化企业商业模式创新研究

潘爱玲　刘文楷　邱金龙

一、引言

党和政府高度重视文化产业发展,明确提出要推动文化产业成为国民经济支柱性产业。中共十九大报告提出“倡导创新文化”,并强调了“健全现代文化产业体系和市场体系,创新生产经营机制,完善文化经济政策,培育新型文化业态”的重要性。在实施新旧动能转换的新趋势下,文化产业欲实现跨越式成长,需要以知识、技术、人才等创新资源为基础,促进新业态、新模式的产生。商业模式创新作为推动文化企业成长的重要手段,对于改造和提升传统业态、培育新型文化业态、促进文化产业转型升级具有重要的意义。

目前关于商业模式研究的代表性观点主要有盈利观、价值观和交易观。[①]盈利观下的商业模式以追求经济利润为目标,商业模式类似于企业的盈利模式,这一概念不能全面反映商业模式的真正内涵。价值观下的商业模式强调其价值创造的功能,代表性文献包括:Shafer 等认为商业模式包括企业的战略选择、价值网络、价值创造和价值分享与获取[②];Johnson 等提出商业模式的四

① 参见李端生、王东升:《基于财务视角的商业模式研究》,《会计研究》2016 年第 6 期。

② See Shafer S. M., Smith H. J., Linder J. C., “The Power of Business Models”, *Business Horizons*, 2005, 48(3), pp. 199-207.

因素模型,包括顾客价值主张、盈利模式、关键流程和关键资源①;原磊认为商业模式由价值主张、价值网络、价值维护和价值实现四个因素构成。② 交易观的商业模式以提高交易效率、实现交易价值为目标,如 Amit 和 Zott 认为商业模式是企业以捕捉商机和创造价值为目的而设计的活动系统,该系统由交易内容、交易结构和交易治理构成。③ 总之,学术界关于商业模式的内涵及构成要素的研究尚未达成共识,但基于商业模式的盈利观、价值观和交易观可以看出,价值创造是商业模式的本质。

文化企业不同于传统制造业企业,其提供的产品和服务需要为顾客创造体验价值和精神享受,这是文化企业核心竞争力的关键,也是其价值创造的目标。梳理已有研究,对文化企业商业模式价值创造逻辑的探讨有待深入,专门针对文化企业商业模式的历史演进、创新困境以及突破路径进行研究的文献较少。基于此,本文首先从价值链、价值环、价值网等三个维度探讨文化企业商业模式的价值创造逻辑,而后在剖析文化企业商业模式创新困境和成因的基础上,提出突破创新困境的具体路径。

二、文化企业商业模式的价值创造机理

商业模式的本质和核心是价值创造。文化企业商业模式是文化企业适应内外部生态环境变化,顺应人们对生活品质的美好追求,整合资源和流程,为顾客创造体验价值和精神享受,实现企业价值增值和盈利回报的模式。文化企业的价值创造不仅包含价值链方向从供给到需求的单向增值,而且包括消费者需求导向下的价值循环和共创,以及价值网络内部各节点互动融合所带来的价值增值。以下基于价值链、价值环、价值网三个维度对文化企业的价值创造逻辑和机理进行探讨。

---

① See Johnson M. W., Christensen C. M., "Reinventing Your Business Model", *Harvard Business Review*, 2008, 87(12), pp. 52-60.

② 参见原磊:《商业模式体系重构》,《中国工业经济》2007 年第 6 期。

③ See Amit R., Zott C., "Value Creation in E-business", *Strategic Management Journal*, 2001, 22(7), pp. 493-520.

(一)价值链维度的文化企业价值创造机理

价值链理论认为,价值链涵盖了企业生产经营涉及的所有价值活动,通过企业价值链优化、重构等方式可以实现企业价值活动和商业模式的创新。首先,文化创意的策划是文化企业价值链的开端。增加文化创意的知识含量、实现创意内容的创新是文化企业价值创造的重要内容。借助互联网平台,文化企业可以快速集成并整合创意类资源,深度挖掘创意内容,从而有助于促进文化产品内容的创新。其次,文化产品的生产是文化企业价值链的第二阶段,这一阶段的价值增值主要在于文化信息载体的多样化。文化企业结合互联网等信息技术,可以创造多种满足消费者需求的新媒体形态,多途径地承载文化产品与服务。在这一阶段中,促进文化与科技的融合,提高文化产品的科技含量,有助于增强文化产品的体验性。例如雅昌艺术网充分运用现代云存储、云计算等信息技术,创造了数字博物馆、互动社区、互联网数字分享等多种媒体形态,为艺术品投资者及爱好者提供丰富、及时的艺术界资讯,从而成为获取艺术资讯的首选媒体平台。再次,文化产品的营销推广与渠道传播是文化企业价值链的第三阶段,在这一阶段 PC 互联网和移动互联网成为众多文化产品传播的重要平台,文化产品借助互联网实现了营销模式的创新和价值增值。例如,以文化演艺为主业的宋城演艺逐步将线下文艺演出整合至互联网,利用互联网拓展企业文化产品的影响范围,吸引潜在消费者,提高市场知名度。最后,文化企业价值链的终端是文化产品的消费,其价值增值主要在于消费方式、消费内容的多样化,体现出文化产品的情感附加值。例如 5D 电影的产生将一般功能性的文化消费逐渐转变为娱乐体验性消费,引导了消费方式及内容的转变,从而实现文化消费阶段的价值增值。

(二)价值环维度的文化企业价值创造机理

以消费者体验为核心的价值共创理论强调了消费者在企业价值创造中的重要地位。价值环模式是基于消费者的需求不断调整价值活动的价值创造模式,需求变化对文化产业供给侧结构性改革和文化产品创新具有倒逼效应。文化企业作为以创意为核心、以内容为主体、以满足消费者精神享受为目标的服务性行业,消费者的品位和消费理念会决定企业价值增值的幅度,消费者需求会反向渗透到文化创意的生成、文化产品的生产与传播等环节,从而实现消费者需求引导下的价值创造。随着网络媒体的发展及应用,创意内容的策划者、文化产品的生产者及消费者等角色的界限相对模糊,文化产品的消费者也可能成为文化创意的策划者,且各社会化营销平台、互联网平台为文化产品策划者、生产者和消费者的融合创造了条件,形成了"文化产品创意—文化产品生产—文化产品传播—文化产品消费"双向促进的价值循环。因此,文化企业在进行商业模式的设计时,应以消费者需求为价值导向,借助互联网平台的功能优势,根据消费者的需求来定制价值活动内容,从而实现文化企业商业模式的动态创新。例如,阿里巴巴成立的"娱乐宝"既是对影片的"众筹"融资,也是对投资影片的市场调研,并通过了解消费者的潜在需求,判断影片投资的潜在价值。而腾讯集团从 QQ 到微博再到微信,也是根据消费者不断变化的多样化需求进行了社交平台的迭代升级,从而有效实现了商业模式的动态创新。

(三)价值网维度的文化企业价值创造机理

随着信息化、全球化时代的到来,企业间的价值网络逐步形成,人们逐渐认识到利用价值网络来提升企业创新能力和市场竞争力的重要性。基于此,文化产业内部相关子行业的资源整合以及文化产业与其他产业的跨界融合形成了文化企业的价值网络,而价值网络内部各节点的互动融合为文化企业商业模式创新带来了新的方向,成为文化企业价值创造的高端形式。现在围绕互联网平台形成了一种持续组合的价值网络,"互联网+文化产业"带来一种新的可能,就是价值链的反向延伸和价值网内各节点之间的纵横交错。既可以实现从线下到线上的转型,也可以实现从线上到线下的延伸,还可以实现产业之间的跨界互动和多向交融。今后文化产业的产业链条不再是单向的,也不局限于双向的,而可能是多向延伸和循环,形成网状价值结构。迪士尼集团从卡通形象到广播影视再到主题公园和玩具制造,实现了其价值链的多向延伸,促成了全产业链商业模式的产生,从而实现了价值的多重增值。

文化企业可以积极贯彻"文化+"战略,实现"文化+科技""文化+地产""文化+旅游""文化+金融""文化+制造"等产业融合,在主业稳定的前提下适度多元化,从而拓宽文化企业的盈利范围和价值创造空间,或者在原有主业市场饱和的情境下,利用跨界融合塑造新的文化业态。以腾讯公司入股华谊兄弟为例,华谊兄弟拥有丰富的影视剧内容、明星资源,而腾讯庞大的社交平台可有效盘活华谊兄弟沉淀的资源价值,所以腾讯入股华谊兄弟有助于腾讯登上国内影视内容版权的高地，而华谊兄弟也可以凭借腾讯成熟的社交平台及庞大的用户群体形成以粉丝经济为核心的互联网娱乐产业布局，进而实现其业务的多元化发展。又如，上市公司华侨城A与落星山科技的并购实现了文化与科技的跨界融合，华侨城A在主题公园竞争激烈的背景下重新进行战略定位，将文化科技作为主营业务板块的重要组成部分；落星山科技在互联网科技领域拥有成熟的管理团队、专业的技术人才以及丰富的开发经验，能够提供文化创意、主题旅游、科技创新于一体的产业链整合方案。所以，华侨城A与落星山科技的战略结合，很好地实现了文化与科技的融合，推动了华侨城A的战略转型。可见，文化产业内部关联子行业的融合以及文化产业与其他产业的跨界融合有助于实现文化企业商业模式的多元化发展。

三、文化企业商业模式的演进及类型梳理

（一）文化企业商业模式的形成

20世纪70年代中叶以前，我国文化体制改革处于萌动阶段，文化市场的概念尚未建立。直到1978年中共十一届三中全会后，我国确立了对内改革对外开放的政策，文化产业发展逐渐从“自发”到“自觉”，至2000年，文化产业改革步伐加快。但由于经济发展、公众思想观念等因素的制约，这阶段我国文化产业尚处于政府主导的初级发展阶段，大多国有文化经营单位仍属于事业单位性质，产业属性不明显，因此这阶段并未形成成熟的商业模式。2000年10月，中央正式文件首次提出“文化产业”的概念，意味着中国已经承认与认可文化产业在经济发展中的地位，填补了产业经济领域的概念空白，也对推动文化体制改革和文化产业加速发展起到了关键作用。2003年，中共十六届三中全会明确提出经营性文化单位要创新体制、转换机制，除少量保留事业性单位之外，绝大多数国有文化事业单位都要进行转企改制。2007年中共十七大召开至2009年，国有经营性文化单位转企改制的改革范围继续拓宽。在这一阶段，文化企业商业模式才逐渐开始形成。但由于互联网技术尚未发育成熟、技术创新能力较弱以及市场竞争程度较低等原因导致文化企业商业模式较为单一，以发展传统业务为主的单一商业模式较多。

(二)现阶段文化企业商业模式的类型

2010年肇始特别是中共十八大之后,国家出台了多项支持文化产业发展的政策措施,政策红利推动了资本、技术、人才等资源向文化产业流动,文化产业不再被简单线性规划为量的扩张和外延式增长,而是开始质的提升和内涵式成长。信息技术的发展乃至互联网的普及为文化创意的产生,文化产品的制造、传播及消费提供了广阔的技术空间[①],消费者对文化产品个性化、多元化的需求也逐渐增多。同时,互联网形成了一个无边界的信息平台,打破了企业间、行业间及发展区域间的信息壁垒,文化企业倾向于进行跨产业、跨行业和跨地域的跨界融合,从而实现全网布局、多领域扩张。[②] 在政策的引导及市场竞争的推动下,企业家开始意识到以跨界融合为导向进行商业模式创新的重要性,尝试进行商业模式的变革。结合上市文化企业公告、案例分析和市场调研,我们总结出现阶段我国文化企业较为典型的四种商业模式类型:泛娱乐式、平台式、产业链式、生态圈式的商业模式。它们从不同角度或多个角度体现了价值链、价值环、价值网的文化企业价值创造逻辑。

1.泛娱乐式商业模式

"泛娱乐"式商业模式主要基于互联网与移动互联网的多领域共生概念,着力打造明星IP(Intellectual Property,知识产权)的粉丝经济,其核心是IP。邢华认为泛娱乐式商业模式是产业融合的结果,多种模块有机组合、互融共生,为价值创造奠定了基础。[③] 在泛娱乐式的商业模式下,文化IP是商业模式创新的基础,并依托互联网,实现影视、文学、动漫、游戏、音乐、戏剧、实景娱乐等多领域的结合,最终实现文化企业的价值创造和价值实现。华谊兄弟就是该类商业模式较为典型的案例,它就是以文化创意为核心,融合了影视、游戏和实景娱乐等板块,其最终目标是构建泛娱乐帝国。

2.平台式商业模式

平台式商业模式是基于互联网平台,为了满足消费者日趋多样化、个性化

---

① 参见丁伟:《我国文化产业发展的特色思考》,《华中师范大学学报(人文社会科学版)》2008年第4期。

② 参见李凤亮、宗祖盼:《科技背景下文化产业业态裂变与跨界融合》,《学术研究》2015年第1期。

③ 参见邢华:《文化创意产业价值链整合及其发展路径探析》,《经济管理》2009年第2期。

的消费需求而产生的。文化企业利用互联网平台的共享优势，及时、全面地掌握并分析消费者的市场需求，并有效整合各类供应商、营销商资源，进而有针对性地提供文化产品与服务，从而实现价值创造、价值传递和价值实现。上市公司省广股份(广东省广告集团股份有限公司的简称)作为国内最早成立的一批广告类文化企业，广告设计、营销推广等资源相对充足，运营经验丰富，品牌形象良好，具有品牌管理、数字营销、全媒介营销、内容营销、场景营销、自有媒体六大业务板块。基于此，该企业构建了“全业务营销平台”，整合行业内优质营销资源，为客户提供各类创新产品及全面的解决方案。平台式商业模式的运用，有助于其全面、有效地识别客户的消费需求，并深度聚合营销行业的优秀服务供应商。如该企业通过平台信息的发布吸纳各类优质团队，成功地打造了湖南卫视综艺节目《歌手》。

3. 价值链式商业模式

价值链式商业模式是基于波特的价值链理论，通过整合产业链上下游企业的优势资源，实现文化创意策划、文化产品生产、文化产品传播和文化产品消费于一体的商业模式。① 为了弱化单一价值链对企业发展的束缚作用，越来越多的文化企业通过资源整合、延伸价值链，从而完成全面战略布局。例如，万达院线与华谊兄弟的排片之争印证了延伸价值链的必要性。华谊兄弟的电影《我不是潘金莲》在万达院线排片遭“冷遇”，万达院线由于“抵制”华谊兄弟的影视作品，从而影响了影片的票房收入，说明万达院线的单一价值链限制了企业的成长。由此，万达院线开始由院线逐步向上游的影视制作进行价值链的延伸。

4. 生态圈式商业模式

这种商业模式融平台与内容为一体，是泛娱乐式、平台式和价值链式商业模式的升级类型。在这类商业模式中，基于互联网技术的广泛运用，多个相关的业务模块经过有机协同形成生态系统，同一生态系统的各个业务模块互融共生、相互依赖，从而有助于降低交易成本、提高资源配置效率，最终实现网状的多元价值创造。互联网巨头“BAT”(百度、腾讯和阿里巴巴)以互联网为依托，逐步布局生态圈式商业模式。图 1 列示了腾讯集团的生态圈式商业模式。

① 价值链式商业模式与泛娱乐式商业模式的区别在于，价值链式商业模式是文化企业将价值链上的各个环节整合至企业内部，各个环节间是纵向延伸的关系；而泛娱乐式商业模式可能存在于文化创意策划等一个或两个环节，各组成模块之间的纵向延伸关系相对较弱。

腾讯集团秉承“通过互联网服务提升人类生活品质”的使命,以“连接一切”作为企业的战略目标,提供社交平台与数字内容两项核心服务,以社交工具(QQ、微博和微信)为基础,形成较为稳定的潜在客户群,再通过大数据分析发掘客户需求,衍生出以文化创意为核心的互动娱乐事业群,致力于为用户提供包括网络游戏、文学、动漫、戏剧、影视等在内的多元化、高品质综合型互动娱乐体验。

有必要指出的是,尽管上述四种商业模式比较典型,但部分国有文化企业完成转企改制的时间较短,尚未成长为真正的市场主体,仍选择发展以原有传统主业为主的单一商业模式,经营危机日益显现,这种现象在演艺、报业、有线电视等行业较为突出。

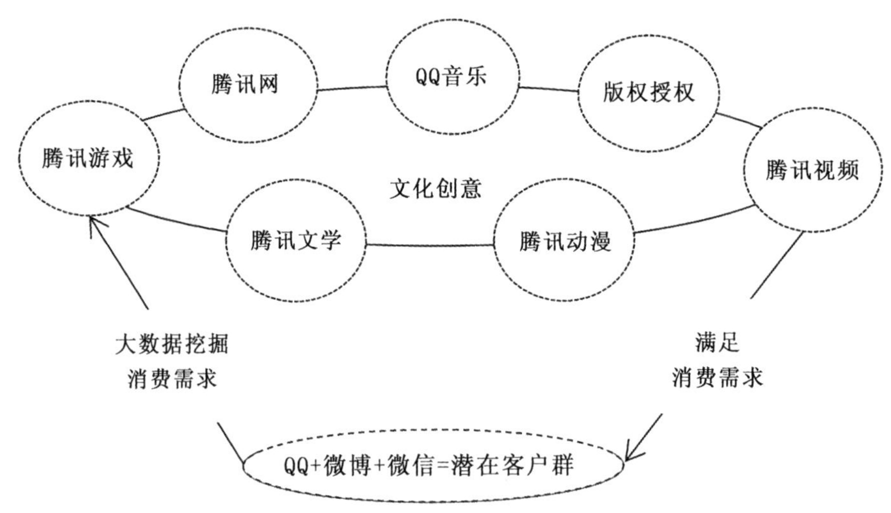

图1　腾讯融内容与平台为一体的生态圈式商业模式图

资料来源:作者根据腾讯集团官网信息整理绘制而成。

四、文化企业商业模式创新困境及成因解析

我国文化企业商业模式虽然经历了从单一到多元化发展的演变,但在创新方面仍然面临诸多问题和困境,这对文化产业新动能、新业态的培育以及文化产业国际竞争力的提升非常不利。因此,必须深入剖析这些创新困境及其原因,以便找到突破路径。

(一)文化企业商业模式的现存问题和困境

1. 跟随模仿严重,内容原创不足

目前我国很多文化企业处于商业模式借鉴、模仿和跟风阶段,存在着较为明显的"羊群效应",原创性的商业模式较少,进而引发文化企业间的同质化竞争,造成文化资源的浪费。例如,在"文化产业园区建设"的热潮下,各地区文化产业园区蜂拥而至,大多园区功能定位类似、缺乏比较优势,从而导致重复建设。又如,2016 年 AR(增强现实)游戏《口袋妖怪》获得众多游戏玩家的好评,诱发国内众多游戏运营商向 AR 谋篇布局,其中包括规模较大的网易、新浪以及规模较小的其他游戏企业。但在 2017 年,AR 类游戏由于存在社会风险,国家新闻出版广电总局不再接受该类游戏的审批,政策限制导致大量沉没成本的产生,企业经营风险增大。

2. 路径依赖明显,商业模式僵化

相对于文化产业内的其他行业,我国报业、出版、广电等传统文化企业发展历史较长,各个区域已经出现龙头企业,基本形成寡头垄断的产品市场。① 这类企业路径依赖现象严重,仍然不断强化原有的传统主业,适应互联网和大数据环境的新业态培育和商业模式创新步伐迟缓。虽然有一些传统文化企业如湖南的电广传媒与中南传媒、江苏的凤凰传媒、浙江的浙报传媒等都进行了跨界融合,但仍有不少企业缺乏新旧动能转换意识,抱残守缺,保持以发展传统主营业务为主的单一型商业模式,收入来源过于依赖传统主业。这类企业在互联网的冲击下,已经面临严重的经营危机。以有线电视企业为例,有线电视与互联网运营商间的市场竞争逐渐加剧,在互联网技术的冲击下,有线电视网络企业的客户逐渐流失,用户主体呈现"老龄化"趋势,用户的数量成为制约其可持续发展的瓶颈。部分出版、报业等传统媒体虽然也实施了数字化转型,但这种数字化转型基本等同于网络化改造,而非借助技术平台进行跨行业、跨产业乃至跨区域扩张。② 实际上,将传统的纸质报刊内容以新闻网站的形式呈现,将报刊的线下竞争转化为网络竞争,并未实现真正意义上的创新。

---

① 参见潘爱玲、邱金龙:《我国文化产业并购热的解析与反思》,《华中师范大学学报(人文社会科学版)》2016 年第 5 期。

② 参见石磊:《报业数字化转型的商业模式构建》,《西南民族大学学报(人文社会科学版)》2010 年第6 期。

3. 文化技术落后，价值链条过短

文化产业提供的是精神产品，满足的是精神享受。随着互联网和数字技术的进步，人们对文化产品的需求也不断升级。目前，我国很多文化企业没有把握大众日趋变化的精神需求趋势，在文化产品制作过程中，仍然沿用传统落后的技术手段，很难满足年轻人在互联网时代对文化产品的个性化和多元化追求。不少文化企业过度追求规模经济，满足于文化产品的大规模批量生产，产品和服务太过雷同，文化衍生品较少，价值链条过短，多样性的价值创造失去了源头。

4. 主业摇摆不定，盲目跨界失败

通过跨界融合实现商业模式的创新乃至新旧动能的接续转换，是文化产业转型升级的重要路径。但是，有些文化企业完全忽视主业和自身整合能力，盲目进行拼盘式跨界并购，涉足不熟悉领域，寻求商业模式的转型，结果不仅失去了主业，而且造成严重的价值毁损。稳定的主营业务、源源不断的创意资源是文化企业立足的根本，若缺乏创意资源及主业的支撑，盲目追求拼盘式的跨界并购将无法实现协同效应，主业发展所需的资源也会受到制约，进而引发企业的经营危机。

(二)创新困境的根源剖析

造成文化企业商业模式存在上述问题和困境的原因很多，主要表现在以下几个方面：

1. 危机意识淡薄，原创能力不足

商业模式创新形成的文化产业新动能具有业态多元化、产业融合化、发展个性化等特征。而我国许多国有文化企业的高管危机意识和市场竞争意识淡薄，对新旧动能转换政策和市场需求趋势认识不足，忽视文化消费的个性化、小众化需求，应对互联网冲击的能力低下，商业模式原创能力不足。

2. 人才严重匮乏，激励机制僵化

我国文化创意人才紧缺，既熟悉文化产业运行规律又具有丰富管理经验的人才匮缺，而国有文化企业僵化的人才选拔机制和激励机制也是造成其商业模式创新动力不足的重要原因。部分来自行政事业单位和行政机关的高管人员，角色转换较慢，经营管理经验不足。另外，国有文化企业传统的薪酬激励机制也无法适应文化市场和文化消费变化的趋势，无法发挥对商业模式创新的激励作用。

3.战略定位缺失，决策程序随意

许多文化企业没有形成现代企业制度，缺乏战略规划和顶层设计，不能准确把握互联网和大数据时代文化产业运行规律，在经营过程中缺乏科学的决策程序，随意性太强，在转型过程中无所适从或盲目跨界导致转型失败。

4.忽视核心资产，产权保护不力

文化产业是典型的轻资产行业，固定资产占比较低，其最关键的资产是创意、版权等无形资产。而我国很多文化企业忽视了核心资产在商业模式创新中的价值，对版权、制作权、发行权、IP 等无形资产的重视、开发、保护和利用远远不够，无形资产价值在商业模式创新中的作用远远没有得到充分发挥。同时，我国产权保护力度较弱，企业间模仿、剽窃的成本较低，也是商业模式跟风模仿、原创不足的重要原因。

5.隐性壁垒尚存，跨界融合受限

从宏观角度来看，目前各级政府仍然存在地方保护主义，对文化企业行政干预较多，文化企业跨行业、跨区域兼并重组受到限制，民营资本进入壁垒较高，这些问题都阻碍了文化资源的整合、文化要素的优化配置和多元文化资本的实质性融合①，不利于文化企业商业模式的创新。

五、文化企业商业模式创新的突破路径

突破文化企业商业模式创新的困境，必须营造和改善商业模式创新的内外部生态环境，在深入把握文化产品和服务特点的基础上，从思维观念、人才机制、文化科技、IP 开发、混改经营、政策体制等各个方面进行认真探索。

（一）树立开放理念，满足多维需求

中共十九大报告指出，新时代我国社会主要矛盾已经转化为人民日益增长的美好生活需要和不平衡不充分的发展之间的矛盾。美好生活更重要的是体现在人们对文化消费和精神生活的追求。而文化产品不同于物质产品，需

---

① 参见潘爱玲、邱金龙、闫家强：《“三跨”并购与文化企业综合竞争力提升研究》，《山东大学学报（哲学社会科学版）》2016 年第 3 期。

要满足人们的兴趣、审美、心理以及灵魂需求,需求空间有很大弹性。这就要求文化企业的经营管理层打破原有的从供给到需求的思维惯性,树立开放性理念、创新思维和共享理念,善于洞察人们心底里对文化产品的深层次精神渴望,把握个性化、定制化的消费需求,追求长尾经济效应。

(二)创新人才机制,增强原创动力

文化企业的核心在于文化创意,其创新发展始终离不开文化创意人才,也离不开谙熟文化产业运行规律的管理人才。随着文化产品市场竞争日趋激烈,民营文化企业的市场占有率逐步提升。改革国有文化企业高管选拔机制和创意人才的激励机制,激发国有文化创意团队和管理团队的主动性与创造性,增强其组织自尊感和社会责任感,这是实现文化企业商业模式创新的基本条件。与民营文化企业相比,国有文化企业需要完善智力要素集聚流动机制,高度重视人才培养和选拔,设计合理的激励方案以保障核心人才的稳定性,这对实现文化企业价值创造、推动文化企业商业模式创新非常重要。民营企业多样化的股权激励方案值得借鉴。以华谊兄弟为例,华谊兄弟以 7.56 亿元人民币收购东阳浩瀚公司 70%的股权,其本质是对影视明星的变相激励,将公司与具有潜力的影视明星进行捆绑;在华谊兄弟与万达院线就“排片”问题产生争议时,知名导演冯小刚敢于表示抗议,不仅由于其作为影片导演的角色,更是由于华谊兄弟收购了冯小刚的公司——东阳美拉。由此可见,华谊兄弟通过并购的形式对影视明星的激励作用初显成效。随着文化企业改革的深化和制度的完善,国有文化企业的股权激励方案具有了一定的制度基础。2015 年、2016 年省广股份两次实施了股权激励方案,在整个广告行业下行的态势下逆势上扬,营业收入和净利润的大幅提高离不开股权激励方案的有效实施。

(三)提升数字技术,延伸价值管理

参与、互动和体验,是文化消费不同于物质产品消费的重要特点。互联网和数字技术的迅猛发展,改变了人们的生活方式和消费方式,传统的文化业态难以适应新时代的市场需求,迫切需要加快文化与科技的深度融合,运用大数据和数字科技满足人们的多维精神需求。互联网平台为资源整合和流程重构提供了平台,也为价值链的多维度延伸提供了无限可能。迪士尼、好莱坞等著名公司的经验表明,衍生品开发是实现价值增值的关键,通过互联网平台、数字技

术加内容创新实现商业模式升级是不可逆转的趋势。因此，文化企业必须加快文化设备更新，实现数字技术创新。只有站到数字化和网络化平台上，才能实现与各种文化消费终端的无缝对接，才能生产出更多高附加值的文化产品。

（四）引入民营资本，发挥鲶鱼效应

随着经济体制改革的深入，民营企业逐步成为经济发展新动能的动力源泉。因此，引入民营资本，发挥其鲶鱼效应是促进文化企业新旧动能转换和商业模式创新的重要手段。黄速建认为混合所有制改革具有制度正当性，能够激活公有制经济的活力；同时，能够改善企业的公司治理机制，增强企业的内部监督，降低"一股独大"导致的内部人控制等问题。① 由于历史原因，我国国有文化企业活力和竞争力不足，通过引入民营资本和机构投资者能够在一定程度上增强文化企业的活力、盘活现有资本。在国有传媒企业引入民营资本的过程中，考虑到其承担的传播主流价值观方面的社会责任，可以探索特殊管理股制度，既有利于保证国有资本在价值传播中的控制权，同时又有利于增强文化企业的市场活力。②

（五）重视 IP 保护，提高开发力度

文化 IP 居于产业链的顶端，是文化企业价值创造的源泉。完善知识产权保护机制不仅有利于减少商业模式的随意复制，而且有利于文化企业对自主 IP 的开发利用。以前文化产业的 IP 价值授权和开发不太成熟，但在互联网平台的推动下，IP 价值的多样性和多元化得以实现。党的十九大报告也提出"倡导创新文化，强化知识产权创造、保护、运用"。因此，国家要尽快完善文化立法，为文化企业产权保护保驾护航。文化企业也要有专人负责文化 IP 等无形资产的开发、管理和利用。在泛娱乐产业，文学作品、动漫、影视、游戏、音乐、综艺节目等娱乐形式不再孤立存在，而是相互依赖、共生发展。其中文学、动漫等提供了丰富的原创 IP 资源，影视、游戏、玩具、音乐、主题公园等提供 IP 的变现渠道，它们之间还可以相互转化，互相促进。因此，充分挖掘和利用文化

---

① 参见黄速建：《中国国有企业混合所有制改革研究》，《经济管理》2014 年第 7 期。

② 参见金雪涛、张艺术、李波：《我国文化传媒业特殊管理股制度解析》，《当代经济研究》2014 年第 7 期；潘爱玲、郭超：《国有传媒企业改革中特殊管理股制度的探索：国际经验与中国选择》，《东岳论丛》2015 年第 3 期。

IP,提高其在价值创造中的作用至关重要。

(六)深化体制改革,打破隐性壁垒

制度创新始终伴随着文化企业的成长,体制机制方面的制度创新是我国文化产业发展的关键,是引导和推动其他领域创新的重要保障。[①] 因此在宏观层面,各级政府应尽快适应新旧动能转换趋势和经济发展新常态,进一步深化文化体制改革,调整角色定位,减少地方保护和对文化企业的直接行政干预,充分发挥政府在文化产业发展中的引导、支持和服务功能。打破文化企业发展的区域和行业壁垒,推动文化要素的全方位流动和文化资源的跨区域优化配置,为文化企业商业模式创新、新旧动能转换提供良好的制度环境。

[原载于《山东大学学报(哲学社会科学版)》2018 年第 2 期]

① 参见王佳宁:《我国文化产业政策轨迹及其趋势判断》,《重庆社会科学》2016 年第 5 期。

我国文化企业人力资本成长的影响因素与提升策略

徐文明　权锡鉴

一、引言

在人类步入后工业时代后，生产方式不断变化，文化产业随之兴起。西方发达国家出现了文化产业带动经济发展的现象，特别是"后福特制"生产和消费方式的出现，文化产业逐渐成为国民经济的主导性产业。党的十九大报告提出，要积极推动文化事业的繁荣和文化产业的发展，深化文化体制改革，完善文化管理体制，培育新型文化业态。基于上述国际国内背景，我国各级政府都致力于推动文化产业的大发展与大繁荣，加强文化产业项目的建设与投资。

目前，我国文化产业的发展尚未成熟，仍存在着诸多问题。首先，国内文化企业的发展普遍存在"硬体化"倾向，大家把大部分精力花费在物质层面，热衷于硬件设施建设与投资，忽略软环境的与时俱进，尤其是忽视文化企业是借助内容创意获得经营利润这一根本特性。文化产品强调个性突出、意涵多样、内容丰富、价值多元，但一直以来，我国的文化企业缺乏创意能力，文化产品缺乏自主品牌，大部分为依托廉价劳动力而获得成本优势的低附加值"硬件产品"。其次，我国文化产业在宏观经济结构中的比重仍然偏低。目前，国内缺乏创意丰富、研发水平高、制作技能强的文化企业，制作富含技术、深刻内涵和特别形式的品牌极少，文化产业实力较弱。再次，对于小企业而言，资源相对少且分散、难以吸引投资、缺乏优秀管理者等因素制约了文化企业创业发展。因此，如何做大做强文化企业成为提升我国文化产业整体实力以及国际竞争力的关键。

文化企业以其特有的内容和人才资源优势,在文化产业体系构建、配置文化资源、带动就业、满足人们的精神文化需求等方面发挥着重要作用。作为知识经济的产物,文化产业发展离不开充足的智力支持,创意、信息和知识等无形资产也是文化企业生产要素的核心,而人力资本作为这些无形资产的载体,已经成为影响文化企业核心竞争力的重要因素。此外,文化企业的长远发展需要以资本和业务为纽带,实施文化品牌延伸策略,加强对衍生产品的管理,维护品牌核心价值。同时,要整合文化资源,提高文化企业的集约化经营水平和产业集中度,实现跨地区、跨媒体、跨行业经营。而上述策略的实现同样需要人力资源的支撑。因此,人力资本的快速、高质量成长直接影响企业绩效,决定着企业的经营状况,对于文化企业的壮大和文化产业的发展意义重大,而明确其中的影响因素则是人力资本成长的核心问题。

本文基于文化产业的特性和我国产业实践中存在的问题,从投资机制、运营机制、激励机制和考核机制四个方面分析了文化企业人力资本的成长机制,提出研究假设,确定指标体系,以沪深股市上市的 32 家文化企业作为研究样本,构建面板数据回归模型,分析影响文化企业人力资本成长的因素并提出相应的对策建议。鉴于此,本项研究能够为政府、企业决策提供有益参考,对明晰人力资本成长与文化企业实力壮大之间的关系、帮助我国文化产业走出发展误区具有现实指导意义。

二、相关研究评述

(一)一般企业人力资本成长的影响因素

知识经济是一种建立在知识、信息、创意等创造的生产与消费的新型经济形态,知识经济时代的到来使得作为生产资料的人力资本的重要性愈发凸显,是人力资本成长理论的新语境。事实上,从亚当·斯密时代开始,人类就已经开启了对企业人力资本的研究。而目前国内外对人力资本的研究虽数量众多,但多以一般企业人力资本成长为研究对象,对知识经济这一新的实践背景回应不多。Storey 指出管理者的素质提高、企业管理者内在能力强化和经营业务能力增长是企业人力资本成长性的三个重要体现。[①] Gaffeo认为,企业人力资本的成长是在众多外部环境限制下,企业人力资本规模在时间序列上不断延展的动态过程。[②] 李庆华等基于人力资本的三重依附性,即生命依附性、活动依附性和价值依附性,提出企业应该建立主体导向的成员激励机制、过程导向的成长激励机制和结果导向的成就激励机制,促进人力资本的成长。[③] 李文武认为,人力资本的成长需要良好的环境,如文化环境、舆论环境、体制环境等。[④] 秦天枝结合新徽商发展的实践,构建了区域环境下人力资本成长机制概念模型。[⑤] 王岸主张通过创新人才管理机制、改进人才选拔方式和考评机制来优化企业人力资本的成长机制。[⑥] 王林雪等建立了科技型人力资本成长的熵模型,为人力资本成长机制研究提供新的视角。[⑦]

然而,文化企业人力资本成长因素的相关研究相对较少。周延召认为人力资本是夺取文化产业未来发展战略制高点的决胜因素,团队建设可提高文化企业人力资本的智力层次。[⑧] 马国庆等根据文化企业人力资本的需求特征,提出采取建立和完善人才培养体系、完善人才引进措施等手段促进文化企业人力资本成长。[⑨] 江凌认为,导致文化企业创新氛围不浓、高层次创新型人才不足、创新型人力资源没有得到较好配置的原因在于文化企业人力资本投入较低。[⑩] 司婉婷等认为,多渠道培养和吸引文化人才,造就一批文化创意人才、文化创作人才、文化经营管理人才、文化经纪人才等是当前中小城市发展民营

---

① See Storey D. J., "Understanding the Small Business Sector", *Small Business Economics*, 1995, 7(6), pp. 482-483.

② See Gaffeo E., "Levy-Stable Productivity Shocks", *Macroeconomic Dynamics*, 2008, 12(3), pp. 425-443.

③ 参见李庆华、孙虹、汤薇:《基于人力资本依附性的员工激励机制研究》,《技术经济》2006年第4期。

④ 参见李文武:《企业家人力资本成长环境分析》,《科学与管理》2009年第6期。

⑤ 参见秦天枝:《区域环境下企业家成长机制研究——以新徽商为例》,《开发研究》2009年第4期。

⑥ 参见王岸:《企业人才:经济转型的第一动力》,《理论与改革》2012年第6期。

⑦ 参见王林雪、彭璐、龙建成:《基于熵理论的科技型创业者成长机制研究——人力资本的视角》,《西北大学学报(哲学社会科学版)》2009年第5期。

⑧ 参见周延召:《文化企业竞争力提升路径探析》,《学术交流》2008年第5期。

⑨ 参见马国庆、郑粉花:《文化企业人才培养策略初探》,《企业研究》2012年第22期。

⑩ 参见江凌:《中国文化企业自主创新的现状与提升路径》,《云南社会科学》2013年第1期。

文化企业的关键。[①] 林榅荷指出,缺乏文化企业家和文化创意人才是制约我国文化企业成长的首要问题。[②] 陈少峰亦指出,经营管理者思想观念落伍、从业人员素质有待提高制约着国有文化企业在新媒体时代的发展。[③] 亓涛认为,加强人力资源管理是提高文化企业创新能力进而提高国有文化企业经营效率的核心。[④]

基于上述成果,本文认为文化企业人力资本的成长与经营绩效之间应是正相关关系,因为人力资本成长主要体现在人力资本创造能力的提高和劳动生产率的提升。人力资本的成长能够盘活文化企业人力资本存量,提高人力资本质量,改变和更新文化企业人力资本知识结构。

(二)文化企业及其人力资本成长的表现

从一般意义上看,文化产业具有文化密集、智力密集、知识密集等特征,其本身具有创新积聚、“加工”频繁、创作丰富、产品或服务附加值高等行业诉求。[⑤] 而文化企业是文化产业发展中的具体行为主体,是以生产文化精神产品为主要目的的社会营利组织,是具体的文化产品生产和传播的实施者。文化企业所提供的文化精神产品或者服务中,依赖于物质资本创造的价值逐渐减少,而依赖于想象力、创造力等产生的价值不断增加,即具有创造能力的人力资源的贡献度逐步提升。[⑥] 文化企业的流程如何,取决于对劳动力、创造力和科技手段的统筹管理。因此,文化企业人力资本成长可以从人力资源个体和企业管理两个层面进行分析。

从人力资源个体层面上看,文化企业人力资本成长表现为员工素质、员工收入水平、员工晋升等方面。通过对人力资本的投资,提升了人力资源在创意、知识、技能以及文化底蕴等方面的专业素养,有助于创造性地研发文化新产品、开展创意策划等活动。随着人力资源对文化企业发展的突出表现,企业

---

① 参见司婉婷:《中小城市发展民营文化企业路径探析——基于河北省承德市的实证研究》,《人民论坛》2014 年第 26 期。

② 参见林榅荷:《我国文化企业成长的成效、问题及对策》,《福建论坛(人文社会科学版)》2015 年第 10 期。

③ 参见陈少峰:《新媒体时代国有文化企业发展路径》,《北京观察》2015 年第 1 期。

④ 参见亓涛:《从创新能力谈提高国有文化企业效率》,《经营管理者》2015 年第 14 期。

⑤ 参见杨春丽、史萌:《浅谈文化企业的特性和发展对策》,《山东经济》2009 年第 3 期。

⑥ 参见韩骏伟:《文化产业概论》,中山大学出版社 2009 年版,第 12 页。

通过薪金或者股权激励的方式奖励劳动者，使其收入水平不断提升，增强了其责任感与工作的积极性。人力资源会赢得更高层次或更好的岗位，特别是通过职级的晋升，进一步提升员工荣誉感、参与度以及对文化企业的归属感与使命感。① 因此，文化企业应该不断完善考评制度，激发员工内在的创新意识、创造能力，最终提高整个文化企业的整体创新水平。

从企业管理层面来看，文化企业人力资本成长体现为提升企业的市场竞争力、经营绩效、社会影响力等方面。② 理论上，人力资本的增强提升劳动者的创意资本、知识资本、技能资本和经验资本，提高物质资料的生产效率，使得文化企业的生产可能性边界随之拓展。业务量的增长将为企业带来更多的发展空间和经济效益，经营市场的能力随之增强，有效提升企业的整体管理水平与盈利能力，形成文化企业独具特色的核心竞争力。

(三)文化企业人力资本成长机制

文化企业作为文化产业的市场主体，是以生产文化精神产品为主要目的的社会营利组织，是文化生产力的主要实施者和推动者。文化产品是一种精神生产，具有无形性，其主要依托的生产资料是人的知识、创意和技术。文化企业人力资本成长需要通过劳动者个人投资或者企业培训等方式，将储存在员工大脑中的知识、技能、经验以及创新思维等要素转化为现实文化创意产品，进而体现为个人价值、企业经营绩效、企业形象等。概括起来看，文化企业人力资本成长主要有投资机制、运营机制、考核机制、激励机制等几个方面，它们之间的关系具体如图 1 所示。

---

① 参见张术霞、范琳洁、王冰：《我国企业知识型员工激励因素的实证研究》，《科学学与科学技术管理》2011 年第 5 期。

② 参见段升森、张玉明：《我国文化产业的生存状态和成长潜力》，《东岳论丛》2011 年第 9 期。

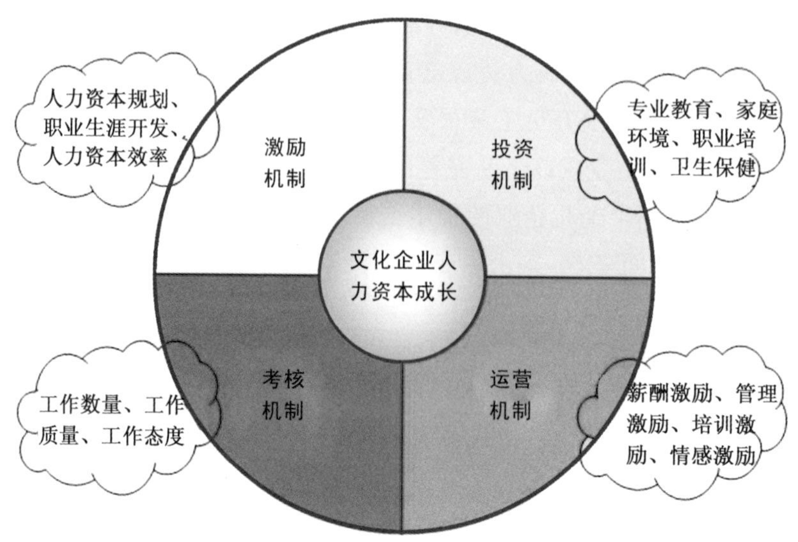

图1　文化企业人力资本成长机制

1. 投资机制

投资机制主要是通过提高人力资源的专业素养、创造力以及劳动生产率来推进文化企业人力资本的成长。一般来说，高学历、高技能的劳动者提供的产品和服务的技术含量高，为文化企业创造的价值也大。Baldacci 等人使用1971～2000年100多个发展中国家的相关数据，分析发现，人力资本投资与经济增长的相互关系，教育支出对人力资本的成长有显著影响。①

张海星以内生增长理论生产性公共资本模型为主，以我国1980～2010年涵盖GDP、政府教育支出等在内的数据进行实证检验，发现人力资本投资水平越高，经济增长绩效越明显。② 此外，数据实证结果显示，这种投资水平对经济增长的促进作用呈现增强趋势。文化企业需要交叉型、复合型人才，要求文化企业员工在掌握专业性知识的同时掌握一些通用性知识，而这些知识的获得，需要相应的投入。特别是管理型人力资本的获得与成长更是需要通过大量的投资且经过长期的积累才能形成。

① See Baldacci, Emanuele, et al, "Social Spending, Human Capital, and Growth in Developing Countries", *World Development*, 2008, 36(8), pp. 1317-1341.

② 参见张海星:《中国政府投资与经济增长的实证分析》,《宁夏社会科学》2012年第5期。

2.运营机制

运营机制主要体现在对人力资本的规划和职业生涯的开发以及在使用人力资本的效率等诸多方面。Grip 和 Sauermann 通过实证研究发现,员工培训能够促进企业效率提升。① 杨丽君指出,培训和培养开发可以满足员工自身的发展需求、人际交往的需求、受人尊敬的需求、自我发展和自我成就乃至实现人生理想等多重需求。② 文化企业通过吸纳、招聘引进以及后续培养开发、最终使用和提升等一系列环节和过程,将初级的、未开发的人力资源从初始的生产要素转化成为人力资本和企业价值,形成有价值的运转能力和操作能力,促进人力资源的保值、升值。

3.激励机制

文化企业员工对创新、创意的肯定很大程度上需要通过激励机制来体现。陈卓指出,企业对人力资本激励程度的高低以及激励机制运行是否有效都决定着企业未来发展的进程和方向。③ 邓娜在实证研究中将激励方式与手段主要划分为薪酬体系的激励、参与管理激励、培训激励以及情感激励,她认为在设计企业激励机制时,要强化多种激励措施的有效结合。同时强化对企业经营者及其他员工的职业激励、赏识激励与情感激励,以此激发员工对工作的兴趣,从而促进人力资本成长。④

4.考核机制

绩效考核在文化企业人力资本成长过程中具有不可替代的作用。绩效考核主要针对员工工作任务完成的质量、数量、工作态度等方面进行评价。文鹏等根据考核的两种基本目的(发展型和评估型),将绩效考核划分为交易型、承诺型、合作型和放任型四种类型,并指出在以合作型考核为主的情况下,员工更能感受到考核的公平性;在以放任型考核为主的情况下,员工不能感受到考

---

① See Grip A. D. and J. Sauermann, "The Effects of Training on Own and Coworker Productivity: Evidence from a Field", *Experiment*, *Economic Journal*, 2008,122(560),pp. 376-399.

② 参见杨丽君:《浅谈知识型员工的培训与开发》,《新西部(下半月)》2009 年第 1 期。

③ 参见陈卓:《企业不同生命阶段创新型人力资本激励机制设计》,《财会通讯》2015 年第 9 期。

④ 参见邓娜:《企业激励机制与经营绩效的实证检验》,《企业管理》2016 年第 12 期。

核的公平性。[①] 因此,文化企业要设定相应的、动态的目标考核体系,作为企业决策的重要指导,特别是员工晋升、惩罚以及发放各种福利等的基础和依据。

三、理论分析与研究假说

人力资本成长会受到企业员工自身素质、企业培训、高管管理水平、激励机制等因素的影响。一般人力资本理论认为,教育、培训等能够有效提高员工的生产效率,而生产效率是人力资本水平高低的重要体现,因此本文认为教育、培训等手段是促进人力资本成长的重要方面;同时,公司的激励机制、高管的管理水平也能够从侧面激发员工的工作积极性、创造性,提高员工的工作效率。

(一)企业员工自身素质与文化企业人力资本成长

Al-Sinawi 等以员工的学历水平、所学专业和经验衡量员工人力资本,研究员工人力资本对企业创新有何影响,结果表明员工知识技能水平高的企业其对创新的参与度更高。同时发现员工自身素质越高,工作表现也会越好。[②] 纪国辉通过研究发现企业对职工教育经费支出能大大促进企业绩效。[③] 由此看来,在一个团队中,员工自身素质均值越大越有利于该团队获得有效信息,对于企业整体的人力资本成长越有利。

由当前的产业实践发现,在文化产业领域逐渐涌现出越来越多的高学历从业者。在文化企业经营环境日渐复杂的当下,员工自身素质往往与其综合认知能力与专业技巧水平呈正相关,且有利于转化为战略理解和执行力优势,从而也促进了人力资源的保值、增值。由此,本文提出如下假设:

H1:企业员工自身素质的程度会影响文化企业人力资本水平,文化企业高等教育人力资本比率与文化企业人力资本成长正相关。

---

① 参见文鹏、廖建桥:《不同类型绩效考核对员工考核反应的差异性影响——考核目的视角下的研究》,《南开管理评论》2010 年第 13 期。

② See Al-Sinawi S., Piaw C. Y., Idris A. R., "Factors Influencing the Employees' Service Performance in Ministry of Education in Sultanate of Oman", *Procedia-Social and Behavioral Sciences*, 2015, 197(1), pp. 23-30.

③ 参见纪国辉:《职工教育经费、企业创新与企业绩效》,南京大学硕士学位论文,2016 年。

(二)企业培训与文化企业人力资本成长

对员工进行培训是文化企业人力资本投资的重要方式,有利于提高员工的知识、技能、技巧以及其他工作经验,是文化企业人力资本数量和质量提升的重要手段。文化企业在培训实践中产生的知识积累、技巧提升不仅可以在本企业内部实现良性互动,促进整体效率提升,还可以对企业所在行业产生积极效应,为企业营造良好的竞争环境。总之,接受培训的员工人力资源水平的提高,特别是其快速使用工作环境的能力增强有助于企业更有效的经营(王业宏,2012)。① 此外,员工参加培训越多越有利于培养员工对企业的归属感和个人的责任感,企业越重视对员工的培训,员工的人力资源增值潜力越大。由此,本文提出如下假设:

H2:企业培训与文化企业人力资本成长正相关。

(三)高管管理水平与文化企业人力资本成长

Kaplan 等对高管的个人特质和其所在企业的经营管理效果相互影响展开实证研究发现,企业高管的决策能力、人际关系能力和直觉能力对企业的正确决策和有效经营关系显著。企业高管对市场环境的把控能力越高则企业市场表现越好。② 徐经长等认为,企业高管团队的管理水平越高,其对环境变化的敏感度增强,在企业适应外界竞争环境的时候能力越强,有助于企业经营管理水平的提高。③ 刘烨等认为,高管团队的管理经验与企业经营绩效存在显著的正相关,会促进人力资本的提升。④ 基于此前研究可得,企业高管的管理水平越高,其所在企业所获得的知识增量也就越多,企业整体的人力资本水平也会相应地提高。由此,本文提出如下假设:

H3:高管管理水平与文化企业人力资本成长正相关。

---

① 参见王业宏:《企业员工培训与人力资源管理理论分析》,《东方企业文化》2012 年第 7 期。

② See Kaplan S. N., Klebanov M. M., Sorensen M., "Which CEO Characteristics and Abilities Matter?", *The Journal of Finance*, 2012, 67(3), pp. 973-1007.

③ 参见徐经长、王胜海:《核心高管特征与公司成长性关系研究——基于中国沪深两市上市公司数据的经验研究》,《经济理论与经济管理》2010 年第 6 期。

④ 参见刘烨等:《我国 CEO 人力资本、激励机制与跨国并购绩效——来自沪深股市的经验数据》,《产业经济评论》2017 年第 3 期。

(四)激励机制与文化企业人力资本成长

杨曙光通过对国内外人力资本研究机制归纳总结,发现对于人力资本的激励可以带给员工满足感和对企业的信任感,让员工满意并认可企业,强化员工的劳动行为,增强员工责任感,调动职工积极性与工作热情,并进一步发挥自身潜力,引导推动员工不断达到更高的目标,从而促进人力资本成长。① Hall 等对美国上市企业相关数据进行多元回归分析,发现企业员工是否持股对企业绩效具有显著的正相关。② 由此,本文提出如下假设:

H4:激励机制与文化企业人力资本成长正相关。

四、研究设计与样本数据

(一)变量选取

为探究影响文化企业人力资本成长的因素,需要对人力资本成长及其相关影响因素进行量化,这也成为选择相关指标的依据。笔者根据沪深股市上市文化企业年报以及相关研究成果,选取以下指标进行实证分析:

1.因变量

文化企业人力资本的成长直接表现为知识和技能的积累,我们可以通过员工的岗位晋升状况、报酬水平以及职业发展状况来进行评估,但是由于员工的晋升状况和职业发展状况无法从上市企业年度报告中获取,因此,从便于量化分析的角度看,将人力资本的成长表征为职工薪酬的增加。因此本文选择人均职工薪酬来代表文化企业人力资本生产力的提升,即文化企业人力资本成长的代理变量。

2.自变量

指标选取方面,在总结前人的研究成果的基础上,结合上市文化企业年报的统计数据,对指标体系进行构建,使其能够更加全面具体地反映出文化企业人力资本成长的影响因素。

---

① 参见杨曙光:《国内外人力资本激励机制研究综述》,《中国管理信息化》2009 年第 1 期。

② See Hall B. J., Murphy K. J., "The Trouble with Stock Option", *Journal of Economics Perspective*, 2003, 17(3), pp. 49-70.

一般来说,我们用员工在从事具体工作时所需要具备的知识、技巧、技能等因素来衡量员工自身素质。本文选取人力资本教育水平对这一概念进行刻画,具体通过高等教育人力资本比(本科及以上文化程度员工在总员工中所占比例)来衡量。

就企业员工培训而言,本文选取员工人均培训费来度量人力资本培训状况,员工人均培训费用是年度员工培训费用与员工人数之比,能够较为客观地对企业员工培训状况进行度量。

在企业高管的管理水平方面,一方面,学历、专业以及从业经验等个人特质会在无形中对CEO的经营决策水平产生影响,而这又会进一步作用于高管所在企业的经营管理和市场决策;另一方面,企业高级管理人员在职时间愈长,对企业各方面情况的了解就愈全面,对经营管理规律的认识愈深刻,其所制定的企业经营管理策略就愈贴近企业实际,故而就愈容易在经营管理方面创造业绩,企业经营效益也将随之提升。另外,在成熟的市场淘汰机制下,任职期限长本身就意味着高级管理人员能够为企业创造效益。因此,本文以高管的教育背景和任职时间对高管的管理水平进行度量。

在激励机制方面,本文通过激励措施来表征企业的激励机制,具体选择员工薪酬占比和是否采用股权激励这两个指标来测度。

3.控制变量指标的选择

选择文化企业规模作为研究的控制变量,以区别不同规模文化企业人力资本成长的差异。为了将原序列不满足方差齐性的异方差序列转换为同方差序列,本文需要对公司资产规模取自然对数,以消除异方差现象。具体指标见表1。

表1　文化企业人力资本成长影响因素的指标选择

变量类别	指标名称	变量名	变量说明
因变量	员工人均薪酬	*Prod*	人均工资、奖金、津贴和补贴
			税后利润/所有者权益

续表

变量类别	指标名称		变量名	变量说明
自变量	人力资本教育水平	高等教育人力资本比	*Edu*	本科及以上文化程度员工人数/员工总人数
	人力资本培训状况	员工人均培训费	*Tra*	企业工会经费和职工教育经费的人均额
	高管的管理水平	高管的教育背景	*CEOEdu*	虚拟变量,高中及高中以下赋值为1,大专为2,本科为3,硕士为4,博士为5
		高管的任职时间	*CEOTime*	CEO担任负责人的年限
	激励措施	员工薪酬占比	*CEOP*	员工薪酬占总薪酬支出比重
		股权激励	Stock	虚拟变量,是否采用股权激励措施
控制变量	公司资产规模		Ln*asset*	年末企业总资产取自然对数

(二)研究模型

因样本数据是不同时点的截面个体多维间序列,故采用面板数据模型进行分析。面板数据模型的一般形式为:

$$y_{it}=\alpha_{it}+x_{it}\beta_{it}+\mu_{it}$$
$$i=1,\cdots,n;\ t=1,\cdots,T \tag{1}$$

其中,α_{it}为模型的常数项,$x_{it}=(x_{1it},x_{2it},\cdots,x_{kit})$是$1\times K$向量,$\beta_{it}=(\beta_{1it},\beta_{2it},\cdots,\beta_{kit})^T$是$K\times 1$向量。因数据均为文化企业个体的相关数据,假设参数不随个体变化,只随时间变化。模型改写为:

$$y_{it}=\alpha_t+x_{1it}\beta_{1t}+x_{kit}\beta_{kt}+\mu_{it}$$
$$i=1,\cdots,n;t=1,\cdots,T \tag{2}$$

其中,误差项可分解为:$\mu_{it}=\mu_t+\varepsilon_{it}(i=1,\cdots,n;t=1,\cdots,T)$,$\mu_t$是时间效应,$\varepsilon_{it}$为特异误差。

依据对μ_t的不同假定,将面板数据模型分为固定效应模型和随机效应模型。固定效应模型中μ_t在个体上是固定的,与解释变量可能有关,也可能无关;而在随机效应模型中,μ_t也是随机变量。考虑到不同年份文化企业对人力资本的投入和人力资源状况的不同,这里选用变截距模型。考虑到本文是对文化企业的整体进行研究,故宜选取固定效应模型。

根据前文的理论假设以及相关指标的选择,建立面板数据回归模型:

$$y_{it}=\alpha_t+x_{1it}\beta_{1t}+x_{2it}\beta_{2t}+x_{3it}\beta_{3t}+x_{4it}\beta_{4t}+x_{5it}\beta_{5t}+\mu_{it}$$
$$i=1,\cdots,n;t=1,\cdots,T \tag{3}$$

其中，y_{it}为文化企业人力资本水平，x为各影响因素，分别来看x_{1it}为员工的教育水平，x_{2it}为员工的培训水平，x_{3it}为高管的工作年限，x_{4it}为经理的薪酬激励措施，x_{5it}为控制变量。

（三）数据来源与样本选择

据国家统计局颁布的《文化及相关产业分类（2012年）》标准，我国文化产业可以划分为新闻出版发行、广播电视电影、文化创意和设计类、文化用品及专用设备生产类、文化信息传输类、文化产品生产的辅助生产类。这些产业目前发展相对成熟，上市文化企业的信息资料、统计数据较为完善，本文选取2008～2013年29家沪深上市文化企业作为研究样本（见表2），选取标准是每一类文化产业中经营绩效靠前的上市文化企业，具有可比性而且比较结果也具有典型性和说服力，进而更好地探讨我国文化企业人力资本的成长机制。另外关于数据时间序列的选取，首先是因为新统计口径的出台，导致统计口径出现差异，其次是由于企业上市时间导致的数据可获得性问题，因此共选取了2008～2013年6年的样本数据。相关数据源于样本企业的年度报告（2008～2013年），具体包括29个截面样本、6个时期的我国文化企业人力资本成长与经营绩效的面板数据。

表2　我国文化企业人力资本成长影响因素实证分析的研究样本（家）

类别	新闻出版发行类	广播电视电影类	文化创意和设计服务	文化用品及专用设备生产类	文化信息传输服务	文化产品生产的辅助生产
数目	6	5	5	4	5	4

五、实证分析

（一）单位根检验

数据的平稳性检验一般作为面板数据回归结果准确性的衡量标准，因此，数据的单位根检验是有必要的。根据面板数据的不同，单位根检验主要分为两类，也即同质面板数据检验和异质面板数据检验。在具体操作中，为了保障数据根检验的全面性，上述两种类型的检验方法都被采用。如果两种类型的检验结果均拒绝存在单位根的原假设，那么则可以说明需要检验的序列是平稳的，反之则说明数据未通过平稳性检验。

本文同质面板数据检验采用 LLC、IPS 方法，异质数据检验采用 PP-Fisher、ADF-Fisher，对各变量的平稳性进行检验。如果出现检验结果不一致的情况，更注重相同根单位根检验 LLC 检验和不同根单位根检验 ADF-Fisher 检验；如果上述两种检验结果均拒绝存在单位根的原假设，则可以表明该序列是平稳的，反之则说明数据未通过平稳性检验。检验结果如表 3 所示。

表 3　　单位根检验

变量名	LLC			IPS		
Prod	0.64203 (0.7396)	−19.003 (0.0000)	23.2887 (1.0000)	1.53909 (0.9381)	−0.33340 (0.3694)	—
Edu	−6.89 (0.000)	−19.2 (0.000)	1.51678 (0.935)	1.089 (0.861)	−0.078 (0.468)	—
Tra	−34.34 (0.000)	−28.8015 (0.000)	−1.33008 (0.0917)	−4.722 (0.000)	−0.4448 (0.3282)	—
CEOTime	−17.328 (0.000)	−21.6589 (0.000)	−9.05562 (0.0210)	−5,439 (0.000)	−0.3586 (0.0400)	
SalaryP	−13.9940 (0.0000)	−42.6293 (0.0000)	−7.06888 (0.0000)	−3.22140 (0.0006)	−2.28772 (0.0111)	—
Lnasset	−11.20 (0.0000)	−16.1929 (0.0000)	10.3158 (1.0000)	0.54125 (0.7058)	−0.59871 (0.2747)	—
变量名	ADF-Fisher			PP-Fisher		
Prod	73.2101 (0.2015)	76.0177 (0.1445)	23.8586 (1.0000)	94.5260 (0.0078)	138.260 (0.0000)	20.1531 (1.0000)
Edu	56.112 (0.748)	65.480 (0.425)	29.9480 (0.999)	67.82 (0.348)	118.97 (0.000)	34.2078 (0.999)
Tra	107.612 (0.0005)	72.9870 (0.2066)	65.2534 (0.4329)	141.315 (0.000)	120.374 (0.0000)	57.6425 (0.6992)
CEOTime	61.26739 (0.3837)	59.55532 (0.1551)	88.4208 (0.000)	68.95758 (0.6582)	107.1814 (0.7973)	61.3175 (0.4648)
SalaryP	108.430 (0.0002)	94.5904 (0.0048)	105.455 (0.0005)	129.684 0.0000	159.801 (0.0000)	113.988 (0.0001)
Lnasset	61.3072 (0.5723)	81.098 (0.0732)	9.57603 (1.0000)	88.8529 (0.0217)	139.066 (0.0000)	12.7392 (1.0000)

注：(1)括号外为检验统计量，括号内为对应的 P 值；(2)各变量检验的结果从左至右按照只含截距、既含截距项又含趋势项、两者都不含的检验类型排列；(3)概率值小于 0.01 表明在 1%的显著性水平下拒绝单位根的原假设，概率值小于 0.05 表明在 5%的显著性水平下拒绝单位根的原假设，概率值小于 0.1 表明在 10%的显著性水平下拒绝单位根的原假设。

(二)面板数据回归结果

根据模型,建立起人力资本成长同企业员工自身素质、企业员工培训、高管管理能力以及激励机制之间的面板数据回归模型,结果如表4所示。由表4可知,面板数据回归方程所有变量的参数估计值均通过了5%的显著性水平检验,并且未发现序列相关问题,而回归过程中首先对数据序列取自然对数,因为这样既没有改变数据序列的单调性。同时,当数据异常时,可以将异常值很好地"抚平",另以$\frac{1}{x^2}$为权做加权最小二乘估计,做怀特检验,消除了异方差,因此总体上模型拟合得较好。

表4　　2008～2013年面板数据模型估计结果

变量	模型1	模型2	模型3	模型4	模型5	模型6
Edu	88555.52 (5.02)***	90185.39 (5.16)***	90103.71 (5.10)***	92916.86 (4.89)***	94479.52 (5.00)***	94443.63 (4.95)***
Tra	7.798171 (4.86)***	7.831001 (4.90)*	7.761192 (4.81)***	6.939047 (4.11)***	6.950599 (4.12)***	6.904443 (4.06)***
CEOEdu	4096.024 (1.44)	—	—	4569.833 (1.37)	—	—
CEOTime		−5801.92 (−1.60)			−5976.45 (−1.49)	
SalaryP	998.8885 (4.18)***	990.8024 (4.16)***	1000.014 (4.17)***	—	—	—
Stock	—	—		2705.949 (0.25)	154.8541 (0.01)	2237.029 (0.20)
Lnasset	6783.086 (1.88)*	6639.107 (1.87)*	8019.951 (2.33)**	8504.726 (2.21)**	8407.858 (2.23)**	9897.803 (2.71)***
Constant	−117107 (−1.50)	−113754.6 (−1.49)	−146721.6 (−2.00)**	−160725 (−1.94)**	−157710.9 (−1.95)*	−193922.6 (−2.50)**
Hausman Chi2	18.93 (0.0008)***	23.94 (0.0001)***	19.63 (0.0006)***	11.45 (0.022)**	13.91 (0.0076)***	13.63 (0.0086)***
F	19.17 (0.00)***	19.48 (0.00)***	18.80 (0.00)***	14.17 (0.00)***	14.39 (0.00)***	13.82 (0.00)***
rho	0.55676776	0.56538393	0.55863327	0.56816681	0.5698201	0.56703912

注:(1)相应的z值于各变量系数下方标出;(2)Hausman Chi2、F括号外为统计量值,括号内为相应的P值;(3)*、**、***分别表示显著水平为0.1、0.05、0.01。

由表 4 可知，文化企业员工教育水平、培训水平与人力资本成长呈显著的正相关，而高管的工作年限对于人力资本成长的影响不是很显著。此外，员工的薪酬激励与人力资本成长正相关，提高员工薪酬可以增强人力资本成长的积极性，达到有效促进人力资本成长的结果。同时股权激励措施效果并不明显，查阅资料时也发现，我国文化企业对员工采用股权激励的措施刚刚起步，激励效果尚未显现。而且，有些文化企业的部门成员由董事会成员兼任，导致股权激励措施的效果差强人意。

六、研究结论与政策建议

(一)研究结论

通过对我国文化企业人力资本成长影响因素分析，本文发现：第一，高等教育人力资本比率(本科及以上文化程度员工在总员工中所占比例)与文化企业人力资本成长正相关，也即教育水平是文化企业人力资本成长的核心因素，文化企业改善员工的学历结构成为提升其经营绩效的关键。第二，人均培训费与文化企业人力资本成长正相关，文化企业提升职业培训的水平与质量能够有效提高文化企业员工的工作效率，促进人力资本的快速成长。第三，高管教育背景和工作年限对文化企业人力资本成长积极效应不是很显著，工龄的增加没有转化为经验的增长或者表现为人力资源职业能力的提升。第四，员工薪酬比重提升有利于文化企业人力资本的成长，奖励机制和考核机制的完善应作为文化企业促进人力资本成长的手段。一方面，合理调节股票期权份额占公司总股本的比例；另一方面，确定职工固定薪酬与股票期权的最佳比例，通过优化奖励及考核体系，提升管理效率，从而对人力资本成长提供有效的机制保障。

(二)政策建议

1. 重视人力资本投资，提高文化企业人力资源的教育水平

文化企业可以通过制定中长期人力资本规划，在服务企业战略发展目标的同时，注重对企业人力资本进行分类、分层投资，以确保其投资的有效性。同时，为了保障企业和员工双方权益，应在达成一致的情况下就投资的类别、

费用、员工后续所需履行的义务以及违约责任等签订协议。另外，引进高层次人才也是文化企业提高人力资源教育水平的路径之一，积极创新人力资本成长方式，加大企业在正规教育、人员招聘、在职培训、企业文化建设、劳动力迁移、医疗保健和人力资本合理配置等方面的资金、实物和劳务投入，通过实现人力资本投资渠道的多样化，加强人力资本成长的投资机制建设。

2.通过职业培训的常态化、规范化和制度化促进文化企业人力资本成长

唯此，才能不断拓展员工的职业视野，调整和提升人力资本的职业能力、专业结构，增强文化企业人力资本的专业性、多样性和复杂性，以确保所需各类人力在数量和结构上均实现供应良好。规范化、制度化的职业培训过程中，要以企业本身的战略发展目标及文化相匹配，充分实现企业发展与员工自身培训需求相吻合，实现双赢和良性循环。为达到培训的合理有效性，可引入人力资源管理的素质模型，使得员工明确自身的素质短板以及培训需求，企业能够合理有效地安排培训，提高培训费用利用效率。

3.创新激励机制，加强文化企业人力资本成长的主动性

首先，完善薪酬激励，实施年薪股权激励，为文化企业人力资本成长提供物质基础。其次，与时俱进，不断丰富精神激励措施，使人力资本获得社会认同感，激励人力资本成长。可以根据文化企业自身的职业特征，进行独具特色的精神激励，如培训激励、地位激励、声誉激励等，从不同角度满足人力资本的精神需求，促进人力资本的成长。在激励政策的制定前，在员工中进行分层、分类的调研，制定出符合激励目标需求的政策及机制。同时，要保证创新激励机制的合理性及可量化性，提高激励机制的有效性。

4.完善人力资源考核体系，提升文化企业人力资本成长的自律性

将素质匹配思想引入人力资源考核体系，运用素质模型，完善绩效考核的规章细则，保证人力资本考核的公平性；选择合理的绩效考核方法，保证人力资本考核的科学性；绩效考核要求文化企业不仅关注当前的绩效、过去的业绩，更重要的是关注人力资本成长的未来潜力；建立绩效考核结果沟通机制，保证人力资本考核的高效性。具体而言，绩效考核的标准要公正、流程要公开，同时还要保证考核结果反馈通道流畅，确保考核效果落到员工身上，鼓励人力资源部门辅助员工根据考核结果进行工作调整。

[原载于《山东大学学报(哲学社会科学版)》2018 年第 2 期]

文化市场与文化消费研究

收入和城市化对城镇居民文化消费的影响
——来自首批26个国家文化消费试点城市的证据

车树林　顾　江

一、引言

在国家一系列相关法律政策的刺激下，我国文化产业近些年来呈现出蓬勃发展之势。文化产业作为高成长服务业的核心内容，在转变经济发展方式、优化经济结构、提升经济发展质量等诸多方面都具有独特优势。根据国家统计局统计，2015 年全国文化及相关产业增加值比 2014 年名义增长 11%，达到 27235 亿元，占同期 GDP 的比重为 3.97%，较上年提高 0.16 个百分点，达到历史新高，并呈现出稳步增长的态势。可以预测，文化产业在不久的未来一定可以成长为国民经济的支柱性产业。

我国文化产业的快速发展一方面得益于政府所提供的“外生动力”的驱动，而这种“外生动力”主要源于文化体制改革以及与改革配套出台的红利政策；另一方面得益于文化消费等“内生动力”的快速增长，城乡居民对文化产品和服务的个性化、多样化需求促进文化消费稳步提高，有力地拉动了文化产业的发展。但就目前现实情况来看，我国文化产业的发展更多的是源于“外生动力”的驱动，“内生动力”存在明显不足。根据文化部门发布的《中国文化消费指数(2013 年)》报告，文化实际消费规模与潜在消费规模间的缺口超 3 万亿元。对于一个产业而言，政府所提供的“外生动力”在产业发展初期驱动效果相对明显，但不具有可持续性。随着产业发展趋于成熟，更多的是需要依赖于“内生动力”，所以通过研究收入和城市化对城镇居民文化消费的影响，寻找促进城镇居民文化消费增长的可行路径,激发文化产业发展的“内生动力”,对于实现我国文化产业持续繁荣发展具有重要的现实意义和指导意义。本文考察收入和城市化对城镇居民文化消费的影响,为文化消费的影响因素研究提供了一种新思路。实证分析采用2005～2016年首批(第一次)26个国家文化消费试点城市城镇居民文化消费的平衡面板数据,具有代表性和说服力。

二、文献综述

由于文化产业在国民经济发展中扮演的角色越来越突出,因而受到学者们的广泛关注。但现有关于居民文化消费的文献较少,且更多的是侧重于描述性的,缺乏系统的理论和实证研究。在当代西方消费理论中,收入被看作是影响消费行为的重要变量。国内外许多学者认为收入水平对居民消费具有显著的正向拉动作用,如Blinder①、段先盛②、王鑫和吴斌珍③、孙计领和胡荣华④等。另有一些学者认为收入与居民消费之间并不是简单的线性关系,如林伯强和刘畅引入家电扩散模型,实证考察中国城镇居民的家电消费行为,研究结果表明居民收入对城镇居民家电消费量有显著的促进作用,但这种促进作用会随着城镇居民收入的提高而逐渐减弱。⑤ 而文化消费作为城镇居民消费的重要组成部分,同样会受到居民收入水平的影响。Paulo Brito和Carlos Barros运用可变价格模型、不变价格模型以及两层次总量均衡模型综合分析考察了文化消费水平,发现与其他商品相比,文化产品需求的收入弹性和价格弹性均偏低。而且当其他商品价格降低时,文化产品需求会随着收入的提高而增加。⑥ 姚刚和赵石磊利用面板数据的弹性模型对中国城镇居民文化消费进行

---

① See Blinder A., “Distribution Effects and the Aggregate Consumption Function”, *Journal of Political Economy*, 1975, 83(3), pp. 447-476.

② 参见段先盛:《收入分配对总消费影响的结构分析——兼对中国城镇家庭的实证检验》,《数量经济技术经济研究》2009年第2期。

③ 参见王鑫、吴斌珍:《个人所得税起征点变化对居民消费的影响》,《世界经济》2011年第8期。

④ 参见孙计领、胡荣华:《收入水平、消费压力与幸福感》,《财贸研究》2017年第3期。

⑤ 参见林伯强、刘畅:《收入和城市化对城镇居民家电消费的影响》,《经济研究》2016年第10期。

⑥ See Paulo Brito, Carlos Barros, “Learning-by-Consuming and the Dynamics of the Demand and Prices of Cultural Goods”, *Journal of Cultural Economics*, 2005, 29(2), pp. 83-106.

实证研究,发现收入是城镇居民文化消费的一个重要影响因素。① 王宋涛从宏观视角出发,构建了一个包含基尼系数的总文化消费函数,认为收入差距的扩大反而会促进居民总文化消费。②

目前,关于城市化水平对居民文化消费影响方面的文献很少,仅发现陈珍珍运用2002～2003年全国31个省市区面板数据实证检验了人口城镇化、城乡消费环境和城乡收入差距的差异与城乡居民的文化消费差异之间的关系,结果表明,人口城镇化与城乡居民文化消费差异之间具有显著的正向变动关系。而城乡消费环境和城乡收入差距虽然也通过显著性检验,但这两者与城乡居民文化消费差异之间并不是简单的线性影响。③ 除此之外,其他学者关注的焦点大多是城市化对居民消费的影响。如MacMillan等构建家庭消费支出模型,对加拿大马尼托巴湖地区1968年居民消费的横截面数据进行实证研究,结果表明家庭的城市化水平会对家庭的消费支出产生显著影响。④ Bakera和Yannelis采用一系列的计量方法,检验分析了美国多个城市的服务消费增长,认为居民消费增长的基础是由城市化形成的区域市场。⑤ 易行健等使用动态面板系统GMM方法进行估计,发现城市化对人均居民消费具有显著的正效应,城市化可以通过促进经济增长、优化经济结构来间接影响人均居民消费。⑥

Auffhammer和Wolfram利用Logistic扩散模型对中国农村居民的家电消费影响因素问题进行研究,结果显示收入增长对中国农村居民家电消费增

① 参见姚刚、赵石磊:《中国城镇居民文化消费的实证研究》,《黑龙江社会科学》2008年第1期。

② 参见王宋涛:《收入分配对中国居民文化消费的影响研究》,《广东财经大学学报》2014年第2期。

③ 参见陈珍珍:《城镇化与城乡居民文化消费差异实证研究——基于我国31个省级单位面板数据的实证分析》,《农村经济与科技》2016年第6期。

④ See MacMillan, Fu-Lai Tung, R. M. A. Loyns., "Differences in Regional Household Consumption Patterns by Urbanization: A Cross-Section Analysis", *Journal of Regional Science*, 1972, 12(3), pp. 417-424.

⑤ See Scott R. Bakera, Constantine Yannelisb, "Income Changes and Consumption: Evidence from the 2013 Federal Government Shutdown", *Review of Economic Dynamics*, 2017, 23(1), pp. 99-124.

⑥ 参见易行健、刘鑫、杨碧云:《城市化对居民消费的影响:基于跨国面板数据的实证检验》,《经济问题探索》2016年第7期。

长的影响最为显著。[①] 遗憾的是目前尚没有学者将扩散模型运用到居民文化消费领域。与 Auffhammer 和 Wolfram 的研究不同,本文主要关注的是中国城镇居民的文化消费情况,在考虑居民收入因素的同时,重点研究城市化因素以及二者交互项对城镇居民文化消费的影响。综合来看,本文的研究具有一定的创新意义。

三、实证研究设计

(一)样本数据来源

本文的研究样本为 2005~2016 年首批(第一次)26 个国家文化消费试点城市[②],主要研究中国城镇居民的文化消费问题。作为全国首批(第一次)26 个国家文化消费试点城市,城镇居民文化消费发展情况具有典型示范和辐射作用,而且在全国范围内分布相对均衡,东中西部地区都有涉及,在城镇居民文化消费问题上具有非常好的代表性和普适性。综合来看,本文的样本选择较为合理。具体数据主要来源于国家统计局网站、Wind 金融数据库、中经网统计数据库和各地市统计年鉴。考虑到个别变量的数据统计信息可能存在遗漏,本文还采取了均值、向前和向后的补漏方法,以减少缺失值的数量,确保更多的样本参与回归。

(二)计量模型设定

在市场经济环境中,由于受到模仿和创新的交替作用,许多新产品的市场扩散呈现"S"形的变化趋势。Logistic 扩散模型是"S"形扩散曲线模型中的典型代表,它可以很好地描述新产品的扩散过程。Mcneil 和 Letschert、Auffhammer 和 Wolfram 以及林伯强和刘畅等曾将 Logistic 扩散模型运用到居民的家电消费影响因素研究中,但目前尚未发现有文献用 Logistic 扩散模型研究

---

① See Auffhammer M., Wolfram C. D., "Powering Up China: Income Distributions and Residental Electricity Consumption", *American Economic Review*, 2014, 104(5), pp. 575-580.

② 首批(第一次)26 个国家文化消费试点城市:北京、天津、石家庄、鄂尔多斯、沈阳、长春、哈尔滨、上海、南京、宁波、合肥、南昌、青岛、洛阳、武汉、长沙、广州、深圳、重庆、成都、泸州、遵义、丽江、兰州、黄南藏族自治州、银川。

居民的文化消费问题。① 鉴于此，本文参考 Mcneil 和 Letschert 的做法，假设电影娱乐、动漫游戏等文化产品的扩散均服从 Logistic 扩散模型，具体如下：

$$Diff_{it}=\frac{\alpha_i}{1+\gamma_i \exp(\beta X_{it})}+\varepsilon_{it} \quad (1)$$

其中，$Diff_{it}$ 表示第 i 个地区在第 t 年文化产品的市场渗透率；α_i 表示第 i 个地区文化产品的市场饱和程度；X_{it} 表示第 i 地区第 t 年文化产品市场渗透率的影响因素；β 为影响因素的估计系数，衡量的是文化产品的市场扩散速度；系数 γ_i 决定扩散曲线在时间轴上的位置；ε_{it} 为误差项。方程(1)通过变形可转换为：

$$\ln\left(\frac{\alpha_i}{Diff_{it}}-1\right)=\ln\gamma_i+\beta X_{it}+\varepsilon_{it} \quad (2)$$

当我们设定饱和程度 α_i 后，可以将方程(2)进一步转换为线性函数，并进行线性回归得到估计系数 β。美国经济学家 Chenery 曾指出，当一个地区人均 GDP 达到 3000 美元时，该地区居民文化消费支出占总消费支出的 23%左右(以下简称“国际经验值”)。② 而我国的人均 GDP 在 2008 年时已超过 3000 美元，在 2015 年更是达到了 7990 美元，故本文借鉴 Chenery 的研究成果，假设一个地区城镇居民文化消费达到国际经验值时饱和。为了便于后续研究，我们认为不同城市文化消费的饱和度是相同的，且考虑到 2015 年东部沿海城市的城镇居民总消费支出已普遍超过 3 万元人民币，因此我们假定城镇居民文化消费达到 6900 元人民币时饱和。

张为付等通过研究发现，文化流通、文化需求和文化供给是文化消费的三个最主要影响因素。③ 张梁梁和林章悦则从文化消费自身影响、个人因素以及社会因素三个层面着手分析，证明居民人均收入、受教育程度、社会保障力度和地区因素对刺激文化消费具有显著正向作用，老龄化人口结构和文化监管

---

① See Mcneil M. A., V. E. Letschert, “Modeling Diffusion of Electical Appliances in the Residential Sector”, *Energy and Buildubgs*, 2010(6), pp. 783-790.

② See Chenery, H. B., *Patterns of Development*: 1950-1970, London: Oxford University Press, 1975.

③ 参见张为付、胡雅蓓、张岳然：《生产供给、流通载体与文化产品内生性需求》，《产业经济研究》2014 年第 1 期。

不利于文化消费的进行。[①] 靳卫东等基于 CFPS 数据，使用 DID、DDPSM 和 IV 方法，实证检验了文化消费的影响因素。结果表明，受教育程度、收入水平、健康状况以及是否参加医疗保险均对居民文化消费影响显著。[②] 基于上述研究成果，本文在重点研究收入和城市化因素对城镇居民文化消费影响的同时，还将受教育程度、社会保障力度、文化传播等因素作为控制变量纳入模型。

需要注意的是，城市化可能意味着居民收入的提高，故本文认为城市化有两条途径影响居民文化消费。一是城市化进程将通过非收入因素影响城镇居民文化消费；二是城市化进程在一定程度上将促进居民收入增加，进而影响城镇居民文化消费。

首先，针对第一条途径，本文同时控制居民收入和城市化水平，分别检验收入和城市化因素对城镇居民文化消费的影响。在方程(2)的基础上，具体模型设定如下：

$$\ln\left(\frac{\alpha_i}{Diff_{it}}-1\right)=\ln\gamma_i+\beta_1 Inc_{it}+\beta_2 Urb_{it}+\beta_3 Edu_{it}+\beta_4 Soc_{it}+\beta_5 Com_{it}+\varepsilon_{it} \quad (3)$$

其次，针对第二条途径，本文将收入和城市化的交互项纳入模型，来考察城市化在多大程度上通过影响居民收入来促进城镇居民文化消费。在方程(3)的基础上，具体模型设定如下：

$$\ln\left(\frac{\alpha_i}{Diff_{it}}-1\right)=\ln\gamma_i+\beta_1 Inc_{it}+\beta_2 Urb_{it}+\beta_3 Inc_{it}\cdot Urb_{it}+\beta_4 Edu_{it}+\beta_5 Soc_{it}+\beta_6 Com_{it}+\varepsilon_{it} \quad (4)$$

(三)变量选取

1. 被解释变量

本文被解释变量($Diff_{it}$)代表第 i 个城市在第 t 年文化产品的市场渗透率，采用城镇居民人均文化消费来表示。城镇居民人均文化消费具体又可以分为发展性文化消费的教育支出与娱乐性文化消费的服务支出[③]，但由于在国

---

① 参见张梁梁、林章悦：《我国居民文化消费影响因素研究——兼论文化消费的时空滞后性》，《经济问题探索》2016 年第 8 期。

② 参见靳卫东、王鹏帆、毛中根：《城镇居民医疗保险制度改革的文化消费效应研究》，《南开经济研究》2017 年第 2 期。

③ 参见李蕊：《中国居民文化消费：地区差距、结构性差异及其改进》，《财贸经济》2013 年第 7 期。

家统计过程中并不加以区分，一般选择将二者合并统计为文教娱乐服务消费支出，所以本文采用城镇居民家庭人均文教娱乐服务消费支出来衡量城镇居民人均文化消费。

2. 解释变量

根据方程(3)和方程(4)，本文的解释变量有三个，分别为居民收入(Inc_{it})、城市化(Urb_{it})和二者交互项($Inc_{it} \cdot Urb_{it}$)。Inc_{it}代表第i个城市在第t年的城镇居民的人均收入，Auffhammer 和 Wolfram 通过研究发现，人均可支配收入和人均消费支出都可以用来衡量收入效应因素，而且相较于人均可支配收入，人均消费支出可以更准确地描述居民的生活水平，故本文选择采用城镇居民人均消费支出衡量城镇居民人均收入的收入效应。Urb_{it}代表第i个城市在第t年的城市化率，本文参照 Poumanyvong 等的做法①，采用城镇人口数与总人口数(常住人口)的比值表示。

3. 控制变量

本文选取受教育程度(Edu_{it})、社会保障力度(Soc_{it})、文化传播(Com_{it})三个重要变量因素作为控制变量纳入模型。其中，受教育程度，本文选择各城市6岁及以上人口中受过高等教育(大学专科、本科以上)人数的比例来衡量；社会保障力度，本文选择各城市基本养老保险参保人数与城镇总人口的比值来衡量；文化传播，采用各城市文化市场经营机构营业收入表示，其中文化市场经营机构指的是娱乐场所、网络文化经营机构、非公有制艺术表演团体、艺术品经营机构、演出经纪机构等。表1给出了各变量的描述性统计。

表1　各变量的描述性统计

变量	变量含义	样本数	均值	标准差	最大值	最小值
$Diff_{it}$	城镇居民人均文化消费(万元)	312	0.1781	0.0799	0.5253	0.0666
Inc_{it}	城镇居民人均消费支出(万元)	312	1.4094	0.5803	3.7458	0.6038

① See P. Poumanyvong, S. Kaneko, S. Dhakal, "Impacts of Urbanization on National Transport and Road Energy Use: Evidence from Low, Middle and High Income Countries", *Energy Policy*, 2012, 46(3), pp. 268-277.

续表

变量	变量含义	样本数	均值	标准差	最大值	最小值
Urb_{it}	城镇人口数与总人口数(常住人口)的比值	312	0.5364	0.1522	0.8985	0.2686
Edu_{it}	各城市6岁及以上人口中受过高等教育人数的比例	312	0.3179	0.0704	0.5016	0.1540
Soc_{it}	各城市基本养老保险参保人数与城镇总人口的比值	312	0.3288	0.1386	0.7590	0.0507
Com_{it}	各城市文化市场经营机构营业收入(百亿元)	312	2.1875	1.7630	9.8798	0.0791

四、实证结果及稳健性检验

本文的实证检验分三步进行。首先,检验分析模型中自变量可能存在的多重共线性问题。其次,采用固定效应面板模型对方程(3)和(4)分别进行基准估计,以初步考察收入和城市化以及二者的交互项对城镇居民文化消费的影响效应,并通过调整样本期,以观察收入和城市化因素对城镇居民文化消费影响的时间效应。最后,通过替换核心解释变量和改变样本范围进行稳健性检验,以确保研究结论的稳健性。

(一)模型多重共线性检验

为了保证模型估计的可靠性和合理性,本文首先对模型中自变量可能存在的多重共线性问题进行检验分析,具体采用 Kendall 检验进行,结果如表 2 所示。可以发现,居民收入和城市化水平的相关系数较大,表明两者之间存在多重共线性问题,这也间接证明本文在方程(4)中设定具体模型时考虑收入和城市化二者交互项对城镇居民文化消费影响的正确性和必要性。为解决该多重共线性问题,在下文的基准估计过程中,本文采用逐步回归法。除此之外,其他解释变量间的相关系数均较小,表明不存在多重共线性问题。

表 2　　Kendall 自变量的相关系数

	Inc_{it}	Urb_{it}	Edu_{it}	Soc_{it}	Com_{it}
Inc_{it}	1.0000				
Urb_{it}	0.7124	1.0000			
Edu_{it}	−0.0302	−0.0209	1.0000		
Soc_{it}	0.3713	0.4068	0.3557	1.0000	
Com_{it}	0.3469	0.0614	0.0283	−0.1120	1.0000

(二)基准估计结果

为了避免可能存在的不随时间变化的遗漏变量所产生的不利影响，本文考虑使用固定效应模型对平衡面板数据进行基准估计。同时，Hausman 检验的结果也支持选择固定效应模型。为了解决上文中的多重共线性问题以及可能因遗漏变量而存在的内生性问题，在基准估计过程中，本文均采用逐步回归法。

表 3 报告了模型(3)的基准估计结果。其中，(1)～(4)列是对模型(3)的偏回归估计结果，第(5)列是全回归估计结果。从(1)～(5)列的回归结果可以看出，两个关键解释变量一直在 1%的水平上显著，且估计系数值和系数符号都没有发生明显变化，说明估计结果具有较好的稳健性。从第(5)列的全回归结果可以看出，居民收入和城市化水平的估计系数均在 1%的水平上显著为负，根据 Logistic 函数的特征，这表明收入和城市化因素对城镇居民文化消费具有显著的正向推动作用，即城镇居民人均消费支出每增加一个百分点将使居民文化消费提升 0.76 个百分点，城市化水平每提高一个百分点将使居民文化消费提升 3.17 个百分点。另外，在第(6)～(7)列中我们将样本时间分别缩短至 2005～2012 年和 2005～2009 年，可以发现，收入因素的估计系数仍然显著，且 2005～2012 年间收入效应明显大于 2005～2016 年和 2005～2009 年。这说明在样本期内，收入因素对城镇居民文化消费的影响效应呈现出先增加后降低的“倒 U”形曲线特征；而城市化因素在 2005～2012 年间通过了 10%的显著性检验，在 2005～2009 年间未通过显著性检验，且在 2005～2012 年间的估计系数仅为−0.4775，与 2005～2016 年间的估计系数−3.1744 相比差距较大，这说明随着近年来城市化进程的加快，城镇居民文化消费的意愿也在不断增加。

表 3　　模型(3)的基准估计结果

变量	(1)	(2)	(3)	(4)	(5)	(6)	(7)
	2005～2016					2005～2012	2005～2009
Inc_{it}	−0.9274*** (0.0227)	−0.6763*** (0.0380)	−0.6849*** (0.0375)	−0.7488*** (0.0466)	−0.7652*** (0.0399)	−0.8532*** (0.0540)	−0.8027*** (0.0881)
Inc_{it}		−3.3543*** (0.4338)	−3.1276*** (0.4871)	−3.0254*** (0.4822)	−3.1744*** (0.5108)	−0.4775* (0.4786)	0.6645 (0.8326)
Edu_{it}			−0.6919* (0.4272)	−0.7552* (0.4233)	−0.6886* (0.4301)	−0.0937 (0.3185)	−0.8735* (0.5178)
Soc_{it}				0.7499** (0.2930)	0.7322** (0.2918)	0.5914** (0.2300)	0.8638** (0.4126)
Com_{it}					0.0119 (0.0130)	−0.0045 (0.0099)	0.0121 (0.0156)
常数项	2.4586*** (0.0354)	3.9515*** (0.1880)	3.9817*** (0.1892)	3.8192*** (0.1976)	3.8598*** (0.2035)	2.4902*** (0.1903)	2.0107*** (0.3036)
R^2	0.8549	0.8842	0.8853	0.8879	0.8885	0.8856	0.7250
F 统计值	6.13	9.02	9.14	7.88	6.11	13.87	13.86
样本数	312	312	312	312	312	208	130

注：＊＊＊、＊＊、＊分别表示 1%、5%、10%的统计显著性水平，括号内为标准差。

表 4 报告了模型(4)的基准估计结果。表 4 中的第(1)列单独考察了收入和城市化，以及二者交互项对城镇居民文化消费的影响；第(2)～(4)列，逐步添加受教育程度、不确定性、文化传播等影响城镇居民文化消费的控制变量。结果表明，收入和城市化因素对城镇居民文化消费的影响仍然显著，且二者交互项也通过了 1%的显著性检验。以第(4)列为例，收入因素的估计系数为−1.5983，城市化因素的估计系数为−1.7652，二者交互项的估计系数为−1.0059，通过与表 3 中第(5)列的回归结果相比，可以发现，考虑二者交互项影响后，收入因素的估计系数明显增加，城市化因素的估计系数明显减小。这在一定程度上验证了上文中模型(4)设定的必要性和准确性，即城市化不仅可以通过非收入因素对城镇居民文化消费产生影响，还可以通过在一定程度上促进居民收入增加，进而对城镇居民文化消费产生影响。此外，在第(5)～(6)列中我们仍将样本时间分别缩短至 2005～2012 年和 2005～2009 年进行回归，发现加入收入和城市化二者交互项以后，收入因素的估计系数仍然显著为负，但其绝对值并未呈现出先增加后降低的“倒 U”形曲线特征。而城市化因素的估计系数为正但不显著，二者交互项的估计系数仅在 2005～2012 年间通过显

著性检验，这可能是由于在2012年以前，我国的城市化进程相对缓慢，城市化因素对城镇居民文化消费的影响有限。

表4 模型(4)的基准估计结果

变量	(1)	(2)	(3)	(4)	(5)	(6)
	2005～2016				2005～2012	2005～2009
Inc_{it}	−1.4819*** (0.2020)	−1.5097*** (0.2248)	−1.5133*** (0.2226)	−1.5983*** (0.2287)	−1.4172*** (0.2289)	−0.9084** (0.3873)
Urb_{it}	−1.6088** (0.6270)	−1.6093** (0.6282)	−1.6387*** (0.6230)	−1.7652*** (0.6236)	0.2544 (0.5529)	0.7791 (0.9310)
$Inc_{it} \cdot Urb_{it}$	−0.9422*** (0.2334)	−0.9803*** (0.2649)	−0.9095*** (0.2651)	−1.0059*** (0.2677)	−0.6800** (0.2684)	−0.1373 (0.4897)
Edu_{it}		−0.1372* (0.4729)	−0.0256* (0.4732)	−0.2326* (0.4870)	0.5886 (0.4134)	−0.7741* (0.6295)
Soc_{it}			0.6245** (0.2919)	0.5794** (0.2923)	0.5842** (0.2266)	0.8544* (0.4159)
Com_{it}				0.0210 (0.0116)	0.0001 (0.0099)	0.0119 (0.0157)
常数项	3.3232*** (0.2385)	3.2974*** (0.2791)	3.1983*** (0.2652)	0.2136*** (0.2678)	2.1190*** (0.2379)	1.9596*** (0.3554)
R^2	0.8910	0.8912	0.8935	0.8944	0.8897	0.7253
F统计值	8.58	8.49	7.76	6.53	13.33	12.88
样本数	312	312	312	312	208	130

注：***、**、*分别表示1%、5%、10%的统计显著性水平，括号内为标准差。

影响城镇居民文化消费的三个控制变量中，受教育程度无论是在模型(3)还是在模型(4)的基准估计中，均在10%的水平上显著负相关，表明城镇居民的受教育程度越高，其文化消费意愿越强。不确定性在两个模型的回归结果中，均在5%的水平上显著正相关，根据Logistic函数的特征，表明不确定性越大，即社会保障程度越弱，越不利于刺激城镇居民文化消费。文化传播在两个模型的基准回归中，估计系数分别为0.0119、0.0210，但均未通过显著性检验，表明当前文化传播与城镇居民文化消费水平间不存在较强的因果关系。

(三)稳健性检验

上文中的基准估计结果表明，收入和城市化以及二者交互项均显著提高了城镇居民的文化消费水平,但这一结论是否可靠,尚需进行稳健性检验。本文通过替换核心解释变量和改变样本范围两种方法进行稳健性检验,以确保研究结论的稳健性,具体结果如表5所示。

替换核心解释变量:第(1)~(2)列用城镇居民人均可支配收入替换城镇居民人均消费支出来衡量城镇居民人均收入的收入效应。收入因素和城市化因素以及二者交互项均通过显著性检验,但收入因素的估计系数仅为−0.4493和−0.5036,明显低于表3和表4中的估计结果,表明用人均可支配收入衡量的收入效应明显弱于用人均消费性支出衡量的收入效应。这也进一步支持了Auffhammer和Wolfram(2014)的研究结论,即人均消费性支出相较于人均可支配收入,可以更准确地代表收入效应因素,更真实地描述居民的生活水平。

改变样本范围:第(3)~(4)列剔除鄂尔多斯、南昌、洛阳、武汉、长沙5个中部城市,选取21个东西部城市子样本进行回归,收入因素和城市化因素以及二者交互项均通过显著性检验,表明收入因素和城市化因素以及二者交互项有助于提升东西部城市城镇居民文化消费水平。第(5)~(6)列进一步剔除重庆、成都、泸州、遵义、丽江、兰州、黄南藏族自治州、银川8个西部城市,仅保留13个东部城市子样本进行回归,三个关键解释变量的估计结果仍然显著。

表5的结果表明,无论是替换核心解释变量还是改变样本范围,各解释变量的显著性和估计系数符号与基准估计基本一致,即收入和城市化以及二者交互项促进了城镇居民文化消费的研究结论是稳健的。

表5　　稳健性检验

变量	(1)	(2)	(3)	(4)	(5)	(6)
	替换核心解释变量		东西部城市子样本		东部城市子样本	
Inc_{it}	−0.4493*** (0.0250)	−0.5036*** (0.0622)	−0.7716*** (0.0531)	−1.6561*** (0.2532)	−0.5037*** (0.0585)	−0.9188*** (0.3249)
Urb_{it}	−2.6774*** (0.4908)	−2.5220*** (0.5153)	−3.0946*** (0.6263)	−1.7905** (0.7113)	−4.1538*** (0.6797)	−3.7067*** (0.7596)
$Inc_{it}\cdot Urb_{it}$		−0.1265* (0.1274)		−1.0646*** (0.2987)		−0.4781** (0.3672)
Edu_{it}	−0.4992* (0.4041)	−0.3438** (0.4330)	−0.9952* (0.5220)	0.1879 (0.6070)	−2.3176*** (0.4913)	−1.6572** (0.7053)
Soc_{it}	0.2051** (0.2586)	0.0745* (0.2903)	0.6817** (0.3237)	0.5474* (0.3172)	1.6464*** (0.4375)	1.5304*** (0.4431)

续表

变量	(1)	(2)	(3)	(4)	(5)	(6)
	替换核心解释变量		东西部城市子样本		东部城市子样本	
Com_{it}	0.0268 (0.0122)	0.0345 (0.0131)	0.0201 (0.0148)	0.0321 (0.0146)	0.0256* (0.0145)	0.0325 (0.0154)
R^2	0.9011	0.9013	0.8824	0.8887	0.9245	0.9252
F 统计值	8.27	8.06	6.94	7.65	13.21	13.46
样本数	312	312	252	252	156	156

注：***、**、*分别表示1%、5%、10%的统计显著性水平，括号内为标准差。

五、结论和政策建议

本文利用Logistic扩散模型对2005～2016年首批（第一次）26个国家文化消费试点城市城镇居民文化消费的平衡面板数据进行实证分析，考察收入和城市化因素对城镇居民文化消费的影响。目前尚未发现有文献用Logistic扩散模型研究居民的文化消费问题，在考虑居民收入因素的同时，重点研究城市化因素以及二者交互项对城镇居民文化消费的影响研究具有一定的创新意义。研究结果表明：居民收入、城市化水平的提高对城镇居民文化消费的提升产生了显著的正面效应，在替换核心解释变量和改变样本范围后，这一结论依然稳健。同时，在样本期内，随着城镇居民收入的提高，收入因素对城镇居民文化消费的影响效应呈现出先增加后降低的“倒U”形曲线特征；而城市化水平的提升，对城镇居民文化消费的影响更加明显。考虑二者交互项影响后，收入因素的影响系数明显增加，城市化因素的影响系数明显减小，这说明城市化不仅可以通过非收入因素对城镇居民文化消费产生影响，而且还可以通过促进居民收入增加，进而对城镇居民文化消费产生影响。

上述研究结论具有如下政策含义：第一，进一步提高我国城镇居民收入水平，同时要增加城镇居民的人均消费支出。收入因素是影响我国城镇居民文化消费水平的重要因素，只有不断提高城镇居民的收入水平，尤其是消费支出水平，才能提高我国城镇居民的文化消费能力，促进文化消费持续增长，继而激发我国文化产业发展的“内生动力”，实现文化产业繁荣发展。为此，我们不但要积极扩大就业，适当提高劳动者报酬，并根据各地经济发展水平及时调整最低工资标准;还要通过深化收入分配制度改革,努力创造公平公正的体制机制环境,逐步形成合理有序的收入分配格局。第二,加快城市化进程,提高城市化质量。城市化因素可以通过直接或间接途径促进城镇居民文化消费增加,虽然目前我国的城市化率已经很高,但当前的城市化并不彻底,更多的是城市建设扩展和人口进城,并没有实现最重要的人的城市化,城市化质量还有待进一步提高,许多人的生活观念、生活方式并没有完全融入城市,“城市一农村”的候鸟迁移还在节庆时上演。

[原载于《山东大学学报(哲学社会科学版)》2018 年第 1 期]

艺术品资产定价研究

——基于组内固定效应的特征价格模型

张志元　胡兴存　马永凡

一、引言

艺术品既是精神消费品,也是金融资产,具有双重属性。一方面,艺术品能够为人们带来精神层面的审美效用;另一方面,在资产配置中加入艺术品不仅能优化投资组合,还能够抵御通货膨胀,获得稳定可观的投资收益。伴随着我国经济的崛起和高净值人群的增加,艺术品的消费和收藏以及投资等多维属性致使其需求越来越大,市场正以惊人的速度扩张。国外学者从1980年开始,就已经对艺术品市场的运行规律和艺术品的价格机制开始探究,艺术品市场运行规律已然成为金融学研究领域的重要补充。但是与中国艺术品市场迅猛发展形成鲜明对比的是对艺术品市场定量分析的文章较少,大多数文章都是从宏观层面定性地探讨艺术金融的发展。基于中国艺术品市场的微观金融数据对其运行规律进行的定量分析有助于更好地阐释中国的艺术品市场,吸引更多的中产收入人群进入艺术品市场,促进市场的理性发展与繁荣。

在这其中首要的问题便是艺术品资产定价。传统金融资产的定价是基于未来资产可预期收益的现金流折现得到,有别于传统的金融资产,艺术品资产几乎没有相对稳健的现金流对其价格进行支撑,这也是困扰大多数学者的难题之一。艺术品的稀缺性、不可替代性和审美属性增加了确定其价格机制的难度。投资者是有限理性的,投资者在投资市场的买卖决策并非完全基于资产的市场价值,而可能受到艺术品炫耀性、象征性等特性的影响而购买,进一步加大了艺术品价格形成机制的难度和复杂性。[①] 大部分学者通常用效用理论对艺术品的价格进行估算,即不同投资者从不同的艺术品特征之中获得效用的隐含价格的线性加总。虽然特征价格模型包含影响艺术品价格的主要信息,但是由于艺术品的异质性和主观方面的因素往往对模型的设定产生较大的偏误。艺术家禀赋造成了其各自的比较优势,而其外在的、物质化的表现可以由其作品淋漓尽致地展现,使得不同艺术家的作品之间存在着较大的异质性。大部分的文献在对特征价格法进行设定时都忽视了投资者对艺术家特质的偏好,忽略了艺术家特质对艺术品价格的影响,即未能考虑艺术家禀赋对艺术品价格的影响,使得特征价格模型的设定产生重大偏误。笔者利用艺术家组内固定的方法对特征价格法进行修正,将艺术家禀赋对艺术品价格的影响加入回归方程和艺术品定价公式之中,完善艺术品定价模型;并且通过对艺术品多维度特征控制将艺术品分为不同的相似组[②],通过相似组组内固定的方法进一步完善特征价格模型;利用修正的特征价格模型可以准确认识艺术品价格,并可以构建艺术品价格指数,确定艺术品市场的整体收益,量化地研究艺术品市场。

二、文献综述

对于艺术品资产的定价问题,价值价格理论认为一件优秀的作品其作者投入的必要劳动时间较长,因此价值较高,相应的外在表现出的价格就比较高。[③] 尽管效用理论告诉我们价格取决于消费品给消费者带来的效用大小,但是也有例外——当消费者注重投资收益时,就不会在乎效用大小,反而更注重

---

① 参见黄隽、李越欣、夏晓华:《艺术品的金融属性:投资收益与资产配置》,《经济理论与经济管理》2017 年第 4 期。

② 相似作品组里每个相似作品组 s 之中的每次交易可以视为一次重复的交易,其中相似组 s 要满足四个假设条件:(1)相似组要尽可能包含艺术品特征的所有维度,要尽可能保证相同的相似组的艺术作品是同质的,不同相似作品组的作品是异质的;(2)相似组里面的每件艺术作品多个维度上的总体相似性得分是相差不大的;(3)相似组在每件艺术作品各个维度上不具有统计上的显著差异;(4)艺术品是兼具审美价值和文化、历史和经济等多维的新兴资产,相似组的确定需要对艺术品的审美价值、艺术价值、文化价值、装饰和历史等维度的数据进行全方位的剖析和完善。

③ 参见刘正刚、刘玉洁:《艺术商品价值形成原理探索》,《成都师范学院学报》2007 年第 10 期。

商业价值，此时效用价值的作用就比较微弱。成本价格论认为艺术品价值应该取决于其创作过程中劳动力、物质、文化资源等各方面的货币体现。[①] Rénasse 等从个体的层面研究了艺术品价格的决定，他们认为艺术品中包含着一些循环、缓慢的时尚元素，投资者对其不同的偏好会影响情绪的变动，从而影响价格。[②] 一般认为艺术品的定价机制主要有成本加成定价、市场比较定价、需求指导定价和学术联动定价。[③] 本文则采用了成本加成定价中的特征价格法。

特征价格模型被广泛应用于艺术品指数的计算，最先开始在艺术品市场应用特征价格模型的是 Anderson，他主要将绘画作品的属性分为美学、装饰、经济三个属性，并且其研究结论表明了对于艺术品价格指数的显著变量是艺术家名望、作品的尺寸和出售的年份。[④] Adrew C. Worthington 和 Helen Higgs 选择了 1973～2003 年间 50 位艺术家的 3 万多幅作品的拍卖数据进行了实证研究，用艺术家的姓名、年龄、作品销量、尺寸、拍卖场所等变量的对数进行回归分析，发现当尺寸超过一定的程度，拍卖价格会随之下降，并且苏富比和佳士得两大拍卖公司在每年的 7、8 月份拍卖价格较高。[⑤] 在国内，王艺利用雅昌的拍卖数据，通过构建特征价格模型分析了 36 位国画艺术家与 22 位油画艺术家作品价格的影响因素。[⑥] 更进一步，陆霄虹选择了 7 个艺术品特征的维度，对国画和油画构建特征价格模型，对比分析了两者之间价格表现出的市场差异。[⑦] 李艳选择了作品年代、艺术家是否知名、拍卖季度、拍卖行等几个不太经常出现在特征价格模型中的变量，编制了我国 2003～2013 年的国画价格

---

① 参见顾江：《文化产业经济学》，南京大学出版社 2007 年版，第 41～61 页。

② See Pénasse J., Renneboog L., Spaenjers C., "Sentiment and Art Prices", *Economics Letters*, 2014, 122(3), pp. 432-434.

③ 参见蔡惠萍：《中国画市场定价机制研究》，河北师范大学硕士学位论文，2013 年。

④ See Anderson R. C., "Paintings as an Investment Economic Inquiry", *Economic Inquiry*, 1974, 12(1), pp. 13-26.

⑤ See Worthington A. C., Higgs H., "A Note on Financial Risk, Return and Asset Pricing in Australian Modern and Contemporary Art", *Journal of Cultural Economics*, 2006, 30(1), pp. 73-84.

⑥ 参见王艺：《中国艺术品市场》，文化艺术出版社 2011 年版，第 76～93 页。

⑦ 参见陆霄虹：《中国当代绘画艺术作品特征价格研究》，南京航空航天大学博士学位论文，2009 年。

指数。①

还有一部分学者探讨了特征价格模型与重复交易法的优劣势。Frey 和 Pommerehne 在研究艺术品指数的过程中,将审美属性加入到了艺术品的特征价格模型中,同时两人也指出了目前艺术品定价多采用的重复交易法的缺陷——只有市场中的精品或者成功艺术家的作品才能多次拍卖。② Chanel 等对于两种方法做了系统性的比较,发现从长期看,两种方法计算的艺术品资产收益大体是一致的。③

由于艺术品定价的核心问题在于其交换和艺术品的影响,故而在选择特征变量时,许多学者认为会由于主观上对于特征变量的选择差异造成了一定的误差。④ 尽管学术界还没有统一的艺术品资产定价模型,但是 Shiller 曾表示重复交易法本质上就是一种特征价格模型:只不过该模型的变量全是由虚拟变量组成而已。⑤ 艺术品在市场中的交易是非连续性的,考虑到这一特殊性,特征价格模型可以更好地覆盖每一件作品,即使只出售过一次,具有一定的优势。另外,考虑到不同流派、不同画风的艺术家其作品的异质性较大,本文采用了组内固定方法来修正特征价格模型,解决模型遗漏变量和系统内生性问题,提高了回归方程的拟合优度,具有一定的探索性。

三、理论分析

(一)艺术品供求关系与艺术品特征价格模型

艺术品的价格是由艺术品的需求与供给共同决定的。艺术品几乎没有物

---

① 参见李艳:《艺术品的收益特性及其投资问题研究——以中国国画为例》,北京邮电大学硕士学位论文,2015 年。

② See Frey B. S., Pommerehne W. W., “Art Investment: An Empirical Inquiry”, *Southern Economic Journal*, 1989, 56(2), pp. 396-409.

③ See Chanel O., Gérard-Varet L. A., Ginsburgh V.,“The Relevance of Hedonic Price Indices: The Case of Paintings”, *Journal of Cultural Economics*, 1996, 20(1), pp. 1-24.

④ 参见严俊:《艺术品市场的定价机制——关于美学价值与艺术声誉的理论讨论》,《上海财经大学学报》2013 年第 4 期。

⑤ See Shiller R. J., “Arithmetic Repeat Sales Price Estimators”, *Journal of Housing Economics*, 1991, 1(1), pp. 110-126.

质价值，但是艺术品的审美价值、文化价值以及历史价值却是巨大的，所以对艺术品的需求也就取决于艺术品的不同特征属性。不同的艺术品具有不同特征，这些特征影响艺术品消费者或者投资者的效用函数，艺术品作为内在特征的集合来出售。设 $X=(X_1,X_2,\cdots,X_n)$ 为艺术品的 n 个特征属性构成的特征向量，Y 为除了该商品以外的所有复合商品集合的价值，$P(X)$ 为特征价格函数，M 为消费收入，当市场达到均衡时，$P(X)=P(X_1,X_2,\cdots,X_n)$，$M=P(X)+Y$。

设 U 为艺术品消费者或者投资者的效用函数，θ 为消费者或者投资者的出价函数，由效用函数 $U=(X,M,\theta)$，可以得到需求函数 $\theta=\theta(X,M,U)$。保持除 X_i 以外的特征属性不变，进一步得到出价曲线（需求曲线）函数 $\theta_i=\theta_i(X_i,M^*,U^*)$，其中 M^* 和 U^* 是确定收入水平下效用最大化的解。利用构造拉格朗日函数的方法求解消费效用最大化的最优解：

$$L(X,\lambda)=U(X_1,X_2,\cdots,X_n,Y)+\lambda[M-P(X_1,X_2,\cdots,X_n,Y)-Y] \quad (1)$$

一阶导数条件可得：

$$U_i/U_Y=P_i \quad (2)$$

其中 $U_i=\partial U/\partial X_i$，$U_Y=\partial U/\partial Y_i$，$P_i=\partial P/\partial X_i$，$P_i$ 为特征向量 X_i 的特征价格，当消费者或者投资者的效用最大化时，消费者的出价曲线与特征价格模型的曲线相切。

上面仅仅考虑到艺术品的需求面，同样需要从供给角度去看，市场的均衡条件为消费者或者投资者的价格与艺术品的持有者的价格相等；艺术品的持有者可能很多，但是从源头来讲，还是艺术家。从艺术家创作艺术品的角度来看，虽然艺术品几乎没有物质成本，但是艺术家在创造艺术品付出的时间成本以及脑力成本却是巨大的。假设不同艺术品的成本是由不同的特征属性向量的集合决定的，所以不同的艺术品的成本函数是不同的，对艺术品的利润函数进行转换，可以得到艺术品的供给函数 $\phi_i=\phi_i(X_i,X^w,\pi^*)$，其中 X^w 是除了特征属性 X_i 以外的所有的特征属性，π^* 是艺术品所属的供给者可以获得的最大利润。令成本函数 $C=C(X,Q)$，其中 X 为特征向量，Q 为艺术品的数量，其他商品的参数为向量 γ，则生产者的利润为 $\pi=P(X)Q-C(X,Q,\gamma)$。其中生产者利润最大化 $\max\pi=P(X)Q-C(X,Q,\gamma)$，由一阶导数条件可得 $P_iQ=C_i$。由此可知，对于处于市场均衡状态的生产者来说，其供给函数与特征价格模型的曲线相切，在切点处，特征属性的隐含价格与该特征属性的边际成本相等，当竞争市场达到均衡状态，需求与供给相等，从而得出出价曲线、要价曲线和特征价格曲线相切，进而得到艺术品的均衡价格和均衡数量。并且可以得到由均衡价格和均衡数量决定的特征价格模型曲线的方程为：

$$\ln(p_i)=\beta_0+\sum_{k=1}^{K}\beta_k\ln(x_{k,i})+\sum_{m=1}^{M}\beta_m dum_{m,i}+\sum_{w=1}^{W}\beta_w\ln(1+x_{w,i})+\varepsilon_i \quad (3)$$

其中 P_i 为艺术品成交价格；$x_{k,i}$、$x_{w,i}$ 表示影响艺术品价格的定量特征；$dum_{m,i}$ 表示影响艺术品价格定性特征的虚拟变量，当艺术品具备该特征时取1，否则取0。

(二)艺术家禀赋、艺术品供求关系以及艺术品均衡价格

艺术品内在价值是由其审美价值、文化价值、历史价值以及艺术家的个人创造情怀(艺术家特质)共同决定。① 已有文献对艺术品的价格的决定因素做了大量的研究，并将艺术品价格的主要因素归结为艺术品特征变量、艺术家、销售特性和外部经济环境。② 艺术家禀赋的不同造成了其各自的比较优势，而其外在的、物质化的表现可以由其作品淋漓尽致地展现，使得不同艺术家的作品之间存在着较大的异质性。

从供给的角度来看，艺术家禀赋已经成为艺术家创作艺术品的标签，形成类似品牌效应的作用，具有一定的垄断竞争力。从需求的角度来看，投资者(消费者)对艺术品特征的偏好决定其需求，消费者对于不同的艺术品特征具有不同的需求，同样消费者对于不同的艺术家特质(艺术家禀赋)具有不同的偏好，这种偏好一定程度上会影响艺术品的需求，甚至会影响投资者对于艺术品定性以及定量特征的认可程度和需求，这种偏好与需求来源于生活和经历等多维层面，具有较强的稳定性。另外，艺术品市场作为新兴的投资市场，信息具有较强的不对称性，投资者容易受到市场评论和媒体信息的影响，资深艺术评论人对于艺术家特质和艺术品特征的偏好会传递给投资者，羊群效应明显。传递的偏好会在买卖双方的较量之中具有极大的分量，影响艺术品的需求。综上来看，艺术家特质 X^* 已经成为特征向量 X 的属性变量，对艺术品的

---

① 参见张志元:《艺术品、股票市场的相关性及其波及》,《改革》2017 年第 12 期。

② See Rengers M., Velthuis O., "Determinants of Prices for Contemporary Art in Dutch Galleries, 1992-1998", *Journal of Cultural Economics*, 2002, 26(1), pp. 1-28; Higgs H., Worthington A., "Financial Returns and Price Determinants in the Australian Art Market, 1973-2003*", *The Economic Record*, 2005, 81(253), pp. 113-123.

出价曲线(需求曲线)有着重要的影响，进而对艺术品的均衡价格有着重要的影响。

此外,艺术品市场存在较强的锚定效应,即一件艺术作品的历史成交价格将不可避免地成为该作品拍卖时的参考价格。艺术品具有较低的流动性,那么与该艺术品相似的作品也将成为重要的锚定作品,同时艺术家的平均价格也成为艺术品的重要锚定参照物,艺术家的平均价格是由艺术家特质的品牌效应综合形成,这也间接证明了艺术家禀赋对艺术品均衡价格的影响。由此得到的均衡价格和均衡数量决定的特征价格模型曲线的方程为:

$$\ln(p_i)=\beta_{author}+\sum_{k=1}^{K}\beta_k\ln(x_{k,i})+\sum_{m=1}^{M}\beta_m dum_{m,i}+\sum_{w=1}^{W}\beta_w\ln(1+x_{w,i})+\varepsilon_i \qquad (4)$$

四、研究设计

(一)研究方法

本文借鉴 Anderson①、Adrew C. Worthington 和 Helen Higgs② 构建的特征价格模型,并在其中加入艺术家禀赋变量,得到如下回归方程:

$$\ln(p_i)=\beta_{author}+\sum_{k=1}^{K}\beta_k\ln(x_{k,i})+\sum_{m=1}^{M}\beta_m dum_{m,i}+\sum_{w=1}^{W}\beta_w\ln(1+x_{w,i})+\varepsilon_i \qquad (5)$$

其中,β_{author}不是一个固定的常数,是随着艺术家变动而变化的参数。β_{author}的设定解决了两个重要的问题:一是遗漏变量(艺术家禀赋或艺术品个体异质性未设定)导致的特征价格模型拟合优度偏小问题;二是系统内生性问题(艺术家禀赋变量与艺术品特征变量相关)。对于艺术品定价,笔者主要考虑的是艺术品的某一特征和宏观经济形势对艺术品价格的影响因子。参照面板个体固定效应的处理方法,本文采用艺术家组内固定的方法对特征价格模型进行修正,这样就可以使得艺术家禀赋对艺术品价格的影响在特征价格模型中有所体现,得到β的无偏估计量,解决了系统性的偏误。

① See Anderson R. C., "Paintings as an Investment Economic Inquiry", *Economic Inquiry*, 1974, 12(1), pp. 13-26.

② See Worthington A. C., Higgs H.,"A Note on Financial Risk, Return and Asset Pricing in Australian Modern and Contemporary Art", *Journal of Cultural Economics*, 2006, 30(1), pp. 73-84.

对方程(5)进行如下处理:首先,在固定艺术家的情况下对方程取平均,得到方程 a;其次,在全样本下对方程取平均,得到方程 b;最后,将原始方程(5)与方程 a 作差并与方程 b 作和①。整理化简得到:

$$\ln(P_i)=\beta_a+\sum_{k=1}^{K}\beta_k\ln(X_{k,i})+\sum_{m=1}^{M}\beta_m Dum_{m,i}+\sum_{w=1}^{W}\beta_w\ln(1+X_{w,i})+E_i \tag{6}$$

$$\begin{aligned}\beta_{author}=&\beta_a+\sum_{m=1}^{M}\beta_m(dum_{m_m}-dum_{m_{m,a}})+\sum_{w=1}^{W}\beta_w[\ln(1+x_w)_m-\ln(1+x_w)_{m,a}]\\&+\sum_{k=1}^{K}\beta_k[\ln(x_k)_m-\ln(x_k)_{m,a}]-\ln(p)_m+\ln(p)_{m,a}\end{aligned} \tag{7}$$

对方程(6)进行 OLS 回归就能得到艺术品特征变量对艺术品价格影响因子 β 的无偏估计量,$e^{\beta_{author}}$ 是艺术家禀赋对艺术品价格影响的量化表现形式,e^{β_a} 是艺术家禀赋引起的艺术品价格变化的平均值。艺术品的低流动性需要选择不同年度的截面数据作为样本的数据来源,同时要考虑艺术品价格随着宏观经济的周期性变化,在回归方程之中把时间固定下来,就是让年份作为虚拟变量加入回归方程之中,可得:

$$\begin{aligned}\ln(P_i)=&\beta_a+\sum_{k=1}^{K}\beta_k\ln(X_{k,i})+\sum_{m=1}^{M}\beta_m Dum_{m,i}+\sum_{w=1}^{W}\beta_w\ln(1+X_{w,i})\\&+\sum_{t=1}^{T}\beta_t time_t+E_i\end{aligned} \tag{8}$$

进一步来说,如果把影响艺术品价格的所有定性和定量特征尽可能详细地确定,以及拟合优度不断变大直到接近 1 的时候,对(8)方程进行回归得到其 β 系数,将 β 系数固定得到艺术品的定价公式。艺术品具有较高的异质性,有时候仅仅实现对艺术家的控制去研究艺术家的禀赋对艺术品的价格的影响还不够,需要在更多维度上控制艺术品特征。可以认为当艺术品的多维度特征都相同时,该类别内的所有艺术品是一个相似组,利用相似组的思想来定量分析艺术品个体异质性对艺术品价格的影响。不同相似组之间的回归方程不同,具体表现形式如下:

$$\ln(p_i)=\beta_s+\sum_{k=1}^{K}\beta_k\ln(x_{k,i})+\sum_{m=1}^{M}\beta_m dum_{m,i}+\sum_{w=1}^{W}\beta_w\ln(1+x_{w,i})+\varepsilon_i \tag{9}$$

采用相似组组内固定的方法并且简化处理得到如下方程:

$$\begin{aligned}\ln(P_i^s)=&\beta_A+\sum_{k=1}^{K}\beta_k\ln(X_{k,i}^s)+\sum_{m=1}^{M}\beta_m Dum_{m,i}^s+\sum_{w=1}^{W}\beta_w\ln(1+X_{w,i}^s)\\&+\sum_{t=1}^{T}\beta_t time_t+E_i\end{aligned} \tag{10}$$

---

① 由于篇幅所限,具体推导过程不再展开,如有需要可向笔者索要。

其中 e^{β_s} 代表了艺术品个体异质性对艺术品价格影响的量化表现形式；β_s 表示的是艺术品个体异质性对价格的影响在特征价格模型的表达形式。

(二)回归模型设立

1. 特征价格模型

通过现有的样本数据，结合之前学者的研究，对尺寸、著录次数、签名、款识等主要的定性和定量变量进行回归分析，得到回归方程如下：

$$\ln(p_i)=\beta_0+\beta_1\ln(size_i)+\beta_2\ln(1+recorded_i)+\beta_3 dumsign_i+\beta_4 duminsci_i +\sum_{t=2001}^{2017}\beta_t time_t+\varepsilon_i \tag{11}$$

其中著录次数和尺寸是定量特征，著录次数是从 0 开始变化而且数量级很小，所以通过 $\ln(1+Recorded_i)$ 加入回归方程，可以更好地表达著录次数对艺术品价格的影响。定性特征包括款识和签名，通过定义虚拟变量的方法研究这两种特征对艺术品价格的影响，当艺术品具有该项特征时，虚拟变量取 1，否则为 0。

2. 艺术家禀赋与特征价格模型

艺术家禀赋对艺术品均衡价格具有重要的影响，需要让艺术家禀赋在特征价格模型之中量化体现，故采用组内固定的方法处理，将控制变量加入方程(8)得到具体的回归方程为：

$$\ln(P_i)=\beta_a+\beta_1 ln(Size_i)+\beta_2\ln(1+Recorded_i)+\beta_3 Dumsign_i +\beta_4 Duminsci_i+\sum_{t=2001}^{2017}\beta_t time_t+E_i \tag{12}$$

3. 艺术品个体异质性和特征价格模型

相同艺术家的低价作品和高价作品也可能存在较大的异质性，即艺术品高价组和低价组在技法的成熟性以及审美价值表达层次上具有显著的差异。仅仅实现艺术家的固定可能还不够，因为相同艺术家低价组和高价组的回归方程可能不相同。本文先控制了艺术家这个维度，并通过艺术品单位平尺价格的分位数将艺术家组内样本数据分为 10 组，全部的艺术品分成了 3880 组，相同的艺术家和单位平尺价格在一个区间为一个相似组。[①] 对回归方程(10)加入样本中已有的控制变量得到我们所需的回归方程为：

① 限于数据，此处的相似组只控制了艺术家与单位平尺价格两个维度。

$$\ln(P_i^s)=\beta_A+\beta_1\ln(Size_i^s)+\beta_2\ln(1+Recorded_i^s)+\beta_3 Dumsign_i^s+\beta_4 Duminsci_i^s+\sum_{t=2001}^{2017}\beta_t time_t+E_i \quad (13)$$

e^{β_A}为艺术品个体异质性对艺术品价格影响的平均值。

五、实证分析

(一)变量与数据来源

本文的数据源自雅昌艺术品交易平台,数据选取的是雅昌国画400指数的全部艺术家2000～2017年的国画的微观数据样本,其中包含明清艺术家、近现代艺术家和当代艺术家,几乎涵盖国内艺术品市场最具有代表性的艺术家。由于样本数据的时间区间跨度较大,因此笔者使用CPI月度环比数据将艺术品价格中的通货膨胀因素剔除,得到艺术品的实际价格。① 特征价格模型主要变量定义如下:(1)ln(*price*):艺术品拍卖真实成交价格(剔除通货膨胀因素)的log值;(2)ln(*size*):艺术品的尺寸的log值;ln(1+*recorded*):艺术品著录次数的log值;(3)*dumsign*:签名的虚拟变量;(4)*duminsci*:款识和钤印的虚拟变量。

(二)回归分析

1. 艺术家禀赋与艺术家组内固定效应模型

表1　　回归结果

	HR	HR(艺术家禀赋)	HR(相似组固定)	稳健性检验(断尾回归)		
	(1)	(2)	(3)	(4)	(5)	(6)
ln(*size*)	0.535***	0.738***	0.975***	0.536***	0.738***	0.975***
	−124.65	−193.08	−548.81	−123.94	−193.09	−548.84

① 具体处理方法如下:使用CPI月度数据可以得到2000年1月份到2017年10月份的CPI指数,使用2000年1月份的指数为基期指数,艺术品资产价格除以当期指数,再乘以基期指数,得到资产的实际价格。

续表

	HR	HR（艺术家禀赋）	HR（相似组固定）	稳健性检验(断尾回归)		
	(1)	(2)	(3)	(4)	(5)	(6)
ln(*recorded*)	1.535*** −159.25	0.865*** −110.57	0.131*** −34.22	1.537*** −158.87	0.865*** −110.58	0.131*** −34.22
dumsign	0.503*** −10.02	0.169*** −5.06	0.022** −2.09	0.504*** −10.01	0.169*** −5.06	0.010*** −3.79
duminsci	0.673*** −64.28	0.423*** −52.12	0.010*** −3.79	0.677*** −64.5	0.423*** −52.12	0.0219** −2.09
_cons	5.492*** −126.71	3.720*** −100.93	3.304*** −215.4	5.483*** −125.82	3.720*** −100.94	3.304*** −215.41
sigma	— — — —	— — — —	— — — —	1.461*** −585.52	1.078*** −432.22	0.350*** −182.11
时间效应	控制	控制	控制	控制	控制	控制
艺术家个体效应	未控制	控制	控制	未控制	控制	控制
相似组个体效应	未控制	未控制	控制	未控制	未控制	控制
log pseudo-likelihood	— —	— —	— —	−364920.09	−303175.62	−75187.745
N	204296	202955	202955	202955	202955	202955
R^2	0.297	0.399	0.805	— —	— —	— —
R^2_a	0.297	0.398	0.805	— —	— —	— —
F	4223.9	5908.7	16218.5	— —	— —	— —

注：*、**、***分别表示在10%、5%、1%水平上显著，系数下的数值为聚类稳健标准误。

表1中的序列(1)是方程(11)回归得到的回归结果，我们主要研究的是艺术品特征对艺术品拍卖成交价格的影响，所以在回归结果之中删除了时间变量对艺术资产价格的影响；序列(2)是方程(12)回归得到的结果，通过艺术家组内固定的方法研究了艺术家禀赋对艺术品价格的影响。从实证结果(1)和

(2)对比来看,未考虑艺术家禀赋的特征价格模型低估了艺术品尺寸对艺术品价格的影响,高估了艺术品其他的定性与定量特征对艺术品价格的影响。应用艺术家组内固定的方法把代表艺术家禀赋的变量加入回归方程之中,消费者或投资者对不同艺术家禀赋的偏好引起的艺术品价格变化的平均值为44.7($e^{3.8}$)元。从两个计量方程的回归结果的拟合优度以及其他艺术品特征的β系数比较得出以下结论:结果(2)的拟合优度远高于结果(1),而且相对于传统的特征价格模型,定量特征以及定性特征对艺术品价格的影响系数也发生了较大变动;艺术家禀赋对艺术品价格具有重要的影响,因此在特征价格法的构建中需要量化表现。如果对影响艺术品的特征进行细致分析、归类和总结,可以挖掘出对艺术品价格产生影响的全部特征,参照计量回归方程(12)进行回归,在拟合优度足够大的时候,便可以将固定的系数代入方程之中,得到定价方程的具体系数。

2.艺术品个体异质性与相似组组内固定效应模型

表1的实证结果(1)和(2)定量地证明了艺术家禀赋对艺术品价格的影响,但是艺术品的高异质性意味着特征价格模型设定的时候仅仅考虑固定艺术家是不够的。在控制艺术家这个单一维度的前提条件下,笔者通过将艺术品单位平尺的价格大致控制在一个范围内分为10个相似组,并通过相似组组内固定的方法得到了回归方程(13),对回归方程(13)进行个体异方差条件下的OLS回归得到其回归实证结果,即表1中序列(3)。对比表1中实证回归结果(2)和(3)可知:结果(3)拟合优度得到显著提高,尺寸对艺术品价格的影响越来越大,且尺寸对价格log值的影响因子已经接近1;其他定性特征及定量特征对艺术品价格的影响在变小。不同相似组的回归方程是不同的,说明艺术家的高价作品与低价作品存在较大的个体异质性,消费者或投资者对不同艺术品异质性偏好引起的艺术品价格变化的平均值为$e^{3.304}$元。随着回归的拟合优度的逐渐增加,尺寸对艺术品价格的影响因子β_1逐渐接近1,当$\beta_1=1$时,笔者对特征方程进行整理得:

$$\ln(P_i^s/Size_i^s)=\beta_A+\beta_2\ln(1+Recorded_i^s)+\beta_3 Dumsign_i^s+\beta_4 Duminsci_i^s+\sum_{t=2001}^{2017}\beta_t time_t+E_i \tag{14}$$

$\beta_1=1$时,方程(14)的回归结果就变成其他艺术品特征(除艺术品尺寸)对其资产单位价格的影响,符合预期,艺术品的尺寸是很难体现审美价值的,但是艺术品尺寸对审美价值具有加成作用,故尺寸对艺术品价格log值的影响因子在 1 左右波动。

(三)稳健性检验

1. 定价模型有效性检验

本文采用嵌套模型的平均误差平方(Mean Squared Error,MSE)[①]和调整 R^2 来比较模型预测价格的有效性。选择传统的特征价格模型作为基准模型,计算基准模型的平均误差平方记为 MSE_u;在基准模型中加入艺术家禀赋变量,得到比较模型的平均误差平方 MSE_r;同时利用相似组组内固定的方法将艺术品个体异质性加入特征价格模型,进一步得到另一比较模型的平均误差平方 MSE_n。利用方程(11)(12)(13)分年份进行回归得到其调整 R^2,并利用回归结果计算得到相应的平均误差平方。两个平均误差平方比(MSE_r/MSE_u,MSE_n/MSE_r)远小于 1,同时比较三者的调整 R^2 的大小得到了一致的结论:利用相似组固定方法将艺术品个体异质性加入传统的特征价格模型的做法在预测和认识艺术品价格上是最优的,同时将艺术家禀赋修正的特征价格模型可以在一定程度上解决特征模型设定的主观偏误的问题。[②]

2. 艺术品市场准入门槛、样本选择偏误与断尾回归

上述计量结果的数据是关于国画的拍卖数据,在国画拍卖市场未实现份额化交易的前提条件下,投资者进入国画拍卖市场时具有门槛,也就是说只有满足 $\ln(price) \geqslant c(c \geqslant 0)$ 时,我们才可以得到艺术品拍卖价格的微观数据。因此进行艺术品资产定价时需要对艺术品的准入门槛进行分析,我们可以对一些没有明显准入门槛的艺术品采用 OLS 回归确定其 β 系数。但是基于最小二乘法,对于那些具有明显准入门槛的艺术品运用特征价格模型确定 β 系数得到的估计结果可能是有偏的,忽略了非线性项对艺术品价格的影响,将其算作了随机扰动项,对待有明显准入门槛的艺术品应该采用断尾回归模型(Truncreg 模型)确定其 β 系数,才可以得到 β 的一致估计量。对收集得到的艺术品微观数据进行描述性统计发现艺术品价格具有明显的“左边断尾”的现象,故采用断尾回归模型(Truncreg 模型)对方程(11)(12)(13)进行回归得到表 1 中的序列(4)(5)(6)。

---

① 平均误差平方(Mean Squared Error,MSE)指的是在相同的条件下,被解释变量拟合值与真实值差的平方和与观察值个数的比值。其值越小,回归方程拟合得越好。

② 由于篇幅所限,此稳健性检验结果不再展示,如有需要可向笔者索要。

基于断尾回归,笔者得到了与OLS回归结果一致的结论:投资者对艺术家禀赋和艺术品个体异质性具有较强的偏好,这种偏好对于艺术品均衡价格的影响是不可忽视的;艺术家禀赋和艺术品特征对价格的影响因子均未发生变化。

(四)艺术品价格指数构建

特征价格模型除了可以用来实现价格的预测,同时也可以用来构建艺术品价格指数。修正的特征价格模型充分考虑了艺术家禀赋,侧重于研究艺术品价格与时间维度,即宏观环境(包括供求关系)的影响,可以用来构建更为精准的艺术品价格指数和艺术家价格指数,研究艺术品市场的波动程度以及市场周期。特征价格模型可以通过回归得到时间虚拟变量的估计系数,并利用一定的算法构建艺术品价格指数。利用艺术家组内固定的方法或加入艺术家虚拟变量可以将艺术家禀赋对艺术品价格的影响凸显出来,提高修正的特征价格模型的拟合优度。同样,利用相似组组内固定方法修正的特征价格模型也可以用来构建艺术品价格指数,但构建价格指数要确保相似组里面的艺术品尽可能地含有所有时期的艺术品,即相似作品的数据要在每一分组中构成平衡的准面板。目前相似组的构建在控制艺术家维度的同时,按艺术品单位平尺的价格分位数区间分为低、中、高三个相似组,这样处理可以得到更为准确的艺术品价格指数,使构建的艺术品价格指数更能准确反应艺术品市场的周期性增长。

利用Python处理特征价格数据可以得到重复交易数据样本——通过比对艺术家的名字、作品名称、尺寸、款识以及构图等多个维度确定了15520对重复样本。在考虑到交易成本(佣金因素)和时间成本(通胀)的前提下,利用3SLS回归方法得到了艺术品市场的整体收益,进而得到了重复价格指数,并以此作为基准指数,如图1所示。笔者发现,包含艺术家禀赋的特征价格模型回归得到的艺术品价格指数与重复交易法得到的基准指数趋势拟合度非常高且略小于重复交易法得到的指数,这也验证了重复交易法确实高估了艺术品价格指数。此外,还发现相似组固定效应得到的艺术品价格指数波动很小且数值明显较前两种低,但是还是可以看出其波动的趋势与前两种基本一致。分析其原因,笔者认为受限于可获取的数据(原始数据是以艺术家分组的数据库),导致相似组分组时每个组中丢失了较多有效数据信息含量,无法构成平衡的准面板数据,导致了艺术品价格指数与 RSR 指数相差较大,但反应的波动是一致的。

综上,加入艺术家禀赋的特征价格模型指数与 RSR 价格指数具有较大的拟合性,甚至比 RSR 指数更精确。优化后的模型在一定程度上克服了特征价格模型本身的主观设定偏误,同时解决了 RSR 高估指数(只有精品才会被反复拍卖)和构建数据库复杂的缺陷,又由于其不需要筛选重复样本而避免了一定的时间成本,因此修正后的特征价格模型可以用来作为构建指数的主流方法。如果本身的数据样本完善,则可以用相似组组内固定的方法修正特征价格模型,构建更为精确的指数。

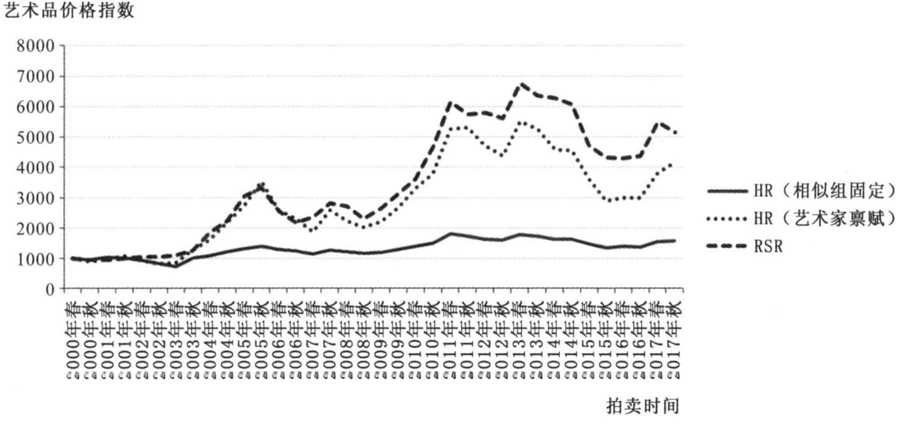

图 1　艺术品价格指数

六、结论及展望

本文选取雅昌国画 400 指数的全部艺术家 2000~2017 年的国画的微观数据作为研究样本,考虑到艺术家禀赋对艺术品价格的影响,运用艺术家组内固定效应下的特征价格模型对影响艺术品价格的因素以及机制进行了研究,得到如下结论:(1)投资者和消费者对艺术家禀赋具有较强的偏好,这种偏好对于艺术品均衡价格的影响是不可忽视的,并且该偏好引起的艺术品价格变化的平均值为 44.7($e^{3.814}$)元。(2)包含艺术家禀赋的组内固定效应模型能更好地完成艺术品的价格预测,此外当拟合优度足够大时,基于组内固定的方法,我们可以得到艺术品特征的隐含价格,进而得到艺术品的定价公式。(3)包含艺术家禀赋的特征价格模型回归得到艺术品价格指数相比于 RSR 方法得到的指数要更为精准,当所使用的数据足够多时,相似组组内固定效应下的特征价格模型得到的指数更精准,且方法较为简单。

本文的实践意义主要集中在两个方面:一是结合相似组、组群分析等思想,把更为精确的艺术品个体异质性加入计量方程和艺术品定价公式之中,回归得到 β 系数,并把系数固定得到艺术品的定价公式之中。计量回归方程为:

$$\ln(p_i)=\beta_s+\sum_{k=1}^{K}\beta_k\ln(x_{k,i})+\sum_{m=1}^{M}\beta_m dum_{m,i}+\sum_{w=1}^{W}\beta_w\ln(1+x_{w,i})+\varepsilon_i \tag{15}$$

该估值方法体现 HR 和 RSR 的综合,模型将 RSR 嵌入到 HR 的模型之中,较好地解决艺术品异质性所引起的特征价格模型设定的偏误,实现对原有特征价格模型的进一步修正,一定程度上准确认识艺术品价格机制并有效实现价格的预测。二是利用相似组、组群分析等思想修正的特征价格模型构建艺术品价格指数。本文通过比对重复价格指数和包含艺术家禀赋的特征价格指数,发现特征价格指数在考虑艺术品异质性的基础上,可以较大程度地克服特征价格模型的主观偏误。

由于在经验判断的定价方式中,专家的阅历、知识结构等差异都会带来艺术品定价的主观偏误,故而建立科学合理的艺术品定价模型,探索定性与定量相结合的艺术品定价方法,将是艺术品金融化的过程中一个最为关键的研究命题。包含艺术家禀赋的特征价格模型可以作为预测价格、构建指数的可行性模型,但限于数据库等多方面的因素,我们只能证明相似组组内固定方法在艺术品价格指数的构建中是简单有效的,并不能得到确切的艺术品价格指数来进行进一步的研究。未来在完善的艺术品数据的基础上,借助组群分析等方法构建价格指数,进一步考量艺术资产的定价、投资以及艺术品市场有效性等问题,提高理论的适用性,将是促进艺术品市场理性发展、理性繁荣的重要根基。

[原载于《山东大学学报(哲学社会科学版)》2018 年第 4 期]

基于 PCI 分析框架的中国超级明星市场低效率现象研究

杨永忠　杨镒民

作为知识经济时代发展的必然趋势，文化创意产业在经济结构中所占比重不断增加。同时，文化创意产业的外部性使其对国民经济和社会发展产生重要影响。超级明星的存在作为文化创意产业的一个重要现象，其表现出的巨大收入差异和对市场的影响引起了广泛关注和讨论。从 Rosen 提出"超级明星理论"后①，学界开始探究超级明星形成机理以及市场效率问题，目前国际研究已经形成系列探索。比如，由于测量的便利性，不少文献关注了体育领域的超级明星现象②；也有将超级明星理论应用到音乐产业③、电影产业④、图书

① See Rosen S., "The Economics of Superstars", *American Economic Review*, 1981, 71(5), pp. 845-858.

② See Franck E., Nüesch S., "Mechanisms of Superstar Formation in German Soccer: Empirical Evidence", *European Sport Management Quarterly*, 2008, 8(2), pp. 145-164; Brandes L., Franck E., Nuesch S., "Local Heroes and Superstars: An Empirical Analysis of Star Attraction in German Soccer", *Journal of Sports Economics*, 2008, 9(3), pp. 266-286; Lewis M., Yoon Y., "An Empirical Examination of the Development and Impact of Star Power in Major League Baseball", *Journal of Sports Economics*, 2018, 19(2), pp. 155-187.

③ See Hamlen W. A., "Variety and Superstardom in Popular Music", *Economic Inquiry*, 1994, 32(3), pp. 395-406.

④ See Pokorny M., Sedgwick J., "Stardom and the Profitability of Film Making: Warner Bros. in the 1930s", *Journal of Cultural Economics*, 2001, 25(3), pp. 157-184; Vany A. D., Walls W. D., "Motion Picture Profit, the Stable Paretian Hypothesis, and the Curse of the Superstar", *Journal of Economic Dynamics & Control*, 2004, 28(6), pp. 1035-1057.

业[①]、美术馆[②]等等。国内已有学者开始关注,但还没有针对中国超级明星市场进行的系统分析。按照“制度决定经济发展”的观点[③],只有各行为主体所处市场的制度安排符合经济发展规律,市场才是有效的;而制度要发生效力,必须是博弈均衡的。[④] 据此,本文探索性地提出 PCI(效率—行为—制度)分析框架,尝试将中国超级明星市场划分为三种典型情景,使用博弈的工具对中国超级明星市场在不同情景下存在的市场低效现象进行分析,并从制度视角分析其原因,为当下中国文化创意产业可持续发展提供有益的启示。

一、文献综述

Rosen 指出,超级明星是指“极少数在其领域具有绝对优势并且能获得巨额薪酬的人”[⑤];相应的,“超级明星现象”是指少数人获得了相对于同业人员大量的金钱和对所参与活动的控制力。Rosen 认为,该现象的产生主要来自艺术家才能差异形成的不完全替代性以及复制技术的发展;Macdonald 进一步构建了一个两阶段模型,以说明才能差异的作用过程[⑥];Adler 指出,消费的学习过程也是超级明星形成的关键,其中运气、媒体和联合消费发生着重要作用[⑦];Burke 认为搜寻成本也可以解释经纪公司对已显示出商业价值的艺术家的偏爱[⑧];TerviÖ 则发现,市场发掘新的有才能的艺术家的不足,导致既有有才能

① See Peltier S., Moreau F., “Internet and the ‘Long Tail Versus Superstar Effect’ Debate: Evidence from the French Book Market”, *Applied Economics Letters*, 2012, 19(8), pp. 711-715.

② See Prinz A., Piening J., Ehrmann T., “The Success of Art Galleries: A Dynamic Model with Competition and Information Effects”, *Journal of Cultural Economics*, 2015, 39(2), pp. 153-176.

③ 参见袁庆明:《新制度经济学教程》,中国发展出版社 2014 年版,第 9 页。

④ 参见张维迎:《博弈论与信息经济学》,格致出版社 2012 年版,第 10 页。

⑤ See Rosen S., “The Economics of Superstars”, *American Economic Review*, 1981, 71(5), pp. 845-858.

⑥ See Macdonald G. M., “The Economics of Rising Stars”, *American Economic Review*, 1988, 78(1), pp. 155-166.

⑦ See Adler M., “Stardom and Talent”, *American Economic Review*, 1985, 75(1), pp. 208-212.

⑧ See Burke A. E., “The Dynamics of Product Differentiation in the British Record Industry”, *Journal of Cultural Economics*, 1996, 20(2), pp. 145-164.

的人员获得了高额租金①。国内研究认为，超级明星的形成还受信息技术的影响，因为信息技术可能导致消费趋向于主流明星。②

Rosen认为，市场竞争让有才能优势的艺术家获得竞争胜利，因而市场在一定程度上是有效的，但承认超级明星对市场的巨大影响力。③ 沿着Rosen开拓的研究，一些学者认同超级明星市场的垄断性。如Adler指出当在位艺术家占有相对竞争者较高份额时，这种份额会稳定增长，而且由于学习、搜寻成本和租金等问题，其他较高水平的艺术家不一定能吸引在位艺术家的消费者，从而形成超级明星市场的进入壁垒；Borghans和Groot说明了垄断是超级明星获得超出自身边际贡献的收入来源④；Richter和Schneider也认同超级明星市场的低效⑤。另外一些学者则持相反意见，如Perri反对市场无效的看法，认为超级明星市场是竞争的⑥；而Hamlen从唱片市场、Peltier和Moreau从图书市场的数据否定了超级明星现象的效力⑦。

垄断的核心是对市场价格和产量的影响力，实际中绝对垄断很少出现，更多的是少数企业占有或强或弱的垄断势力，需求弹性越小垄断势力越大。⑧ 以国内影视行业为例，池建宇、郭新茹和黄舒沁都证实了超级明星对国内票房的

---

① See TerviÖ M.，“Superstars and Mediocrities：Market Failure in The Discovery of Talent”，*Review of Economic Studies*，2009，76(2)，pp. 829-850.

② 参见黄晓懿、杨永忠、钟林：《基于经济学视角的超级明星现象研究综述》，《软科学》2016年第3期。

③ See Rosen S.，“The Economics of Superstars”，*American Economic Review*，1981，71(5)，pp. 845-858.

④ See Borghans L.，Groot L.，“Superstardom and Monopolistic Power：Why Media Stars Earn More than Their Marginal Contribution to Welfare”，*Journal of Institutional and Theoretical Economics*，1998，154(3)，pp. 546-571.

⑤ See Richter W. F.，Schneider K.，“Competition for Stars and Audiences：An Analysis of Alternative Institutional Settings”，*European Journal of Political Economy*，1999，15(1)，pp. 101-121.

⑥ See Perri T.，“A Competitive Model of (Super) Stars”，*Eastern Economic Journal*，2013，39(3)，pp. 346-357.

⑦ See Hamlen W. A.，“Variety and Superstardom in Popular Music”，*Economic Inquiry*，1994，32(3)，pp. 395-406；Peltier S.，Moreau F.，“Internet and the ‘Long Tail Versus Superstar Effect’ Debate：Evidence from the French Book Market”，*Applied Economics Letters*，2012，19(8)，pp. 711-715.

⑧ [美]平狄克、鲁宾费尔德：《微观经济学》，李彬、高远等译，中国人民大学出版社2013年版，第338～343页。

影响①;而明星"天价片酬"的曝光②,让我们看到相对于电影行业70%的亏损概率,明星固定片酬保证其不用承担相应的收入风险,进一步提高了其片酬占票房期望收入的比重,凸显了明星与制作方在价格谈判中的控制力。另外,当下大量影视制作公司为保持产品吸引力以高股票份额方式绑定超级明星或"流量小生"③,也凸显了超级明星对公司正常经营的强大影响力。可见,中国超级明星对市场的垄断势力及其对市场效率的影响不可忽视。

二、"效率—行为—制度"分析框架

按照产业经济学理论,一般来说,一个市场的集中度会经历一个由低到高的过程;然后随着技术、制度等变迁,垄断边界将发生变化,垄断开始向竞争演化。超级明星市场也会出现一个市场集中度逐渐增加的阶段,但本文主要关注超级明星市场已经形成垄断之后的演变情况。考虑到超级明星市场具有典型"赢者通吃"的特点,超级明星相对于一般竞争对手会占据大量市场份额和收益,形成强垄断势力,因而演化结果更可能是寡头垄断市场而非垄断竞争市场。因此,本文将超级明星市场的演变划分为"完全垄断—潜在对手进入—寡头垄断"三种假设情景。

在完全垄断假设下,超级明星的最大化追求和市场监管者的监管目标发生冲突,产生二者的"监督博弈"。随着市场的发展,在垄断利润、明星光环等吸引下必然会有潜在进入者出现;而在位明星往往不会轻易让出市场份额,并采用设置壁垒的方式延缓潜在对手的进入,从而形成潜在对手与在位者的"进入—阻挠博弈"。随着竞争的推移,超级明星的寡头垄断逐渐形成,寡头之间在没有共谋情况下会维持相互竞争状态,常见的竞争有"产量博弈",如演出场次博弈。

任何主体的行为选择,总是包含在其所处制度环境所赋予的选择集合或

---

① 参见池建宇:《演员与导演谁更重要——中国电影票房明星效应的实证研究》,《新闻界》2016年第21期;郭新茹、黄舒沁:《明星效应与中国电影票房的实证研究》,《现代传播(中国传媒大学学报)》2017第12期。

② 参见李秋红:《关于抑制"天价片酬"问题的思考》,《中国广播电视学刊》2017年第4期。

③ 参见李道新、蒲剑、孙佳山、刘佚伦:《时代的焦虑——"小鲜肉"及其文化征候解》,《当代电影》2017年第8期。

机会空间中。制度本身设定的激励机制决定了行为主体的知识投资和努力方向[①]，进而决定了行为主体的策略选择；而各行为主体博弈策略的选择直接影响支付矩阵，进而决定市场整体经济效率。由此，形成“制度安排（Institution）—博弈行为（Conduct）—市场效率（Performance）”的演化逻辑。

针对中国超级明星市场情况，本文采用“效率—行为—制度”的逻辑探讨提升效率的制度安排，即 PCI 分析框架，如图 1 所示。首先剖析市场存在的低效率（Performance）现象，继而基于不同市场情景分析低效率现象背后的博弈行为（Conduct），最后探讨制度（Institution）的改进与安排。由于国情差异，市场低效率背后的原因和机制也不尽相同，PCI 分析框架可以从制度视角针对现实问题提出有价值的解释。

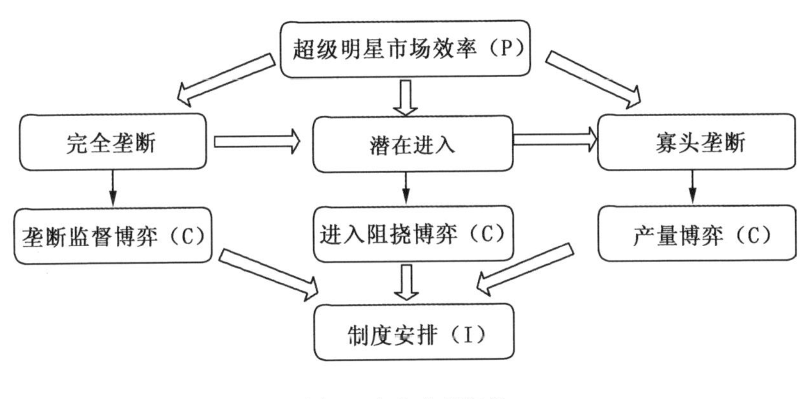

图 1　本文分析框架

三、超级明星市场 PCI 分析

(一)完全垄断情景下的 PCI 分析

1. 市场低效率现象

以娱乐市场为例，根据“揭开影视明星变相偷漏个税乱象”文章报道[②]，超

① 参见[美]诺思：《制度、制度变迁与经济绩效》，杭行译，格致出版社 2014 年版，第 88～90 页。

② 参见《税后片酬成潜规则揭开影视明星变相偷漏个税乱象》，http://finance.people.com.cn/money/GB/14281640.html，访问日期：2017 年 11 月 15 日。

级明星常采用移民、“阴阳合同”、特别员工等手段逃税或变相逃税。以近年来最流行的一种逃税方式“阴阳合同”为例,超级明星与商家签订“阳合同”,主要是给税务等部门“准备”,作为缴税依据之一;私下再单独签一份“阴合同”,其中明星所得比“阳合同”约定的“要多得多”,这才是他们之间真正的合同。由此可见,超级明星在市场具有显著的垄断势力,少数超级明星由于其不可替代性在细分市场近似完全垄断,而政府对超级明星的监督明显缺失,从而导致社会福利损失,市场低效率现象明显。

2.监督博弈的行为分析

一方面,如同明星基金经理可能利用信息不对称最大化自身利益一样①,作为理性人的超级明星,可能利用私人信息做出机会主义行为,比如为获取净收益最大化常采用的逃税策略;另一方面,由于超级明星供给的是文化类产品,具有明显的社会效益,明星的不当行为会造成负面溢出。超级明星有可能凭借其经济和社会资本操控媒体表达,产生强烈的负面社会影响。因此,必须对明星的行为同时加以经济监管和社会监管,由此形成超级明星市场完全垄断下的监督博弈模型。此处借用监督博弈的经典支付矩阵,以超级明星的逃税决策说明监督博弈过程,见表1。

表1　　超级明星与监管组织的监督博弈

超级明星 / 监管组织	逃税	不逃税
检查	$T+F-C,\ -F$	$-C,0$
不检查	0,T	0,0

其中,T 为被偷逃的收益,C 为检查成本,F 为罚金。设超级明星采用逃税策略概率为 x,监管组织检查概率为 y。从博弈模型可知,监管组织的混合策略纳什均衡为 $x=C/(T+F)$,此时监管组织随机选择检查或者不检查;超级明星的混合策略纳什均衡条件为 $y=T/(T+F)$,此时超级明星随机选择逃税或者不逃税。超级明星偷税期望收益 $E_1=T-y(T+F)$,监管部门检查策略的期望收益 $E_3=(T+F)x-C$。从明星收益来讲,中国文化市场的不断扩大,增

① 参见王良、冯涛:《基于声誉及信息操纵考虑的基金经理持股策略演化博弈研究》,《中国管理科学》2015年第9期。

大了明星的潜在收入，也就增大了潜在的 T；同时，我国存在纳税意识低、纳税权益保障弱的情况，导致舆论惩罚比较小，与发达国家的逃税者一经发现不仅面临巨额罚款还面临着身败名裂的风险形成对比[①]，总体惩罚$(T+F)$的期望偏低，由此增长了明星逃税的动机 x。

从监管部门收益来讲，尽管潜在的 T 在增加、x 有所上升，但我国目前税收管理更多还是"以罚代管"，惩罚标准高却处罚率低，实际惩罚期望值 F 偏低。[②] 更加重要的是，我国税务机关税收征管效率相对较低，比如对电子发票等新型流通形式适应缓慢。[③] 而明星收入手段却不断丰富，从以前的经纪公司代理，转变成为公司股东，再到自身成立公司成为主要股东，收入方式从劳务所得转为股东权益所得，加上无形资产价值衡量本身的难度以及影视业务的高不确定性和高风险性等等，无疑增加了监管的复杂性和难度，由此导致 C 居高不下，使得监管部门缺乏动力加强监管，监管部门的检查概率 y 下降。可见，监管的缺失，导致了明星逃税行为的概率增加，增大了市场的低效率。

3. 提升市场效率的制度安排

结合博弈理论，双方的行为策略是各自在所处制度空间里成本—收益考量后的选择结果，即是说现阶段低效率的博弈均衡状况来源于目前制度安排中明星偷税期望收益 E_1 大于不偷税期望收益 E_2，而监管部门检查策略的期望收益 E_3 小于不检查策略的期望收益 E_4。

提升本阶段市场效率，就必须从制度安排上将博弈均衡引向 x 较低、y 较高的状态。这就需要从观念、制度和技术三个层次系统考量，树立"治理"理念、淡化"管理"色彩，同时在制度和技术层面既要强调提升征管效率也须强化纳税人主体权益。[④] 同时，需要建立对监管人员的有效激励约束机制，优化执法人员个人的成本—收益考量，降低其机会主义行为概率。[⑤] 另外，由于超级明星的收益很大程度上取决于声誉和人气，在将声誉纳入博弈支付后，理性的

---

① 参见魏雪梅：《实现税收法治的国际经验借鉴》，《税务研究》2017 年第 2 期。

② 参见王春玲、黄树民：《对税收处罚制度安排的经济分析》，《税务研究》2010 年第 1 期。

③ 参见陈兵：《论全球化视阈下我国税收征管法律模式改革理路——以网络交易税征管为中心的解读》，《中山大学学报(社会科学版)》2015 年第 6 期；戴新竹、黄洵：《税收征管语境下的电子发票应用》，《税务研究》2016 年第 3 期。

④ 参见刘剑文、陈立诚：《迈向税收治理现代化——〈税收征收管理法修订草案(征求意见稿)〉之评议》，《中共中央党校学报》2015 年第 2 期。

⑤ 参见刘国庆：《从征税人的博弈分析看依法治税》，《税务研究》2004 年第 11 期。

参与者就更容易选择披露真实信息,避免声誉受损①,因此应该在治理上强化声誉的激励作用,比如定期披露名人失信名单和诚信名单。

(二)潜在对手进入情景下的PCI分析

由于超级明星具有超额收益,在没有行政垄断的干涉下,必然会吸引大量潜在竞争者,其中不乏具有强竞争能力的对手。出于对自身超额收益的保护,在位超级明星必然会捍卫自身垄断势力,对潜在对手设立进入壁垒以阻止其进入,由此产生在位明星和潜在进入者的“进入阻挠博弈”。为便于理解,本节借用经典的进入阻挠博弈模型加以阐述,见表2。

表2　在位明星和潜在进入者的进入阻挠博弈

在位明星 / 潜在进入者	容许	反对
进入	40,50	−10,0
不进入	0,300	0,300

1.市场低效率现象

从进入阻挠博弈模型分析,在理性的均衡状况下,潜在进入者和在位明星有“进入—容许”和“不进入—反对”两种策略组合。由于市场上艺术家的数量是供过于求的②,潜在进入者的“进入”策略可视为给定。由此,以上潜在进入者和在位明星的均衡状态就转为“进入—容许”策略组合。但实际情况是,伴随潜在对手的进入,在位明星并没有采取“容许”策略。超级明星市场常见的“雪藏”“潜规则上位”等相关报道,说明在位明星和潜在进入者之间对抗也是激烈的。因此,双方的策略组合相当程度表现为“进入—反对”,这很显然偏离了均衡结果,将会导致个人和社会整体福利的降低,由此也出现了市场低效现象。

2.进入阻挠博弈的行为分析

以“雪藏”这种超级明星市场常用的阻挠策略为例,分析其低效率原因。

① 参见王良、冯涛:《基于声誉及信息操纵考虑的基金经理持股策略演化博弈研究》,《中国管理科学》2015年第9期。

② 参见杨永忠、林明华:《文化经济学——理论前沿与中国实践》,经济管理出版社2015年版,第43～44页。

“雪藏”是指由于利益竞争，唱片公司签署艺人而不试图商业化，即通过签约艺人，唱片公司避免了其他公司从这些艺人的音乐中赚钱，同时又从艺人签约而不商业化其歌曲节约了公司成本。这也使艺人一直处在“排练/正在创作”阶段并一直等待，直到不再有竞争威胁时，被“雪藏”的艺人就会被公司开除。① 导致公司采用“雪藏”策略的原因，一方面是由于搜寻成本、才能发现困难等②，公司为规避风险，减少对新艺人的投入，并通过在位超级明星维持相对稳定的较高收入；另一方面，也有来自超级明星的压力，因为在位超级明星为了避免潜在的竞争，也有充分动机打压新艺人。显然，在位明星可以与公司合谋采取“雪藏”策略以阻止潜在竞争对手进入。

结合表2的博弈模型，在进入策略给定条件下，在位明星应该选择“不雪藏”策略，而事实上从报道出来的事件可以看出“雪藏”行为是经常发生的。作为参与博弈的理性人，任何策略选择都是寻求自身利益最大化，说明现实情况必然是在位明星判定“雪藏”策略期望收益大于“不雪藏”策略。从表3中的支付矩阵可以看到，低成本下“雪藏”成为了在位明星占优策略，其总会选择“雪藏”策略。

表3　　低成本时在位明星和潜在进入者的进入阻挠博弈

在位明星 / 潜在对手	不雪藏	雪藏
进入	30,100	−10,140
不进入	0,400	0,400

3. 提升效率的制度安排

市场对效率的偏离主要来自超级明星阻止进入时所承担的成本太低。明星的阻挠成本主要有监管惩罚和声誉损失，声誉的损失来源于不当行为的曝光和传播，而这又来自监管过程的有效，因此关键仍在于监管成效。而监管成

① See Burke A. E., “The Music Industry”, in Towse R. et al., *A Handbook of Cultural Economics. Cheltenham: Edward Elgar*, 2011, pp. 289-295.

② See Burke A. E., “The Dynamics of Product Differentiation in the British Record Industry”, *Journal of Cultural Economic*, 1996, 20(2), pp. 145-164; TerviÖ M., “Superstars and Mediocrities: Market Failure in The Discovery of Talent”, *Review of Economic Studies*, 2009, 76(2), pp. 829-850.

效低的原因，一方面是由于文化市场的信息不对称特征，容易发生市场失灵①——相对于监管者和消费者，超级明星具有信息优势，容易造成优秀潜在进入者被逐渐挤压出局的“次品市场”；另一方面，也可能发生规制失灵——相对于公众，监管者有信息优势，容易出现与明星合谋、被俘获、不作为等背德行为。此外，我国文化市场存在的管理体制不健全、市场信用制度未建立、文化法制建设不完善等问题②，也会导致整体监管效率偏低。

从制度变迁来讲，演化而成的诱导性制度供给速度慢、容易陷入路径依赖，政府主导的强制性制度变迁则能发挥强制力的优势，快速建立制度规范。③因此，短期而言，由于我国文化市场远未完善，市场机制尚不健全，现阶段应加强政府的市场进入规制；而从长期来看，政府的规制相对于市场而言始终是外生的，其边际效用呈递减趋势，因此应该培养自我规制、规制下的自我规制和共同规制，使之能在长期内逐渐取代政府规制的主体作用。④

就进入规制而言，现行制度下普通艺术家与经纪公司签约后将自身的劳动力产权或者知识产权交由经纪公司开发、运营，由此产生“委托—代理”问题，即经纪公司利用其信息和资源优势，很容易采取机会主义行为。因此，有必要加大保护普通艺术家的利益，尤其是“退出”自由，避免合同绑架，减少“雪藏”风险。另外，在信息技术和消费行为不断发展变化的当下，经纪公司和超级明星通过对媒介资源的占有而形成的优势受到一定消融，市场机会也在不断增加，如新媒体、直播、短视频等新技术、新路径有利于帮助一般艺术家接触到未曾消费其产品的消费者，扩大其市场份额。⑤ 因此，规制上可以鼓励普通艺术家利用新传播途径或新技术，创新发展路径以努力掌握市场发展的主动性。

---

① 参见饶世权、刘咏梅：《论文化产业的市场失灵与政府监管》，《出版发行研究》2015 年第 1 期。

② 参见赫婷：《我国文化市场体系建设中制度设计的不足及原因探析》，《编辑之友》2015 年第 3 期。

③ 参见袁庆明：《新制度经济学教程》，中国发展出版社 2014 年版，第 364～369 页。

④ 参见喻文光：《文化市场监管模式研究——以德国为考察中心》，《环球法律评论》2013 年第 3 期。

⑤ See Alcalá F., González-Maestre M., “Copying, Superstars, and Artistic Creation”, *Information Economics & Policy*, 2010, 22(4), pp. 365-378; Minniti A., Vergari C., “Turning Piracy into Profits: A Theoretical Investigation”, *Information Economics & Policy*, 2010, 22(4), pp. 379-390.

(三)寡头垄断情景下的 PCI 分析

由于大量进入者的出现,即使成为超级明星的概率很小,仍然会有少数后来者在市场中站稳脚跟,并成为新的超级明星。新形成的超级明星将和已在位者形成寡头垄断局面。

1. 市场低效率现象

根据经典的经济学原理,超级明星(生产者)在理性寻求自身利润最大化情况下是有演出场次(产量)上限的。然而,超级明星不断扩大演出场次以扩大垄断势力却屡见不鲜。以 1980 年代后期的香港流行音乐"谭张争霸"为例,两者几乎垄断了当时香港乐坛重要奖项,双方唱片销量与演唱会次数屡创纪录,在"金曲"和红磡演唱会上更是以"打擂台"方式激烈竞争。[①] 近几年来我们也看到,为了保持竞争优势,超级明星们一方面尽可能地扩大演出规模;另一方面,由于数字技术的发展,文化产品的高沉没成本、低边际成本和衍生性的特点更加显著,超级明星通过交叉补贴的方式用较低票价的现场演出吸引和维持人气,然后通过数字音乐、CD 专辑、影视综艺节目、广告代言等方式将"流量"变现。可见在技术背景下,超级明星更是具备了无限扩张的意愿,不断向影视歌舞综艺等项目扩张以扩大业务范围,实际产量较之 1980 年代,更远远大于古诺均衡产量。

这种超级明星"产出"的无限扩张,对于消费者来说,短期内会带来产量增加和价格下降的好处,但从长远来看,出于文化产品的特性,如审美疲劳,超级明星过多产出会导致文化产品供应单一,消费者的效用下降,从而导致消费剩余减少。对于超级明星来说,过高产量和激烈竞争也会给个人身心带来极大压力,出现酗酒等丑闻和自杀等不幸事件。对于市场来说,过高集中度形成市场壁垒,会使得潜在竞争对手的生存空间受到挤压,导致有效竞争的匮乏,进而导致市场效率的下降。因此,从长期来看,寡头垄断市场也存在显著的低效率现象。

2. 低效率行为分析

以"古诺双寡头模型"为基础,可以说明其相互的博弈。假设超级明星 A

---

① 参见梁宏达:《当"校长"遇上"哥哥"》,http://www.iqiyi.com/w_19rrvc4rud.html,访问日期:2017 年 11 月 23 日。

和B演出场次分别为 Q_a 和 Q_b,二者面临共同的线性市场需求:$P=F-KQ$。其 F 和 K 为与总需求及价格弹性相关的固定常数,Q 为A、B演出场次之和。计算得均衡时市场 Q^* 为 $2F/3K$,价格 P 为 $F/3$。然而,超级明星市场典型的"赢者通吃"特点,将刺激超级明星们"刷存在感"般不断努力扩大自身的产出数量,因此实际的产出量会明显大于古诺均衡产量 Q^*。

市场的低效主要是超级明星过度扩张产出(如演出量)导致的,其扩张行为包括两方面的动力。一方面,由于市场需求处于不断变化过程,而且随着经济、技术的发展,市场变化速度在加快,使得明星提供的单一产品价值衰减加快,在位明星为维护、提升自身价值会不断扩张自身业务范围以及产量;另一方面,超级明星市场的低边际成本的生产特点和基于声望的经营特点,使得明星希望实现规模经济和范围经济,由此形成了超级明星的产量扩张。

3.提升效率的制度安排

按照徐文燕(2013)对大众文化品、传统文化品、高雅文化品和公共文化品的四类界定,大众文化品主要是无效供给和低水平过剩导致的过度供给问题,传统文化品和高雅文化品面临需求约束而导致的相对供给过度问题,公共文化品则供给不足。① 超级明星现象主要出现在前三类市场,在大众文化品市场表现为无效供给和低水平过度供给,而在传统文化品和高雅文化品市场表现为需求约束下的相对供给过度问题。

在大众文化品市场,超级明星过度扩张产量的行为长期来看,会对自身带来身心压力和收益损失,消费者也容易产生审美疲劳,因此应引导超级明星提升供给质量,同时避免超级明星产量扩张对供给多样性的伤害。而就大众文化品本身而言,其适用一般需求模型,受价格弹性和替代效应作用②,并且随收入的上升,一般来说个性化和差异化需求会增加,因而始终存在分众市场,超级明星效应和长尾效应能够共存。③ 因此对制度安排而言,有必要引导寡头垄断市场走向差异化竞争,鼓励多样化的产品创造。

---

① 参见徐文燕:《基于文化产业特殊性视角的文化产业政策取向——以江苏文化产业政策文本为例》,《现代经济探讨》2013年第8期。

② 参见徐文燕:《基于文化产业特殊性视角的文化产业政策取向——以江苏文化产业政策文本为例》,《现代经济探讨》2013年第8期。

③ See Weeds H., "Superstars and the Long Tail: The Impact of Technology on Market Structure in Media Industries", *Information Economics & Policy*, 2012, 24(1), pp. 60-68.

在传统文化品和高雅文化品市场，由于需求约束导致的相对供给过度是主要问题，因此行业的首要追求应该是扩大整体市场规模。以钢琴明星郎朗和李云迪为例，这类行业创造出高接受度的超级明星能够缩短与大众的文化距离，有益于整个行业市场的扩大和发展。进一步，此类产业本身容易出现成本困境[①]，行业整体演出场次会受到成本约束。而超级明星作为文化资源，可以利用光环效应对其进行产业链的开发和跨界融合，促成文化产品向文化创意产品转化[②]，由此拓展行业边界，发挥文化创意产品的低边际成本优势，即使不能完全解决原产品的成本约束也可以实现交叉补贴。因此，此类行业在制度安排上，一方面，应该引导和鼓励超级明星以扩大行业边界的方式进行博弈竞争，而非传统边界内的竞争内耗，即引导超级明星发展文化创意产品的消费者，从而扩大行业整体消费规模；另一方面，也需要照顾受需求约束影响最大的普通艺术家的生存和发展。

四、研究结论与启示

本文的研究得出以下结论：

第一，超级明星市场经历从垄断、潜在对手进入、寡头垄断的演化过程具有合理性。根据以上分析，由于存在超额收益诱惑、非理性等原因，完全垄断的超级明星市场会吸引大量进入者，并在经历了阻挠博弈后出现新的超级明星，构成与在位明星的寡头垄断。

第二，中国超级明星市场存在明显的低效现象。这种低效反映了中国超级明星市场对博弈均衡的偏离，而这又源于制度安排的不当，突出表现为对超级明星市场规制的不足和对普通艺术家发展的制度支持不足。

第三，现阶段超级明星市场制度建设要以政府的规制为主导。我国文化市场远未完善，市场机制尚不健全，依靠自我规制、规制下的自我规制和共同规制难以取得效果，因此首先应加强政府规制。政府规制内容既包括对超级明星行为的监督管控，也包括对市场秩序和相关制度的建设。

---

① 参见杨永忠、林明华：《文化经济学——理论前沿与中国实践》，经济管理出版社 2015 年版，第 22～23 页。

② 参见林明华、杨永忠：《创意产品开发模式——以文化创意助推中国创造》，经济管理出版社 2014 年版，第 65～69 页。

第四,政府对超级明星市场的规制要针对不同类型的文化产品。大众文化品主要是无效供给和低水平过剩,因此规制方向应该以提升超级明星的供给质量和保障多样性为导向。传统和高雅文化产品面临的是需求约束问题,规制应该是避免超级明星相互竞争的内耗,以扩张行业市场规模为导向。

第五,超级明星市场效率的改进需要内外制度协力。现阶段我国超级明星市场外部规制出现执法效率低、执法成本高、执法动力小、惩罚力度小等问题,内部规范出现明显的代理人机会主义行为和对普通艺术家权益的弱化等问题,因此,无论是外部法律规制或是内部商业规范,显然都没有实现均衡状态。长远来看,必须建立三方协同机制。对于监管方而言,一方面要加强对超级明星个人经济行为和社会行为的监管,对其过分扩张产量的行为加以抑制并注意保护潜在进入者或普通艺术家的生存空间和契约自由;另一方面要注重监管效率尤其是技术效率的提升,改进自身的激励与约束机制。对于经纪公司和行业协会而言,一方面要约束超级明星行为,避免不当竞争带来的市场损失和长远收益损失;另一方面要树立正确的市场价值观,形成保障普通艺术家权益的商业规范。对于潜在进入方而言,须理性认识超级明星市场,寻求差异化进入,避免和超级明星的同质竞争。

本文构建了 PCI 的分析框架,深入制度层面对国内超级明星市场低效率现象进行了探索性分析,但超级明星市场效率本身是一个复杂问题,基于目前的数据情况对其市场效率做出综合判断非常困难。未来我们将考虑积累和建立超级明星市场的数据,对超级明星市场效率进行更深入研究。同时,在方法的应用层面,针对超级明星市场的动态发展开展连续演化的博弈分析。

[原载于《山东大学学报(哲学社会科学版)》2018 年第 4 期]